أسرار المحارب في الصلاة

ديريك برنس

أسرار المحارب في الصلاة

Originally published in English under the title
Secrets of Prayer Warrior
ISBN 978-0-8007-9465-1

Copyright © 1973, 2002 Derek Prince Ministries–International.
All rights reserved.

المؤلف: ديريك برنس
الناشر: المؤسسة الدولية للخدمات الاعلامية ت: ‎+٢٠ ١٠٠ ٨٥٥ ٩٨٨٩
المطبعة: مطبعة سان مارك ت: ‎+٢٠٢ ٢٣٤١٨٨٦١
التجهيز الفني: جي سي سنتر ت: ‎+٢٠٢ ٢٦٣٧٣٦٨٦
الموقع الالكتروني: www.dpmarabic.com
البريد الالكتروني: sales@dpmarabic.com
رقم الايداع: ٢٠١٣/٣٣٢٧
الترقيم الدولي: 978977-6194-25-0

Arabic Printing I - 2013 . Copies 3000
Derek Prince Ministries–International
PO Box 19501
Charlotte, North Carolina 28219
USA
Translation is published by permission

Copyright © 2013 Derek Prince Ministries–International

www.derekprince.com

DPM

المحتويــــات

مقدمة

جاهد ديريك برنس في الصلاة

ومع أنَّه كان يمتلك مواهبًا وصفاتٍ أخرى، أفضلها على الاطلاق، كونَّه معلمًا مثمرًا للكتاب المقدس، إذ كانت له أكثر من ستمائة رسالة مسجلة، وما يقرب من ستين كتابًا مطبوعًا، وأكثر من مائة شريط فيديو، سجلِّت عليه تعاليمه. لقد كان بالحقيقة معلمًا قديرًا متعمقًا في الكتاب المقدس.

كذلك، كان ديريك الزوج المحب، على مدى ثلاث وخمسين عامًا لزوجتين، كلتاهما دفعتاه للمجد، الأولى زوجته ليديا التي كان زواجه منها، بتوجيه واضح من الرب وذلك عام ألف وتسعمائة وخمس وأربعين، وعلى الفور صار أبًا لبناتها الثماني بالتبني. ثم ما لبثت أن انضمت إلى عائلته ابنتهما التاسعة بالتبني جيسيكا وذلك أثناء خدمة ديريك وليديا في كينيا.

وكانت المفارقة أن يضعه الله ضمن تلك العائلة الجاهزة والمعدة مسبقًا،

مع أنَّه قضى حياته طفلاً وحيدًا في عائلة ذات ثقافة بريطانية، عاش فيها متميزًا إلى حد كبير، وكان قد ظل عازبًا فيها حتى سن الثلاثين.

بعد وفاة زوجة ديريك الأولى ليديا بثلاث سنوات، عاد وتزوج مرة أخرى من روث وذلك عام ألف وتسعمائة وثمان وسبعين، زواجه الثاني أيضًا، كان بقيادة واضحة من الرب.

ديريك كان فيلسوفًا نابغًا، حصل على الكثير من الشهادات التي يمكن لعناوينها أن تملأ صفحة كاملة. من بين صفاته المتميزة الأخرى كانت خدمته في الوحدة الطبية في صحارى شمال أفريقيا أثناء الحرب العالمية الثانية، آنذاك، كان ديريك محاصرًا بتعاملات الله معه.

تحدث ديريك عدة لغات أجنبية بطلاقة. قرأ العهد الجديد بلغته اليونانية الأصلية، وكان أحد علماء اللغة العبرية وكانت له معرفةً وذكاءً متوقدًا. في نواح كثيرة كان رجل نهضة بالمعنى الحقيقي للكلمة، وفي الوقت ذاته، متواضعًا خلوقًا رافضًا لأي كلمة إطراء.

يمكننا وضع قائمة طويلة من الأحداث الفريدة والانجازات التي ميزت حياة ديريك وخدمته. كذلك نحن قادرون على وضع قائمة طويلة أخرى فيها الكثير من الصفات التي تحلى ديريك بها، فقد كان

المعلم والمؤلـف والزوج والأب والقائد الروحـي والمرشد في الكثير من الأنشطة الروحية.

مـرة أخـرى لم يكن ديريـك برنـس يُسر بـأن تُنسب إليـه قوائم الإعجاب بصفاته، فهو لم يضع في اعتباره يومًا بأنَّ حياته هي ملكه، بل ملكًا للرب. لكن ورغم روعة تلك الصفات إلا أنَّ أجمل ما فيها هو أنَّ ديريك برنس كان مجاهدًا في الصلاة.

أحـد الرعاة حدثني عن لقاء غداء تقابل فيه هو وزوجته مع ديريك ولـيديـا، وذلـك في أوائل السبعينـات، قال: ديريك وليديـا كانا بكل تلقائيـة وبساطة، في أثنـاء تناولهما الغداء وجذبهمـا لأطراف الحديث معنا، يتوقفان عن تناول الطعام ويبدأان بالصلاة لأجل إنسان ما.

كانت ليديا تربت على كتـف ديريك وهي تقول: «أعتقد بأنَّ علينا أن نصلـي لأجل جيـم وجانيكا» ثم يبـدأان بالصلاة لأجـل اللذين ذكرتهمـا لبضعة دقائق، يعودان بعدها لتناول الطعام، ثم ما تلبث ليديا بعدها ببرهة أن تقول: «أعتقد بأنَّه يجب أن نصلي لأجل فرانك وبيتي» وهكذا وفي كل مرة كان ديريك يتوقف ويمسك يد ليديا ويصلي صلاة بسيطة ومباشرة ثم يعودان إلى حديثهما وشركتهما.

يضيف ذلك الراعي بأنَّ ذلك الغـداء اتسم بأنَّـه أكثر غداء غير تقليدي، يراه هو وزوجته مع أنَّه في ذات الوقت كان غداءً رائعًا.

لقد كانت الصلاة أمرًا طبيعيًـا ومتكررًا بالنسبة لليديا وديريك، ثم بالنسبة لديريك وروث فيما بعد.

ديريك برنس كان مجاهداً في الصلاة.

تعريف المصطلحات :

ما سبق يطرح السؤال التالي : «ما المقصود بالمجاهد في الصلاة؟» في الواقـع، إنَّ أفضل طريقة للإجابة عن ذلـك السؤال بطريقة محددة هو قراءة هذا الكتاب.

فالـرد عن السؤال السابق هو أمر معقـد، طالما أننا نربط أذهاننا أثناء الإجابة عنه بالحالة العامة لشكل الصلاة في الكنيسة في هذه الأيام.

لأنَّ «الجهاد في الصلاة» هو تعبير مشهور في الدوائر المسيحية، وعادة مـا يستخدم مرفقًا بنبرة متعالية ليصف شخصًا لديه الجرأة الكافية كي يهز أبواب السماء بالصلوات والاعلانات الروحية.

لكـن، ديريك برنس لم يكن لديـه ذلك الفخر أو التباهي بما يتعلق

بموضوع «الجهاد في الصلاة» وهذا ما ستلاحظه بوضوح عند قراءتك لهذا الكتاب.

من بين الأمثلة الجيدة على اتباع البعض الأسلوب المتعجرف أثناء الحديث عن موضوع «الجهاد في الصلاة» عبارة قالها قائد ترانيم في اجتماع حضرته منذ عدة سنوات، يومها وفي لحظة فخر واعتزاز قال: إني شديد الحماسة الليلة! أشعر وكأنَّه بإمكاني أن أواجه الجحيم بدلو ماء.

ديريك برنس هو الآخر، كانت لديه روح الدعابة ليضحك مثلنا على عبارات كالسابقة، ولكن عندما يتعلق الأمر بموضوع الصلاة.

عبارة مذهلة:

سنستفيض في شرح «الأسلوب المتعجرف» المتعلق بكونك مجاهدًا في الصلاة لأنَّ هناك أمرًا ما يريد ديريك برنس توصيله إلينا منذ بداية هذا الكتاب، مع أنَّه قد يبدو مزعجًا للبعض منا.

في الفقرة الافتتاحية في الفصل الأول يفجر ديريك الأمر الذي يريد توصيله، وإن بعبارة قد تبدو وقحة وأنانية، لا بل وتنم عن إعجابه بنفسه.

«مـن جانبي أحب الصلاة، والأكثر من ذلـك أني أحصل على ما أصلي لأجله»، تلك هي الجملة التي طالما يرددها ديريك برنس ويكررها بصفـة روتينية أمام مستمعيه حـين يعلِّم عن الصلاة، وقد تبدو بالفعل متعالية وفيها الكثير من الثقة الزائدة بالنفس.

«أحصل على ما أصلي لأجله»، بعد تلك الجملة يبدأ ديريك برنس بالغوص في عمق أكبر، حين يعـد تلاميذه بالتالي: «هـذا ما سأعلمه لكم، سأعلمكم كيف تصلون وكيف تحصلون على ما تصلون لأجله».

وهنا قد تتبـادر إلى أذهاننا الصورة المؤسفـة للطفل الصغير المدلل، الذي اعتاد على أن يستجـدي ويتملق، بل وتنتابه نوبات من الغضب إلى أن يعطيه الله ما يريده.

ورغـم أنَّ صـورة الطفل المدلـل، ليست ما يسعـى ديريك لتقديمه وتوصيله لنا، لكن ولسوء الحظ، اتجاهات كتلك الصورة، صارت مألوفة بـين المؤمنين اليـوم، لذلك الكتاب الـذي بين أيدينـا، سيكون معينًا جيدًا لنا لأننا في الفصول التي سنقرأها، لن يعلمنا ديريك عن الطريقة التي من خلالها سنحصل على استجابات لصلوات أنانية وطماعة، بل سيعلمنا عن الكيفية التي يمكننا من خلالها أن نتحد مع الرب في الرؤية

والعمل، بمعنى آخر، سيعلمنا عن الطريقة التي تنتج فاعلية حقيقية في الصلاة، وبالتالي لن نحصل على ما نريده ببساطة، بل على ما يريده الله.

نتحد بالرب:

كلمة الرب في المزمور السابع والثلاثين والآية الرابعة، عبرت جيدًا عن ذلك المبدأ، مبدأ الاتحاد بالرب، «تلذذ بالرب فيعطيك سؤل قلبك».

قد يعتبر بعض المؤمنين أنَّ هذه الآية هي دعوة مفتوحة للصلوات الأنانية. لقد أساء الكثيرون التفسير ظانين بأنَّ الله سيعطينا ما نريده، مهما كان شكل الرغبة التي تتبادر إلى أذهاننا أو قلوبنا.

أحد أصدقاء خدمات ديريك برنس لاحظ بأنَّ ما يعلّمه ديريك في هذا الكتاب، يوافق الآية الرابعة في المزمور السابع والثلاثين، وتوصل إلى ما يلي: «عندما نفرح ونلذذ أنفسنا بالرب، تتوحد أنفسنا معه، نقترب جدًا من قلبه ورغباته، الأمر الذي يقودنا إلى أن يكون ما نصلي من أجله هو بالتحديد ما يرغبه الله لنا، لا أكثر ولا أقل»، وبالطبع هذا بعيد كل البعد عن صورة ذلك الطفل المدلل الذي تم وصفه من قبل.

لقد أشار ديريك برنس بوضوح في هذا الكتاب إلى وجود شروط لا بد من توفرها، وعادات من الواجب استئصالها ومفاتيح علينا استخدامها، كـي ننجح في تفعيـل صلواتنا، وما أن نتمـم كل ذلك، حتى نرى كل الفعاليـة في صلواتنا، وهي نفس الفاعلية التـي رآها ديريك برنس أثناء حياته، لماذا؟ لأنَّ...

ديريك برنس كان مجاهداً في الصلاة.

ولـم تعـد أسـرار حياة الصـلاة الخاصة بـه أسرارًا، فقـد شارك بها بكل انفتاح في هذا الكتـاب، وفعليًا هي مثلها مثل كل «أسرار» الإيمان المسيحي، الكائنة طوال الوقت، والمتاحة والظاهرة بوضوح في كلمة الله، ولكـن ديريك برنس ببصمته وموهبته الخاصـة وأسلوبه المتميز استقاها لنا مبسطًا وشارحًا، لماذا؟ لأنَّ....

ديريك برنس كان مجاهداً في الصلاة.

ومن خـلال الحق الموجود في هذا الكتاب، نثـق بأنكم ستصبحون مجاهدين في الصلاة أيضًا.

فريق النشر الدولي
لخدمات ديريك برنس

الفصل الأول

مملكـة كهنــة

«و[يسوع] جَعَلَنَا مُلُوكًا وَكَهَنَةً للهِ أَبِيهِ»

(رؤيا ١: ٦)

سأتناول في كتابي هذا، واحدًا من المواضيع المفضلة لدي، إنَّه موضوع الصلاة الذي قد يبدو للبعض أحيانًا واجبًا دينيًا مملاً، لكني أحب الصلاة، لا بل وأحصل على ما أصلي لأجله، لذلك سأعلمك كيف تصلي وتحصل على ما تصلي من أجله.

حين نقترب من الله في الصلاة، علينا إدراك حقيقة أنَّه يريدنا فعل ذلك. وهنا قد يحتاج معظمنا إلى تغيير الصورة السلبية وغير الجذابة التي نحملها في دواخلنا عن الله، وأنا عن نفسي قد فعلت ذلك، لماذا؟ لأنَّ الصورة السلبية عن الله عادة ما تكون حائلاً بيننا وبين الله وتعوِّق صلواتنا.

قضيـت سنين طوال كتلميـذ في المدارس البريطانية الداخلية، كنت صبيًـا صغيـرًا لا أزال في طور النمو، أشعر في داخلي بأنَّ الله يشبه مدير مدرستـي إلى حد بعيد بشكل أو بآخر، وأنـا في الحقيقة لم أكن مغرمًا بمدراء المدارس.

إلا أني رأيتـه، رأيت الله علـى تلك الصورة، يجلس وراء مكتبه، في حجرتـه الكائنة في نهاية ممر طويل، وإن حـدث وطُلب منك أن تذهب لتقابله، كان عليك السير على أطراف أصابعك عبر ذلك الممر الطويل، وأنـت تسمع وقع قدميك على الأرض أثنـاء سيرك عليها، وكأنَّها تنبئ الآخرين بأنَّك تسير في الطريق إليهم، ثم تقرع الباب، ومن ورائه سيأتي إليـك ذلك الصوت الحاد ليأذن لك بالدخول، وغالبًا ما أن تصل إليه، حتى تبدأ كلماته القاسية بتوبيخك بسبب أمر ما، فعلته أو لم تفعله.

كان علـى تلـك الصورة المشوهـة والتي رسمتها عـن الله أن تتغير وتتلاشـى من ذهني، كـي أتمكن من الصـلاة بفعالية، وأنـا في الواقع وجدت أناسًا غـيري يحملون في أذهانهم صورًا مشوهة عن الله مشابهة للصـورة التي كانت لـدي، فالكثير يرى الله بعيدًا غـير مبال، لا يريد إزعاج نفسه بنا، جاهز لأن يوبخنا، لذلـك أفضل شـيء يمكننا فعله هو الابتعاد عنه قدر الامكان.

ولكن تلك ليست هي الحقيقة عن الله، لأننا عندما نأتي إليه، هو لا يفعل ذلـك، لا يوبخنا. بل يرحب بنا، ويسألنا: «لمَ انتظرت كل ذلك الوقت كي تأتي إليّ؟».

يا له من ترحيب

يقـدم الكتاب المقدس صورة جميلة عن ترحيب الله بنا عندما نأتي إليـه، من خلال قصة يسـوع المشهورة عن الابن الضـال الذي سبق وترك المنزل وانفق كل معيشته، وأدخل نفسه في مشاكل كبيرة وكثيرة حتى انتهى الحال به إلى أن خسر كل شيء.

ثـم عندما انفق ذلك الشـاب كل ما كان يملك، أخـذ يفكر قائلاً: مـن الأفضل لي أن أرجع إلى منزلي، فقد يقبلني أبي. بالطبع لا يمكنني الطلـب منه أن يقبلني كابـن له، لكني سأطلب منـه أن يقبلني كأحد المستخدمين لديه. والآن أريدك أن تلاحظ كيف استقبل الآب ابنه.

«(الابن) فَقَامَ وَجَاءَ إِلَى أَبِيهِ. وَإِذْ كَانَ لَمْ يَزَلْ بَعِيدًا رَآهُ (أَبُوهُ)، فَتَحَنَّنَ وَرَكَضَ وَوَقَعَ عَلَى عُنُقِهِ وَقَبَّلَهُ» الإنجيل بحسب البشير لوقا، الإصحاح الخامس عشر والآية العشرون.

انظـر إلى الترحيب الذي حصل عليه ذلـك الشاب، بمجرد إظهاره الرغبة في التحول والتغير وترك أسلوبه القديم والعودة إلى بيته؟ لم يحظ

بفرصة أن يقول: «**اِجْعَلْنِي كَأَحَدِ أَجْرَاكَ**»، لأنَّ الآب قبله ورحب بعودته كابن. إنَّها صورة جميلة تُظهر لنا كيف يقبلنا الله، فهو لا يوبخنا، ولا يلومنا ولا يبتعد عنا بل على العكس هو محب يملؤه الدفء والكرم.

يخبرنا الرسول يعقوب في رسالته الإصحاح الأول والآية الخامسة أنَّ الله «**يُعْطِي الْجَمِيعَ بِسَخَاءٍ وَلاَ يُعَيِّرُ**». تذكر ذلك حين تفكر في الصلاة، الله يعطي بسخاء ولا يعير، عندما تُحفر تلك الصورة عن الله في ذهنك، ستتغير تمامًا الطريقة التي تصلي بها.

أتى يسوع كممثل عن الآب للبشرية، وكان تعليمه عن الصلاة إيجابيًا مثله مثل باقي تعاليمه الأخرى، لذلك قال في موعظته على الجبل:

«**اسْأَلُوا تُعْطَوْا. اُطْلُبُوا تَجِدُوا. اِقْرَعُوا يُفْتَحْ لَكُمْ. لأَنَّ كُلَّ مَنْ يَسْأَلُ يَأْخُذُ، وَمَنْ يَطْلُبُ يَجِدُ، وَمَنْ يَقْرَعُ يُفْتَحُ لَهُ.**» الإنجيل بحسب البشير متى الإصحاح السابع، الأيتان السابعة والثامنة، لاحظ تلك العبارات الإيجابية، «**كُلَّ مَنْ يَسْأَلُ يَأْخُذُ، وَمَنْ يَطْلُبُ يَجِدُ، وَمَنْ يَقْرَعُ يُفْتَحُ لَهُ.**»

كذلك تقول كلمة الرب في إنجيل البشير متى الإصحاح الحادي

والعشريـــن الآية الثانية والعشرين «كُلُّ مَا تَطْلُبُونَهُ فِي الصَّلَاةِ مُؤْمِنِينَ تَنَالُونَهُ.»

أيضاً يقول يسوع في إنجيل البشير مرقس الإصحاح الحادي عشر والآيــة الرابعة والعشريـــن «لذَلِكَ أَقُـولُ لَكُـمْ: كُلُّ مَا تَطْلُبُونَـهُ حِينَمَا تُصَلُّونَ فَآمِنُوا أَنْ تَنَالُوهُ فَيَكُونَ لَكُمْ.»

ترى، ما الذي يمكن أن يكون أكثر تشجيعًا من تلك الكلمات «كل، ومهما»؟

ثــم يؤكد لنا يسوع مرة أخرى في كلماته الختامية لتلاميذه في إنجيل يوحنا لثـلاث مــرات أنَّ الله يستجيب لصلواتنا، اقـرأ تلك الكلمات التي يقولها الرب يسـوع في إنجيل البشير يوحنا الإصحاح الرابع عشر والآيتين الثالثة والرابعة عشر «وَمَهْمَا سَأَلْتُمْ بِاسْمِي فَذَلِكَ أَفْعَلُهُ لِيَتَمَجَّدَ الآبُ بِالابْنِ. إِنْ سَأَلْتُمْ شَيْئًا بِاسْمِي فَإِنِّي أَفْعَلُهُ.»

مهمــا سَأَلتــم باسمي، يا لها مــن كلمات شاملـة! كذلك يقول في الإصحاح الخامس عشر مـن إنجيل البشير يوحنا والآيـة السابعة «إِنْ ثَبَتُّمْ فِيَّ وَثَبَتَ كَلَامِي فِيكُمْ تَطْلُبُونَ مَا تُرِيدُونَ فَيَكُونُ لَكُمْ». هو يقول تطلبون «ما تريدون». ما الذي يمكن لله أن يقوله أكثر من ذلك؟

١٧

ويضيف على ذلك في إنجيل البشير يوحنا الإصحاح السادس عشر والآيــة الرابعة والعشريــن: «**إِلَى الآنَ لَمْ تَطْلُبُـوا شَيْئًـا بِاسْمِي. اُطْلُبُوا تَأْخُذُوا، لِيَكُـونَ فَرَحُكُمْ كَامِـلاً.**» اطلبوا تأخذوا، هناك نوع خاص من الفرح يصاحب استجابة يسوع للصلواتنا، ويسوع يريدنا أن نفرح لذلك يقول لنا «اطلبوا».

تعـدُّ معرفة الله القادر علـى كل شيء، خالق السمـوات والأرض وحاكـم الكون الذي يسمع وأذناه مفتوحتـان على صلواتنا الشخصية والفردية، واحدة من أعظم الاختبارات التي يمكن أن يمر بها أي إنسان، هـذا إلى جانـب إدراك أنَّ ذلك الإله سيفعل مهمـا طلبنا منه أن يفعله لـكل شخص منا بصفة فردية، ويسوع لم يكتف بالحديث عن الصلاة بل قـدَّم لنا مثالاً عمليًا عنها، وما زال مثالـه مستمرًا معنا حتى اليوم، تعالوا لنرى كيف يمكننا اتباع يسوع في عالم الصلاة هذا.

حياة الصلاة المستمرة ليسوع

يقـدم لنا أشعيـاء وصفًا فيه كل الإعلان والمجـد عن عمل مسحة يســوع، نقـرأ في الآية الأخيرة من الإصحاح الثالـث والخمسين، الآية الثانية عشر:

«لذلــكَ أَقْسِمُ لَهُ بَيْنَ الأَعِزَّاءِ وَمَعَ الْعُظَمَاءِ يَقْسِمُ غَنِيمَةً، مِنْ أَجْلِ أَنَّهُ سَكَبَ لِلْمَوْتِ نَفْسَهُ وَأُحْصِيَ مَعَ أَثَمَةٍ، وَهُوَ حَمَلَ خَطِيَّةَ كَثِيرِينَ وَشَفَعَ فِي الْمُذْنِبِينَ.»

لاحظ معي بأنَّ الآية السابقة تسجل لنا أربعة أعمال ليسوع.

سكــب للموت نفسه، يخبرنا سفـر اللاويين الإصحاح السابع عشر والآية الحادية عشر، بــأنَّ «**نَفْسَ الْجَسَدِ هِيَ فِي الدَّمِ**». لقد سكب يسوع نفسه للموت، عندما سكب كل قطرة من دمه.

كذلك، أُحصي مع الأثمة. لقد صُلب مع لصين.

وحمل خطية كثيرين. لقد أصبح ذبيحة خطية لأجلنا جميعًا.

أيضًــا شفــع في المذنبين. لقــد شفع يسوع بهم وهــو على الصليب، قــال: «**يَاأَبَتَاهُ، اغْفِرْ لَهُمْ، لأَنَّهُــمْ لاَ يَعْلَمُونَ مَاذَا يَفْعَلُونَ**» إنجيل البشير لوقا الإصحاح الثالــث والعشرون والآية الرابعة والثلاثون، وكأنَّ لسان حالــه كان يقول: «هم يستحقون ذلــك القضاء ولكن، دعه يأتي عليّ» وهذا ما حدث بالفعل.

وحيــاة الصلاة الخاصــة بيسوع لم تتوقف عند موتــه وقيامته، ففي الرسالــة إلى العبرانيــين نقــرأ: «**وَأَمَّــا هذَا** (يســوع المسيح) **فَمِــنْ أَجْلِ**

أَنَّـهُ يَبْقَـى إِلَى الأَبَـدِ، لَهُ كَهَنُـوتٌ لاَ يَزُولُ (كهنـوت لا ينتقل منه إلى آخرين). **فَمِنْ ثَـمَّ** (وفي ضوء ذاك الكهنوت) **يَقْدِرُ أَنْ يُخَلِّصَ أَيْضًا إِلَى التَّمَـامِ الَّذِينَ يَتَقَدَّمُونَ بِهِ إِلَى اللهِ، إِذْ هُـوَ حَيٌّ فِي كُلِّ حِينٍ لِيَشْفَعَ فِيهِمْ»** الإصحاح السابع من الرسالة إلى العبرانيين، والعددان الرابع والخامس والعشرون.

الآيـات السابقة تقدم لنا رؤية هامة عن فترة حياة يسوع، فقد قضى ثلاثـين عامًـا في الخفاء في حيـاة عائليـة كاملة وقضى ثـلاث سنوات ونصـف في خدمـة قوية ومؤثرة، والآن قضى يسـوع ما يقرب من ألفي عام في التشفع!

يقـدم لنا كاتب الرسالـة إلى العبرانيين المزيد مـن التوضيح لخدمة يسـوع المستمرة، فيقول: «**الَّـذِي هُوَ لَنَا كَمِرْسَاةٍ لِلنَّفْسِ مُؤْتَمَنَةٍ وَثَابِتَةٍ، تَدْخُلُ إِلَى مَا دَاخِلَ الْحِجَابِ. حَيْثُ دَخَلَ يَسُوعُ كَسَابِقٍ لأَجْلِنَا، صَائِرًا عَلَـى رُتْبَةِ مَلْكِـي صَادَقَ، رَئِيسَ كَهَنَـةٍ إِلَى الأَبَـدِ. لأَنَّ مَلْكِي صَادَقَ هـذَا، مَلِكَ سَالِيمَ، كَاهِـنَ اللهِ الْعَلِيِّ، الَّذِي اسْتَقْبَـلَ إِبْرَاهِيمَ رَاجِعًا مِنْ كَسْرَةِ الْمُلُوكِ وَبَارَكَهُ**» الرسالة إلى العبرانيين، الإصحاح السادس والآية التاسعة عشر، أيضًا الإصحاح السابع والآية الأولى.

في كل مرة اقرأ فيها تلك الآيات أفكر بخيمة موسى، حيث توجد ستارتـين أو حجابين كبيرين، اجتياز الحجاب الأول يرتبط باتحادنا مع المسيح في قيامته، في ذلك المكان لدينا خمس إرساليات، هناك يمكننا أن نكون رسلاً وأنبياء ومبشرين ورعاة ومعلمين.

أمـا الدخول عبر الحجاب الثاني إلى مـا ورائه إلى المنطقة المعروفة بـ «قدس الأقداس» فذاك معناه الذهاب إلى ما وراء القيامة من الأموات، والصعود إلى المجد، في ذلك المكان يتحد المؤمنون مع يسوع في صعوده ويجلسون معـه في عرشه، انظر رسالة القديس بولس إلى أهل أفسس الإصحـاح الثـاني والآية السادسـة، هناك فيمـا وراء الحجاب الثاني، نكتشف الإرساليتين العظيمتين والأخيرتين.

عندما يقـول كاتب الرسالة إلى العبرانيين عن يسوع، بأنَّه دخل إلى الحجـاب الثـاني ككاهن على رتبة ملكي صادق، هـو بذلك يشير إلى الترتيب السماوي، فهو الملك والكاهن.

ونحـن هنا على هـذه الأرض من الرائـع أن نكون رسـلاً أو أنبياء، فهاتين الموهبتين مميزتين، لكنَّ الكتاب المقدس يبشرنا بمستوى أكبر من هذه الخدمة، فـوراء الحجاب الثاني، يسوع كاهن وملك، ونحن كذلك لدينا الفرصة في أن نشارك في تلك الإرسالية أو الخدمة.

خدمة الكاهن

يدرك معظم الناس ما هي وظيفة الملك، فالملك يحكم. لكن ماذا عن مشاركتنا في دور الكاهن؟، هنا قد يبدو الأمر غير مفهوم بدرجة كافية.

دعونا نبدأ بكلمة واحدة تصف خدمة الكاهن المتميزة وهي التضحية، في الرسالة إلى العبرانيين نجد الكثير من الأماكن التي تُذكر فيها العلاقة بين الكاهن والتضحية. على سبيل المثال يخبرنا كاتب الرسالة إلى العبرانيين في الإصحاح الخامس والآية الأولى: «**لأَنَّ كُلَّ رَئِيسِ كَهَنَةٍ مَأْخُوذٍ مِنَ النَّاسِ يُقَامُ لأَجْلِ النَّاسِ فِي مَا للهِ، لِكَيْ يُقَدِّمَ قَرَابِينَ وَذَبَائِحَ عَنِ الْخَطَايَا**».

كذلك تخبرنا الآية الثالثة من الإصحاح الثامن من نفس السفر «**لأَنَّ كُلَّ رَئِيسِ كَهَنَةٍ يُقَامُ لِكَيْ يُقَدِّمَ قَرَابِينَ وَذَبَائِحَ. فَمِنْ ثَمَّ يَلْزَمُ أَنْ يَكُونَ لِهذَا أَيْضًا شَيْءٌ يُقَدِّمُهُ**».

يقدِّم الكهنة الذبائح. يمكننا أن نذكر ذلك الأمر بطريقة أخرى وهي أنَّ الوحيدين في الكتاب المقدس الذين أعطاهم الله سلطانًا كي يقدموا الذبائح له هم الكهنة. «هناك ملكان شاول وعُزيا قدما الذبائح للرب، لكنَّ الله أدانهما بشدة لأنَّهما لم يكنا كاهنين».

نفهم من تلك الآيات المذكورة في العهد الجديدة أنَّه لا يمكن لأي شخص الاقتراب من الله بذبيحة أو تقدمة إلا إن كان كاهناً، لا يحق للناس الاتجاه نحو الله وتقديم أي تقدمة حتى وإن كانت عبارة عن عشور، إلا من خلال كاهن.

وعلى ذلك، قد تبدو بعض الكلمات التي كتبها بطرس الرسول كلمات متناقضة، حين كتب للمؤمنين الأوائل ،بأنَّه يفترض بنا أن نقترب من الله بتقديم الذبائح وذلك في رسالته الأولى الإصحاح الثاني والآية الخامسة: «**كُونُوا أَنْتُمْ أَيْضًا مَبْنِيّينَ كَحِجَارَةٍ حَيَّةٍ بَيْتًا رُوحِيًّا، كَهَنُوتًا مُقَدَّسًا، لِتَقْدِيمِ ذَبَائِحَ رُوحِيَّةٍ مَقْبُولَةٍ عِنْدَ اللهِ بِيَسُوعَ الْمَسِيحِ**». من الواضح في تلك الجملة أنَّ الفعل فيها هو «يقدم» والاسم فيها هو «ذبائح» وهما كلمتان مرتبطتان بكون المرء كاهنًا.

ولم يكن معظم أولئك المؤمنين الأوائل كهنة، كما هو الحال بالنسبة لمعظمنا، وبالتأكيد لم يكنوا كهنة لاويين. إذن، ما المقصود بتلك الآيات؟ مرة أخرى نجد الإجابة في المثال الذي يضعه يسوع.

رئيس كهنة

لم يكن يسوع أثناء وجوده على الأرض كاهنًا لاويًا. يخبرنا كاتب

الرسالـة إلى العبرانيـين بمنتهى الوضوح «فَإِنَّـهُ لَوْ كَانَ عَلَـى الأَرْضِ لَمَا كَانَ كَاهِنًا، إِذْ يُوجَدُ الْكَهَنَـةُ الَّذِينَ يُقَدِّمُونَ قَرَابِـينَ حَسَبَ النَّامُوسِ» الإصحاح الثامن والآية الرابعة. لم يأت يسوع من سبط لاوي، وبالتالي لم يكن لديه الحـق في تقديم الذبائح الخاصة بوظيفة الكاهن الذي من سبط لاوي.

لكن، كان يسوع يمتلك كهنوتًا مختلفًا، تصف الرسالة إلى العبرانيين في الإصحاحـين السادس والسابع منها، ذلك الكهنـوت، لننظر مرة أخـرى إلى الآيـات المذكـورة في الرسالـة إلى العبرانيـين والتي سبق وذكرتها قبل قليل:

«الَّـذِي هُوَ لَنَـا كَمِرْسَاةٍ لِلنَّفْسِ مُؤْتَمَنَةٍ وَثَابِتَةٍ، تَدْخُـلُ إِلَى مَا دَاخِلَ الْحِجَـابِ. حَيْثُ دَخَلَ يَسُـوعُ كَسَابِقٍ لأَجْلِنَا، صَائِـرًا عَلَـى رُتْبَةِ مَلْكِي صَادَقَ، رَئِيسَ كَهَنَةٍ إِلَى الأَبَـدِ. لأَنَّ مَلْكِي صَادَقَ هذَا، مَلِكَ سَالِيمَ، كَاهِنَ اللهِ الْعَلِيِّ، الَّذِي اسْتَقْبَلَ إِبْرَاهِيمَ رَاجِعًا مِنْ كَسْرَةِ الْمُلُوكِ وَبَارَكَهُ» (عبرانيين ٦: ١٩ ـ ٧: ١).

نحـن بحاجة إلى أن ننظر إلى أبعد من ذلك، فاسم ملكي صادق في العبرية معناه «ملك البر» يكشف اسمه عن كونه ملكًا. أما مكانته فهي

كاهن ساليم أو كاهن السلام، وهنا نرى أول ظهور لتعبير كهنوت في الكتاب المقدس، وقد تم ذكره في سفر التكوين الإصحاح الرابع عشر والآية الثامنة عشر.

كان كهنوت اللاويين الذي وضع بموجب الناموس الممنوح لموسى، ضعيفًا وثانويًا، لأنَّ الكهنوت الدائم والأبدي في الحقيقة هو كهنوت ملكي صادق، وهو موضوع وفقًا لترتيب كهنوت يسوع.

ومن المثير للاهتمام هنا أن نلاحظ بأنَّ إبراهيم كان قد قدَّم عشوره لملكي صادق، أما ملكي صادق، فقد قدَّم لإبراهيم شيئين: الخبز والخمر. في المقابل، في العشاء الأخير أخذ يسوع الخبز والخمر وقدمهما لتلاميذه، وكأنَّ لسان حاله يقول: «في هذين العملين ترون كهنوت ملكي صادق وقد استرد فيّ». لذلك تعتبر هاتين الممارستين في الكنيسة، العشور وكسر الخبز، أقدم ممارستين في خدمة الرب الكهنوتية.

يسوع كان كاهنًا، ومع أنَّه لم يكن كاهنًا لاويًا، إلا أنَّه كان يقوم بتقديم التقدمات أثناء وجوده على الأرض، لو عدنا إلى قراءة الرسالة إلى العبرانيين سنجد التقدمة التي قدمها الرب يسوع وسنفهم كيف يمكن أن ينطبق علينا هذا الأمر.

كاتـب الرسالة إلى العبرانيين كان قد اقتبس من المزمور العاشر بعد المائة، قائلاً: «كَمَا يَقُولُ أَيْضًا فِي مَوْضِعٍ آخَرَ: «أَنْتَ كَاهِنٌ إِلَى الأَبَدِ عَلَى رُتْبَةِ مَلْكِي صَادَقَ. الَّذِي، فِي أَيَّامِ جَسَدِهِ، إِذْ قَدَّمَ بِصُرَاخٍ شَدِيدٍ وَدُمُوعٍ طَلِبَاتٍ وَتَضَرُّعَاتٍ لِلْقَادِرِ أَنْ يُخَلِّصَهُ مِنَ الْمَوْتِ، وَسُمِعَ لَهُ مِنْ أَجْلِ تَقْوَاهُ».

في تلك الكلمات «أنت كاهن إلى الأبد على رتبة ملكي صادق» نجد ثلاث تقدمات متتالية عمل يسوع على تقديمها، بسبب دوره الكهنوتي، فهو:

أولاً: علـى الأرض قدَّم الصلـوات والطلبات صارخًـا إلى الله من أجلنا.

ثانيًا: على الصليب قدَّم نفسه ذبيحة وكفارة عن خطايانا.

ثالثًـا: في السمـاء، هـو لا يـزال يقـدِّم خدمـة كهنوتيـة مستمرة للشفاعة.

متمثلين بيسوع

يُظهـر لنا المثال الذي يقدمه الرب يسـوع ما يريده الله منا. فالآيتان الخامسة والسادسة من سفر الرؤيا الإصحاح الأول، تخبرنا «وَمِنْ يَسُوعَ

الْمَسِيح الشَّاهد الأَمِين، الْبُكْر مِنَ الأَمْوَاتِ، وَرَئِيس مُلُوكِ الأَرْض: الَّذِي أَحَبَّنَا، وَقَدْ غَسَّلَنَا مِنْ خَطَايَانَا بِدَمِه، وَجَعَلَنَا مُلُـوكًا وَكَهَنَةً لله أَبِيه، لَهُ الْمَجْدُ وَالسُّلْطَانُ إِلَى أَبَدِ الآبِدِينَ. آمِينَ».

لقـد جعلنا يسوع ملوكًا وكهنـة وذلك من خـلال غفرانه لخطايانا وتطهيره لنا بدمه. هناك ترجمة أخرى تقول «ملكوت كهنة» ولكن مهما كان ترتيـب الكلمات، إلا أنَّه يشمل أعلى وظيفتين متاحتين للإنسان، فغرض الله وهدفـه لشعبه هـو أن يكونوا ملكوت كهنـة. وما معنى أن نكـون ملوكًا وكهنة، معنى أن نكـون ملوكًا، أي أن نملك في ملكوته، أما كهنة فمعناها، أن نقدم الذبائح للرب.

ولكـن لاحظ الترابط المحدد والواضـح في جملة (ملوك وكهنة) أو (ملكوت كهنة)، فشعب الله ليس له أن يختار واحدًا من هذين الأمرين، لأنَّ مسؤليتنا كشعب الملكـوت هي أن نحكم العالم لله، وعندما نتعلم كيف نخدم الله ككهنة يمكننا فعل ذلك.

تُرى ما نـوع الذبائح الروحية التي يتوقع منـا الله تقديمها؟ كما قدَّم يسوع الصلوات والابتهـالات أثناء حياته على الأرضِ، هكذا علينا نحن أيضًا، لأننا حـين نتعلم ونعتاد على أن نصلي عندها فقط سنكون مؤهلين لأن نحكم.

هل الله يدعوك؟

من سنوات قليلة فقط أصبحت مواطنًا أمريكيًا وكان ذلك باختياري. صدقني، كنت قد فكرت في ذلك القرار بمنتهى العناية، آملاً أن يكون مدعومًا بتأكيد إلهي، قررت أن أوحِّد نفسي مع ذلك السبب للأفضل أو للأسوأ.

إنَّ اختيار أن تفهم قوة الصلاة وأن تأخذ مكانك كشخص مصلي في ملكوت الله ليس بالأمر الخطير، فكِّر في ذلك، هل ترغب بأن تقول لله هذه الكلمات: «يا رب لو كان بإمكانك جعلني كاهنًا في ملكوتك، فأنا راغب في أن أدفع الثمن»؟

دعني أخبرك بأنَّه لا توجد دعوة أعلى، فحين تصلي، تكون قد وصلت إلى العرش، قد لا يراك الآخرون لأنَّك بعيد عن أنظارهم، وراء الحجاب الثاني، لكن حياتك ستحسب لله منذ ذلك الوقت وإلى الأبد. وقد لا تعتبر نفسك شخصًا قويًا قادرًا على الصلاة الآن، ولكنَّك إن قدَّمت نفسك إلى الله، سيشكلك.

قد يحتاج الأمر إلى إضافة بعض لمسات التغير في أسلوبك والفرق الحقيقي سيظهر في الصلاة المستجابة، الأمر ليس صعبًا لكنَّه عملي، في هذا الكتاب سنتعلم كيفية الاقتراب إلى الله، بحيث يتماشى أسلوبنا

مع الشروط الأساسية للصلاة المستجابة.

سنعـرف عن بعض أنـواع الصـلاة، كالصلاة المتشفعـة والصلاة الآمرة، وسنفهم مكانة وضرورة الحرب الروحية، وسنتعلم كيف نتعرف علـى إرادة الله، كذلـك سنصلي بها له مرة أخـرى. وأنت تصلي بثقة تذَّكر بأنَّ الله يريدنا أن نصلي، وأن نحصل على ما نصلي لأجله.

صلاتـي لأجلك أن يباركك الله في هذه الدعوة، ويضع يده عليك، يقـودك في طريق التعلم ويوجهك ويجعلك قـادرًا على إدراك وفعل ما قدمت لعمله.

هل أنت مستعد؟ دعنا نتجه للأمام؟

الفصل الثاني

شروط أساسية للصلاة المستجابة

«يَدْعُونِي فَأَسْتَجِيبُ لَهُ»

(مزمور ٩١: ١٥)

تُعـدَّ الصـلاة إحدى أعظم الفرص وأكبر الامتيـازات والخدمات المتاحة لكل المؤمنين. أنا لم أقرأ أبدًا بأنَّ يسوع علّم تلاميذه فعليًا كيف يعظـون، لكنَّه علَّمهم كيف يصلـون. لذلك ما أظنه هو أنَّ كل شخص يسعى لأنَّ يكون تلميذًا ليسوع المسيح، ويرغب في أخذ دوره في ملكوت كهنة الله، عليه أن يسعى كي يتعلم طرق الصلاة الفعالة. تذّكر.. الله لا يُرحب بنا وحسب في الصلاة، لكنَّه ينتظر منا أن نصلي.

هنـا، إذن، ثمانية شروط يعطينا إياها الكتـاب المقدس لنقترب من الله في الصـلاة، بطريقة من شأنها جلب الأجوبـة اللازمة لنا. وهذا هو المتطلب الأساسي، أول خطوة كي تُستجاب صلواتنا.

١. تعال إلى الله بتقوى

تتحـدث الرسالـة إلى العبرانيين ٥: ٧. كما سبـق ورأينا عن حياة

يسوع على الأرض وعن صلاته: «الَّذي، في أَيَّامِ جَسَدِهِ، إِذْ قَدَّمَ بِصُرَاخٍ شَدِيدٍ وَدُمُوعٍ طِلْبَاتٍ وَتَضَرُّعَاتٍ لِلْقَادِرِ أَنْ يُخَلِّصَهُ مِنَ الْمَوْتِ، وَسُمِعَ لَهُ مِنْ أَجْلِ تَقْوَاهُ».

كنـا قـد درسـنا الجـزء الأول من تلـك الآيـة من وجهـة نظر يسوع «ككاهن» وعرفنا كيف قدَّم يسوع أثناء حياته الأرضية صلوات وطلبات إلى الآب. ولكـن تخبرنا الآية السابقة في نهايتها أمـرًا آخـرًا وهو المهم. تخبرنـا لماذا سمـع الله الآب دائمًا لصلوات ابنه، وهـي تقول، إنَّه سمع ليسوع بسبب تقواه. وذلك هو الشرط الأول للاقتراب من الله.

كيـف تم التعبير عـن تقوى يسـوع؟ في الآيـة السابقة أشار كاتب الرسالة إلى العبرانيين إلى الوقت الذي كان يسوع يصلي فيه في بستان جسثماني، وفيما يلي وصف الحدث من إنجيل البشير متى:

«ثُمَّ تَقَدَّمَ قَلِيلاً وَخَرَّ عَلَى وَجْهِهِ وَكَانَ يُصَلِّي قَائِلاً: «يَا أَبَتَاهُ إِنْ أَمْكَنَ فَلْتَعْبُرْ عَنِّي هَذِهِ الْكَأْسُ وَلَكِنْ لَيْسَ كَمَا أُرِيدُ أَنَا بَلْ كَمَا تُرِيدُ أَنْتَ».... فَمَضَى أَيْضاً ثَانِيَةً وَصَلَّى قَائِلاً: «يَا أَبَتَاهُ إِنْ لَمْ يُمْكِنْ أَنْ تَعْبُرَ عَنِّي هَذِهِ الْكَأْسُ إِلاَّ أَنْ أَشْرَبَهَا فَلْتَكُنْ مَشِيئَتُكَ» (إنجيل متى ٢٦: ٣٩ ـ ٤٢).

التعبير عن التقوى، إذن، هو أن تقول لـلآب، «لا كما أريد أنا، بل

كمـا تريد أنت. لتكن مشيئتك.» التقوى هي ترك إرادتنا ونبذها وتبني إرادة الله.

يسـوع أعطانا صلاة كي نستخدمها كنموذج؛ وهي بالطبع ما ندعوه الصـلاة الربانية. في جزء من تلك الصلاة ذكـر يسـوع المبدأ الأساسي الـذي سبق وتحدثنا عنه، لقد علّمنا أن نصلي: «لِيَأْتِ مَلَكُوتُكَ. لِتَكُنْ مَشِيئَتُكَ كَمَا فِي السَّمَاءِ كَذَلِكَ عَلَى الأَرْضِ» (متى ٦: ١٠).

عندما نأتي إلى الله علينا أن نقول له: «لتكن مشيئتك» وهنا في هذه الكلمـات يكمن المعنى التالي، وهو: «إن لم تكن إرادتك يا رب متفقة مـع إرادتـي، فأنا أتنازل عن إرادتي مقابل اتمام إرادتـك». لأنَّه عندما تتعارض الإرادتان معًا، علينا أن نـترك لإرادة الله كل الحرية. عادة ما يتـم التعامل مع أحد الجوانب في «الطبيعـة القديمة» عبر تحقيق المطلب السابق، بولـس الرسول يوضح ذلك الأمر في رسالته إلى أهل أفسس، على الشكل التالي:

«أَنْ تَخْلَعُوا مِنْ جِهَةِ التَّصَرُّفِ السَّابِقِ الإِنْسَانَ الْعَتِيقَ الْفَاسِدَ بِحَسَبِ شَهَوَاتِ الْغُـرُورِ، وَتَتَجَدَّدُوا بِـرُوحِ ذِهْنِكُمْ، وَتَلْبَسُوا الإِنْسَانَ الْجَدِيدَ الْمَخْلُوقَ بِحَسَبِ اللهِ فِي الْبِرِّ وَقَدَاسَةِ الْحَقِّ» (أفسس ٤: ٢٢ ـ ٢٤).

في الإنسان طبيعتان، الطبيعة القديمة أو النفس القديمة، وهي طبيعتنا قبل أن يغيرنا الله. والطبيعة الجديدة أو النفس الجديدة وهي ما يريد الله أن يجعل منا. ولكي تعبِّر النفس الجديدة عن نفسها، علينا خلع العتيقة أولاً. ذلك أمر مطلوب منا فعله، ولا يمكن لله أن يفعله لنا. لذلك عندما نقول: «لا إرادتي،» نخلع إنساننا العتيق، وعندما نقول: «لتكن مشيئتك» نلبس الإنسان الجديد، تلك هي الطريقة التي نتغير من خلالها ونصبح جددًا في اتجاهات أذهاننا.

إن كان الله يستجيب لصلوات الإنسان القديم في كل منا، لأصبح الكون فوضى، دعني أعطيك مثالاً بسيطًا عن الأمر. عادة حين يخطط أطفال مدارس الأحد للذهاب إلى نزهة، يصلون: «يا رب أبعد عنا الأمطار» في ذات الوقت، نجد محاصيل الفلاح الفقير على وشك الهلاك، ونراه يصلي قائلاً: «يا رب من فضلك أرسل الأمطار، نحن بحاجة إليها». تُرى، كيف سيستجيب الله لكلتا الصلاتين؟ في الواقع، الله غير ملزم بأن يستجيب لأي من هاتين الصلاتين، إلا إن كانت صلاة نابعة من قلب الإنسان الجديد الذي تنازل فيها عن إرادته.

مثل مألوف آخر عن ذلك الأمر، أمتان نشبت الحرب بينهما، المؤمنون في هاتين الدولتين يصلون من أجل الأمر، قائلين: «يا الله،

انصــر دولتنا». كيف يمكن لله فعل ذلك؟ كما ترى الله ليس ملزمًا على القيــام بذلك. الله ملتزم فقط بالإجابة علــى صلوات الإنسان الجديد، وليس صلوات العتيق المتمــرد، والإنسان العتيق هو ذاك الذي يستمر من خلال صلواته على تأكيد رغبته وإرادته.

لذلك عندما نصلي من أجل أمر ما، علينا في البدء أن نوجه لأنفسنا هـذا السؤال: «هــل أصلي لأجل ما أنا أريـده أم لأجل ما يريده الله؟» ذلــك سيصنع كل الفرق، لأني إن كنت أصلي لأجل ما أنا أريد، فقد لا تُستجــاب صلواتـي، لكني إن كنت أصلـي لأنَّ تلك هي إرادة الله فبالضرورة ستستجاب صلواتي.

في بعضــ الظروف يأتي النـاس إلى الله بطلباتهم، لطلب شفاء على سبيل المثال، أو تسديد احتياج مادي. حتى في مثل تلك الحالات التي نعتقــد فعلاً بأنَّهـا إرادة الله، ما يزال علينا أن نسأل أنفسنا، هل أصلي لأجــل الشفــاء لأني أريد أن أشفى أم لأنَّ الله يريد أن يشفيني؟ هل أصلي لأجل الرخاء المادي لأنَّ ذلك هو ما أريده أنا أم لأنَّ ذلك هو ما يريــده الله؟ سيؤثر الأمر على طريقة تواصلنا مع الله لو أننا حسمنا تلك المسألة.

أذكر بأنَّه جاءتني سيدة في إحدى المرات، منذ عدة سنوات وطلبت مني أن أصلي لأجل ابنها المريض في المستشفى. كان الصبي في الثانية عشر من عمره تقريبًا، لديه مرض شُخصَ بأنَّه غير قابل للشفاء. وكنت على استعداد تمامًا للصلاة معها، ولكن من دون تفكير قلت: «هل سلمتِ ابنك للرب؟»

سؤالي البسيط هذا، سبب لها هيستريا شديدة، ظنت بأني كنت أحاول القول لها بأنَّ ابنها كان على وشك الموت، لكن ذلك لم يكن في ذهني. فقط وبكل بساطة كنت أريد الإشارة إلى أنَّها إن كانت تسعى لتحقيق إرادتها، فقد لا تتحقق إرادة الله. وطالما أنَّها لا تزال تُبقي يدها ممسكة بابنها، لن تكون يد الله قادرة على لمسه، لأننا كلما حاولنا السعي لتحقيق إراداتنا، لن نعطي المساحة لإرادة الله.

في أثناء تفكيرك في ترك إرادتك والتمسك بإرادة الله، دعني أقترح عليك تذكر ثلاث حقائق وهي:

بادئ ذي بدء، الله يحبك أكثر مما تحب نفسك. الحق الثاني، الله يفهمك أكثر مما تفهم نفسك. والثالث، الله يريد الأفضل لك.

وأنت. عندما تسلم نفسك بالفعل لإرادة الله ستكتشف بأنَّها

«الصالحة المرضية الكاملة» كما يقول الكتاب المقدس تمامًا عنها في رسالة الرسول بولس إلى أهل رومية ١٢: ٢.

من يتقي الله فعلاً، يُدرك بأنَّ الصلاة ليست الأداة التي نستخدمها لنجعل الله يفعل لنا ما نريده. بل عندما نقول لله: «لتكن مشيئتك» نحن من يصبح أدواتًا في يد الله ليفعل بها ما يريد.

أمعن النَّظر بما قاله الرسول بولس في رسالته إلى أهل أفسس٣: ٢٠ **«وَالْقَادِرُ أَنْ يَفْعَلَ فَوْقَ كُلِّ شَيْءٍ أَكْثَرَ جِدّاً مِمَّا نَطْلُبُ أَوْ نَفْتَكِرُ، بِحَسَبِ الْقُوَّةِ الَّتِي تَعْمَلُ فِينَا»**.

قدرة الله على الاستجابة لصلواتنا تذهب إلى ما هو أبعد بكثير من كل ما نطلبه أو نفكر به، قد تقول لنفسك: «كيف يمكن أن يكون ذلك؟ ما الذي يمكن أن يكون أبعد مما أطلبه أو أفكر به أو أتخيله؟» الإجابة هي: ما يريد الله أن يفعله معك.

أنت ترى، ما يمكن لله فعله معنا وما هو الأعظم بكثير والأبعد بكثير والأفضل بكثير من أي أمر يمكننا أنا وأنت تخيله أو التفكير فيه من نحو أنفسنا. ما دمنا نُحدَّ الله، ليفعل ما نحن نريد، نحن نفوت على أنفسنا ما يريده الله. لذلك كي نحصل على أفضل ما يريده الله لنا من خلال

صلواتنـــا، لا بد أن نأتي إلى الله، بذات الطريقة التي أتى بها يسوع إليه، بكل تقوى.

علينا أن نقول له: «يا رب لتكن لا إرادتي بل إرادتك، أنا لا أصلي لكي أشفـــى، لأني أريد أن أشفى ولكن لأني أؤمن بأنَّك تريدني أن أشفى».

رقـــدت في المستشفى عامًا كامـــلاً، ولم يستطع الأطباء شفائي، ولم أخرج من المستشفى ولم أتعـــاف حتى تعلمت بأنَّ الله سيشفيني لأنَّه يريـــد فعل ذلك، وليس لأني أريد أنـــا أن أشفى، هل يمكننا تذكر ذلك الدرس؟

عندما تصلـــي بتقوى وخضوع لإرادة الله، أنـــت تذهب إلى أعماق أبعد من تلك التي كنت ستصل إليها بإرادتك.

٢ـ آمـــن

تخبرنا الرسالـــة إلى العبرانيين عن إحدى المتطلبات الأساسية التي لا تتغـــير والتي يحتاج إليها كل من يقترب إلى الله وهي الإيمان «**وَلَكِنْ بِـــدُونِ إِيمَانٍ لاَ يُمْكِنُ إِرْضَاؤُهُ، لأَنَّهُ يَجِـــبُ أَنَّ الَّذِي يَأْتِي إِلَى اللهِ يُؤْمِنُ بِأَنَّهُ مَوْجُودٌ، وَأَنَّهُ يُجَازِي الَّذِينَ يَطْلُبُونَهُ**» (عبرانيين ١١: ٦).

الإيمـان شرط أساسي للاقتراب مـن الله والشعور بقبوله، على كل شخص يأتـي إلى الله أن يؤمن. والأكثر من ذلك، نحـن مطالبون بأن نؤمن بأمرين: أنَّ الله موجود وأنّه يكافئ الذين يسعون إليه بإخلاص.

معظـم الناس ليست لديهم صعوبة في الاعتقاد بأنَّ الله موجود. فلو كان ذلـك هو كل شيء لكنـا قد أوفينا بشرط الإيمان. ولكن هذا ليس كل شيء. فنحن مطالبون أيضًا بأن نؤمن بأنَّ الله يجازي الذين يسعون إليه بإخلاص.

هل تؤمن بذلك؟

قـد تقول: «حسنًا، أنا أحـاول، لكني ربما لا أسعـى إلى الله وأطلبه بشـكل جيد، لأني لا أعـرف الكثير عن التعليـم أو اللاهوت». لديَّ أخبـارًا سارةً لـك. ذلك النوع من الإيمان لا يتعلق أساسًـا بتعليم أو لاهـوت، بـل بعلاقة شخصية مـع الله، إنّه ينطوي على ثقة كاملة بالله كشخص. على الثقة بشخصه، والقـدرة على الاتكال عليه، في الواقع عليك أن تبتعد عن فكرة اللاهوت عندما تقترب إلى الله بالإيمان.

وذلك هـو أحد الأسباب التي جعلتنا نبـدأ كتابنا بأهمية أن تكون لدينـا صـورة سليمة عـن الله، لأنَّها ستولِّـد الإيمان لدينـا بصلاح الله

وبأمانته. وبالقدرة على الثقة به. كما ستساعدنا على فهم لمَ يُعلمنا الكتاب المقدس بأنَّ عدم الإيمان خطية، فعدم الإيمان يرمي بآمالنا وانتظاراتنا من الله عرض الحائط لأنَّه يرسم صورة زائفة وغير جذابة عن الله.

فمطلب الإيمان هو مطلب عام يرافق أي طريقة نسعى من خلالها للاقتراب من الله، إلا أنَّه ينطبق بشكل خاص على الصلاة، فعلى سبيل المثال لو عدنا مرة أخرى إلى إنجيل البشير متى ٢١: ٢٢، نقرأ: «**وَكُلُّ مَا تَطْلُبُونَهُ فِي الصَّلاَةِ مُؤْمِنِينَ تَنَالُونَهُ**». الكلمة الأساسية لتلك الجملة موجودة في المنتصف «مؤمنين» علاوة على ذلك، نقرأ في رسالة يوحنا الأولى ٥: ١٤ «**وَهَذِهِ هِيَ الثِّقَةُ الَّتِي لَنَا عِنْدَهُ: أَنَّهُ إِنْ طَلَبْنَا شَيْئاً حَسَبَ مَشِيئَتِهِ يَسْمَعُ لَنَا**». إذن إن كانت لدينا الثقة بذات الله وبصلاحه وبصفاته، عندئذ يمكننا أنَّ نؤمن سيستمع لنا.

ولكن، كيف يمكننا أن نحصل على ذلك النوع من الإيمان الذي يقترب من الله بثقة؟ أشكر الله... فالعهد الجديد لا يخبرنا فقط بأنَّه علينا أن نؤمن، لكنَّه أيضًا يعرِّفنا على طريقة حصولنا على ذلك الإيمان، نجد هذا في رسالة الرسول بولس إلى أهل رومية ١٠: ١٧ «**إِذاً الإِيمَانُ بِالْخَبَرِ وَالْخَبَرُ بِكَلِمَةِ اللهِ**».

تلــك هي الآية المفتاحية للخوض في حيــاة الصلاة. في الواقع تلك الآيــة هي التي أخرجتني مــن المستشفى بعد سنة طويلــة قضيتها مع المرض، أنا أدين بصحتي وبحياتي الطويلة وبقوتي لدروس الإيمان التي تحتويها تلك الآية.

عندمــا سلمت نفسي لإرادة الله، عرفت بأنَّ إرادته لي هي أن أسترد صحتي، كنت راقدًا في المستشفى مدركًا بأنَّه إن كان لدي إيمان لشفاني الله، لكني في كل مرة كنت أصل فيها إلى ذلك الإدراك، كانت الفكرة التالية التي تواتيني هي أنَّه ليس لدي إيمان.

في أحد الأيام وجهني الروح القدس إلى الرسالة إلى رومية ١٠: ١٧ «إِذاً الإِيـمَانُ بالْخَـبَر وَالْخَبَرُ بِكَلِمَة الله» وفجـأة تمسكت بهاتين الكلمتين «الإيمان بـ» وفهمت بأنَّه. حتى وإن لم يكن لدي الإيمان يمكنني الحصول عليه.

كيف يأتـي الإيمان؟ الإيمان يأتي بالخبر، يأتي بالاستماع لله، فكما تعلم الصلاة ليست حديثًا موجهًا إلى الله فحسب، بل هو اتصال ثنائي الاتجاه مع الله، هو إجراء محادثة شخصية حميمة معه وفعلية بين اثنين. الله لديه ما يقوله وهو أهم بكثير مما نريد قوله.

قادني الله إلى سفر الأمثال ٤: ٢٠ ـ ٢٢ تلك الآيات سأشير إليها على أنَّها «زجاجة الدواء التي وصفها الله لي» وكنت قد نويت أن آخذ كلمة الله كعلاج ثلاث مرات يوميًا، بعد الوجبات الثلاث. لذلك بعد انتهائي من تناول كل وجبة أساسية، كنت أختلي بنفسي فاتحًا كتابي المقدس حانيًا رأسي قائلاً: «يا الله تخبرني كلمتك بأنَّ كلماتك ستكون بمثابة الصحة لكل جسدي، وعلى ذلك أنا سأتناولها كدواء باسم يسوع»، وهذا ما حدث، في جو السودان غير الصحي، جلبت لي كلمة الله الصحة الكاملة والدائمة.

أخبرنا يسوع بأنَّ أبانا السماوي يعرف بالفعل ما نحتاجه، انظر لإنجيل البشير متى ٦: ٨. عندما نأتي إلى الله ونقول له، نحن نحتاج لهذا أو ذاك، في الواقع نحن لا نخبره بالجديد أو بأمر لا يعرفه بالفعل. الصلاة هي السير في ذلك الاتجاه وتلك العلاقة مع الله، حيث تعرف بأنك ستحصل على ما تريد عندما تطلبه منه. ذلك النوع من الإيمان يأتي من الاستماع إلى ما يريد الله قوله.

نقرأ في الكتاب المقدس بأنَّ الله ظهر في إحدى الليالي لسليمان ابن داود في حلم وقال له: «ماذا تريد؟ سأعطيك إياه»، يومها قدَّم سليمان إجابة حكيمة حيث قال: «اعط عبدك قلبًا مميزًا»، وتلك هي الترجمة

الإنجليزيــة للنصــ، أما الآية في العبرية فتقول: «اعطنــي قلبًا مستمعًا»، إذن لا يوجد ما هو أغلى من القلب الذي يستمع إلى الله، القصة تجدها في ١ملوك ٣، ٤.

كــي تضبط قلبك للسماع. أقترح عليك أن تصلي وكتابك المقدس مفتوح، بالأحــرى أنا أقترح أن لا تبدأ وقت صلاتك الجاد دون أن تقرأ أولاً كتابــك المقدســ. لمــاذا؟ أولاً، لأنَّ الله يتكلــم في المقام الأول من خــلال كلمته، لذلــك إن أردت الاستمــاع إلى الله، عــادة ما سيكون الكتاب المقدس هــو الوسيلة التي ستستمع من خلالها إليه. ثانيًا، لأنَّ أي أمــر لا يتفــق مع الكتاب المقدس ليس مــن الله. في بعض الأحيان تأتينا الأصوات الخادعة على أنَّها صوت الله ولكنَّها ليست كذلك.

توضِّــح الرسالة الأولى للرسول يوحنا، ذلــك الأمر، فتقول: «**وَهَذِهِ هِـيَ الثِّقَةُ الَّتـي لَنَا عِنْدَهُ: أَنَّــهُ إِنْ طَلَبْنَا شَيْئاً حَسَبَ مَشِيئَتِــهِ يَسْمَعُ لَنَا. وَإِنْ كُنَّا نَعْلَمُ أَنَّهُ مَهْمَا طَلَبْنَا يَسْمَعُ لَنَا، نَعْلَمُ أَنَّ لَنَا الطِّلْبَاتِ الَّتِي طَلَبْنَاهَا مِنْــهُ.**» (١يوحنــا٥: ١٤ و ١٥). إنَّ أساس الصــلاة الناجحة هو معرفة أننــا نصلي وفقًــا لإرادة الله، وإرادة الله معلنة بوضوح في كتابه المقدس، وهكــذا عندمــا نسمع ما يريد الله قولــه لنا، ننمو في الثقــة والإيمان بأنَّ طلباتنا ستستجاب.

٣ـ صَلِّ باسم يسوع

الأمر الذي يميز الشرط التالي للصلاة المستجابة هو كونه دقيقًا للغاية، الكتاب المقدس يخبرنا بوضوح بأنّه علينا أن نصلي باسم يسوع. دعونا نتأمل مثالاً واحدًا فقط. لاحظوا معي كيف تُظهِر الآيات التالية طريقة عمل علاقتنا مع الله باسم يسوع. في الحقيقة عمل علاقتنا مع الله باسم يسوع يسير في اتجاهين. اتجاه طلبنا منه واتجاه عطائه لنا. يقول الرب يسوع في الإنجيل بحسب البشير يوحنا «وَفِي ذَلِكَ الْيَوْمِ لاَ تَسْأَلُونَنِي شَيْئاً. اَلْحَقَّ الْحَقَّ أَقُولُ لَكُمْ: إِنَّ كُلَّ مَا طَلَبْتُمْ مِنَ الآبِ بِاسْمِي يُعْطِيكُمْ. إِلَى الآنَ لَمْ تَطْلُبُوا شَيْئاً بِاسْمِي. اُطْلُبُوا تَأْخُذُوا لِيَكُونَ فَرَحُكُمْ كَامِلاً» (يوحنا ١٦: ٢٣ ـ ٢٤).

مـا الـذي نضيفه إلى صلاتنا، حين نصلي في اسم يسوع؟ اقترح ثلاث حقائق.

بـادئ ذي بدء، عندما نصلي في اسم يسوع نأتي لله على أساس ما فعله الرب يسوع نيابة عنا، تخبرنا رسالة بطرس الأولى ٣: ١٨ عن «فَإِنَّ الْمَسِيحَ أَيْضاً تَأَلَّمَ مَرَّةً وَاحِدَةً مِنْ أَجْلِ الْخَطَايَا، الْبَارُّ مِنْ أَجْلِ الأَثَمَةِ، لِكَيْ يُقَرِّبَنَا إِلَى اللهِ، مُمَاتاً فِي الْجَسَدِ وَلَكِنْ مُحْيىً فِي الرُّوحِ». لقد دفع

يسوع عقوبة خطايانا عندما مات بدلاً عنا، آخذًا على نفسه ذنوبنا ودينونتنـا، الأمر الذي فتح الطريق أمامنا كي نأتي إلى الله دون الشعور بالذنب أو العار، وهكذا صار لدينا الحق في الدخول إلى محضر الله.

في رسالتـه إلى أهل أفسس الإصحاح ٢ : ١٣ يخبرنا الرسول بولس «وَلَكِن الآنَ في الْمَسيح يَسُوعَ، أَنْتُمُ الَّذينَ كُنْتُمْ قَبْلاً بَعيدينَ صِرْتُمْ قَريبينَ بِدَم الْمَسيح». دم المسيح هـو الدليل الأبدي المرئي لعمل الفداء الذي قـام به يسـوع والموت بالنيابة عنا. ونحن، حـين نأتي إلى الآب في اسم يسوع، نأتي باستحقاق الدم الذي سفكه يسوع بدلاً منا.

سنناقش موضوع دم يسوع بعمق أكبر في الفصل السابع، أما الآن فاسمحوا لي أن أشير إلى الإصحاح ١٢ من الرسالة إلى العبرانيين والتي تقول عن السماويات: «بَلْ قَدْ أَتَيْتُمْ إِلَى جَبَل صِهْيَوْنَ، وَإِلَى مَدينَة الله الْحَيِّ: أُورُشَليمَ السَّمَاويَّة، وَإِلَى رَبَوَاتٍ هُمْ مَحْفلُ مَلائكَة، ... وَإِلَى وَسيطِ الْعَهْدِ الْجَديدِ: يَسُوعَ، وَإِلَى دَم رَشٍّ يَتَكَلَّمُ أَفْضَلَ مِنْ هَابيلَ» (الآيات ٢٢ ـ ٢٤).

ما سبق يقدم لنا مقارنة جميلة تعتمد على حدث تم في العهد القديم. تذكـرون قصة قايين في سفـر التكوين، قايين الذي قتـل أخاه هابيل،

يومها تحدث الله إلى قايين وقال: «ماذا فعلت؟» لكنَّ قايين تظاهر بأنَّه لا يعرف شيئًا وبأنَّه بريء، عندها أجابه الله: «**صَوْتَ دَمِ أَخِيكَ يَصْرُخُ إِلَيَّ مِنَ الأَرْضِ**، يصرخ طالبًا الانتقام والعدالة» انظر تكوين ٤.

يُخبرنا كاتب الرسالة إلى العبرانيين بأنَّ دم يسوع قد رُش نيابة عنا في السماويـات، وذلك الدم يتحدث عن أمور أفضل من دم هابيل، بمعنى آخر، دم يسوع يتحدث عن المصالحة والرحمة والغفران والكفَّارة.

عندمـا كنت أجد بأنَّه من الصعـب عليّ الصلاة. واحدة من أعظم التعزيـات بالنسبة لي. أنني برغـم كوني لا أعرف ماذا أقول، إلا أنَّ دم يســوع كان يتحـدث دائمًا في السماء بالنيابة عنــي. ذلك هو جزء من معنى أن أصلي باسم يسوع وأعرف بأني آتي إلى الله، بناءً على ما فعله يسوع لي.

الحقيقة الثانية التـي تتضمنها الصلاة في اسم يسوع، هو أن نأتي إلى الله على أساس من هو يسوع، وليس على ما نحن عليه.

يقـول كاتب الرسالـة إلى العبرانيـين بأننا نأتي أمـام الآب بيسوع كرئيس كهنتنا:

«فَـإِذْ لَنَـا أَيُّهَا الإِخْـوَةُ ثِقَةٌ بِالدُّخُـولِ إِلَى «الأَقْدَاسِ» بِـدَمِ يَسُوعَ...

وَكَاهِنٌ عَظِيمٌ عَلَى بَيْتِ اللهِ. لِنَتَقَدَّمْ بِقَلْبٍ صَادِقٍ فِي يَقِينِ الإِيمَانِ، مَرْشُوشَةً قُلُوبُنَا مِنْ ضَمِيرٍ شِرِّيرٍ، وَمُغْتَسِلَةً أَجْسَادُنَا بِمَاءٍ نَقِيٍّ» (عبرانيين ١٠: ١٩، ٢١ ـ ٢٢).

بالإضافة إلى ما سبق، كتب الرسول يوحنا: «يَا أَوْلَادِي، أَكْتُبُ إِلَيْكُمْ هَذَا لِكَيْ لَا تُخْطِئُوا. وَإِنْ أَخْطَأَ أَحَدٌ فَلَنَا شَفِيعٌ عِنْدَ الآبِ، يَسُوعُ الْمَسِيحُ الْبَارُّ» (١ يوحنا ٢: ١). والكلمة المترجمة شفيع تعني حرفيًا «شخص يقف جنبًا إلى جنب معنا ليساعدنا ويرافع لأجل قضيتنا نيابة عنا».

عندما نأتي في اسم يسوع. ثم نأتي مع يسوع إلى الله كرئيس للكهنة وكشفيع. يقدم يسوع صلواتنا لله بالنيابة عنا، ولأنَّها تقدم في اسم يسوع، فذلك تأكيد لنا بأنَّها ستصل إلى الله. كشفيع لنا يتحدث يسوع مباشرة مع الله بالنيابة عنا، يتشفع لأجل قضيتنا بطريقة أفضل مما يمكننا نحـن أن نفعل لأجل أنفسنا، وحتى حيـن نرتكب الأخطاء أو الخطايا، لسنا في حاجة للبقاء بعيدين عن الله شاعرين بالخزي والعار، لأنَّه يمكننا الاقتراب والقدوم إليه بكل حرية بسبب يسوع.

أمـا الجانب الثالث للصلاة باسم يسوع فهو: أنَّه يدرك العلاقة التي لنا مع الله من خلال يسوع. انظر إلى ما كتبه الرسول بولس:

«مُبَـارَكٌ اللهُ أَبُـو رَبِّنَا يَسُوعَ الْمَسِيـحِ، الَّذِي بَارَكَنَا بِـكُلِّ بَرَكَةٍ رُوحِيَّةٍ فِي السَّمَاوِيَّـاتِ فِي الْمَسِيحِ، كَمَا اخْتَارَنَا فِيهِ قَبْـلَ تَأْسِيسِ الْعَالَمِ، لِنَكُونَ قِدِّيسِينَ وَبِلاَ لَوْمٍ قُدَّامَـهُ فِي الْمَحَبَّةِ، إِذْ سَبَقَ فَعَيَّنَنَا لِلتَّبَنِّي بِيَسُوعَ الْمَسِيحِ لِنَفْسِـهِ، حَسَبَ مَسَرَّةِ مَشِيئَتِهِ، لِمَدْحِ مَجْـدِ نِعْمَتِهِ الَّتِي أَنْعَمَ بِهَا عَلَيْنَا فِي الْمَحْبُوبِ» (الرسالة إلى أفسس١: ٣ ـ ٦).

لله هـدف أبدي في قلبه وعقله قبل بدء الزمـان أو بدء الخلقية، لقد عرفَنـا الله مقدمًا وقرر أنَّه مـن خلال يسوع المسيـح سيتبنانا في عائلته كأولاده، وقـد عمل كل ذلك في الوقـت وفي تاريخ البشرية عندما أتى يسوع ومات بالنيابة عنا.

تُترجم ترجمة الملك جيمسـ للكتاب المقدس، الآية السادسة كما يلي: «لمدح مجد نعمته التي جعلنا بها مقبولين في المحبوب».

أحب عبارة مقبولين في المحبوب. ذلك هو حالنا: نحن مقبولون من الله كأولاد، عندما نأتي إليه في المحبوب يسوع المسيح، ليس بسبب من نحن ولكن بسبب طبيعة يسوع.

واحـدة من أكبر المشاكل النفسية والعاطفية في ثقافتنا المعاصرة هي مشكلة الرفض.

يُمضـي الكثير مـن الناس حياتهـم شاعرين بأنَّهـم مرفوضون وغير مرغـوب بهم أو مـن مرتبة أدنى. كل ذلك، ربمـا بسبب الاتجاه الخاطئ الـذي تعامل من خلاله آباؤهم معهم أو ربمـا بسبب اتجاه خاطئ سلكه شركاؤهـم في الزواج. وربما لا يوجد جرح أعظم من جرح الرفض. لكنَّ أول خطـوة للشفـاء من ذلك الجرح هـو إدراك أنَّنا عندمـا نأتي إلى الله في يســوع، لن يتـم رفضنا. الله لا يرفضـ أولاده أبدًا وهـو قد قبلنا في المحبوب، ذلك يصنع كل الفرق في الطريقة التي نأتي بها إلى الله.

مـا أن نأتي إلى الله عبر يسوع. على هذا الأساس. مزايا رائعة تصبح متاحة أمامنا:

فـأولاً: «**اَلَّذِي لَمْ يُشْفِـقْ عَلَى ابْنِهِ بَلْ بَذَلَهُ لأَجْلِنَـا أَجْمَعِينَ كَيْفَ لاَ يَهَبُنَـا أَيْضاً مَعَـهُ كُلَّ شَيْءٍ؟**» (رومية ٨: ٣٢). أليست تلك آية مذهلة؟ معـه «أي مع يسوع» سوف يعطي الله لنا كل شيء بحرية. لكن لاحظ أنَّ الأمـر يعتمد على أن نكون معه. عندما نكون مع يسوع يحق لنا كل شيء كأولاد لله. لكن بدونه ليس لنا الحق في أن نطالب بأي شيء على الإطلاق.

ثـم: «**فَيَمْلأُ إِلَهِـي كُلَّ احْتِيَاجِكُمْ بِحَسَبِ غِنَـاهُ فِي الْمَجْدِ فِي الْمَسِيحِ يَسُـوعَ**» رسالة الرسول بولس إلى أهل فيلبـي٤: ١٩. تلك الآية تعني

بأنَّه لن يكون لدينا احتياج غير مسدد. والتسديد سيأتي من غنى الله. أعتقد بأن الله غني جدًا، للدرجة التي يمكنه بها أن يسدد كل احتياجات أولاده، ولكن حتى ذلك التسديد هو في المسيح يسوع.

٤ـ اقترب من الله بكل مجاهرة

الشرط التالي للاقتراب من الله في الصلاة، كي تأتي تلك الصلاة بالاستجابة. هو الاقتراب منه بكل مجاهرة «جرأة». هناك جانبان يمكننا من خلالهما التعبير عن ذلك الأمر. الإيجابي. نأتي من خلاله إلى الله بكل ثقة ويقين. السلبي، نأتي من خلاله إلى الله، دون الشعور بأي إدانة، لأنَّ الإحساس بالإدانة يضعف الثقة.

تعالوا لنبحث معًا، في هذين الجانبين.

بثقة

هناك آيتان في الرسالة إلى العبرانيين تعطينا السبب وراء ضرورة الاقتراب من الله بثقة، الآية الأولى تقول: **«فَلْنَتَقَدَّمْ بِثِقَةٍ إِلَى عَرْشِ النِّعْمَةِ لِكَيْ نَنَالَ رَحْمَةً وَنَجِدَ نِعْمَةً عَوْناً فِي حِينِهِ»** (عبرانيين ٤: ١٦).

نصلي أمام شخص موجود على عرش. العرش يشير إلى الملك.

وهو ليس بـأي ملك، إنَّه ملـك الملوك ورب الأربـاب، الحاكم الأعلى للكـون، الذي قال: «دُفِعَ إِلَيَّ كُلُّ سُلْطَانٍ فِي السَّمَاءِ وَعَلَى الأَرْضِ» (متى٢٨: ١٨). نحـن نصلـي لشخص لديـه كل السلطان والقوة لفعـل كل ما نطلبه منه. دعونا نرفـع أعيننا من على أنفسنا واحتياجاتنا ومشكلاتنا وننظر عاليًا إلى الجالس على العرش المجيد.

ثم هو عرش النعمة. النعمة تعتبر إحدى أهم الكلمات المفتاحية في العهد الجديد لأنَّها تصل دائمًا إلى أبعد ما يمكننا الحصول عليه أو تحقيقه بجهودنا الخاصة. بسبب كونه عرش النعمة، الأمر لا يتوقف على كوننا مستحقين أو على ما يمكننا تحقيقه بجهودنا.

أمـر كنـت أعيه دائمًا في حياتـي المسيحية. هو أننـي أبقى محتاجًا إلى نعمـة الله. والآية السابقة، طالما شجعتني على الثقة بأن آتي بشكل مستمـر إلى الرحمـة لأني سأحصل عليهـا. وأعتقد بـأنَّ سبب عدم حصـول الكثير من الناس على الرحمة، هـو شعورهم بعدم الاحتياج لها، لذا هم لا يأتون بإيمان للحصول على ما يريدون.

علينـا أن نأتي طلبًا للمعونة في أي وقت نشعـر فيه بالاحتياج، دون النظر إلى الظروف المحيطة بنا، علينا أن لا نردد بين أنفسنا جملاً كهذه:

«حسنٌ، الوضع خطير جدًا والمشاكل كبيرة لدرجة أنَّه لا يوجد ما يمكنني فعله حيالها». فقط في وقت الحاجة، فقط في الوقت التي تكون فيه مشاكلنا كبيرة، الله يدعونا أن نأتي إليه..

انظر مرة أخرى إلى تلك الآية الجميلة في الرسالة إلى العبرانيين والتي تشجعنا كي نأتي بثقة إلى الله: **«فَإِذْ لَنَا أَيُّهَا الإِخْوَةُ ثِقَةٌ بِالدُّخُولِ إِلَى «الأَقْدَاسِ» بِدَمِ يَسُوعَ... لِنَتَقَدَّمْ بِقَلْبٍ صَادِقٍ فِي يَقِينِ الإِيمَانِ، مَرْشُوشَةً قُلُوبُنَا مِنْ ضَمِيرٍ شِرِّيرٍ، وَمُغْتَسِلَةً أَجْسَادُنَا بِمَاءٍ نَقِيٍّ»** (عبرانيين ١٠: ١٩، ٢٢).

الثقة. هي اليقين الكامل. التصريح والمجاهرة بالإيمان ـ المجاهرة القائمة على حقيقة أنَّ دم يسوع قد سفك ورُش في حضور الله ذاته. الدم يتكلم الآن بالنيابة عنا حتى حين لا نعرف كيف نصلي.

لاحظ بأنَّ كلمة «لنتقدم» الواردة في الآية السابقة تؤكد على أنّ الأمر ذو شقين، الأول يُشير إلى ضرورة أخذ قرار للتقدم إلى محضر الله. والثاني يشير إلى أنَّه قرار جماعي. لأكثر من شخص واحد. في بعض الأحيان، علينا أن نأتي إلى الله ليس كأفراد بل كجماعة كأعضاء في الجسد الواحد لنصلي معًا.

دون دينونة

الجانب الإيجابي في القدوم إلى الله هو أن نأتي بكل ثقة. الجانب السلبي هو أن نأتي دون الشعور بأي إدانة. عدة مقاطع في الكتاب المقدس تتحدث عن الحاجة إلى التحرر من الإدانة.

هذا مقطع من سفر المزامير: «**إِنْ رَاعَيْتُ إِثْمًا فِي قَلْبِي لاَ يَسْتَمِعُ لِيَ الرَّبُّ**» (مزمور ٦٦: ١٨).

عبارة «إن راعيت إثمًا في قلبي» تعني، أنني أدرك بأنَّ هناك شيئًا ما يدينني. في كل مرة أحاول فيها الاقتراب من الله بإيمان، الشيطان يذكرني بالخطأ الذي لم أتعامل معه.

قد يكون ذنبًا لم اعترف به. أو ربما كنت قد اعترفت، لكنني لم أطلب غفران الله لأحصل عليه. إن كنت أدرك وجود خطية في قلبي، لن أحصل على ما أصلي لأجله. إذن، علي أن أزيل ضمير الخطية من قلبي، وآتي بكل مجاهرة أمام عرشه. (عبرانيين ٤: ١٦).

عمليًا يتم الأمر عن طريق الإيمان، لأننا إن اعترفنا بخطيتنا، الله «**أَمِينٌ وَعَادِلٌ، حَتَّى يَغْفِرَ لَنَا خَطَايَانَا وَيُطَهِّرَنَا مِنْ كُلِّ إِثْمٍ**» (١يوحنا ١: ٩).

بمجرد اعترافنا واعلان توبتنا وثقتنا بالله وبغفرانه وتطهيره الذي وعدنا بـه، علينا أن نمضي دون قلق من نحـو خطيتنا. لأننا إن بقينا في «ضمير الخطية» ونحن نصلي، لن يستمع الله لصلواتنا، إن راعيت إثمًا في قلبي لـن يستمع لي الرب، ولكن هل تعرف ما يقولـه كاتب المزامير: «لكن قـد سمع الله». بعبارة أخرى، كاتب المزامـير يعلن ارتفاعه فوق محاولة الشيطان لأن يدينه.

عـبَّر الرسول يوحنا عن نفس الفكرة، حين قـال: «**أَيُّهَا الأَحِبَّاءُ، إِنْ لَمْ تَلُمْنَـا قُلُوبُنَا فَلَنَا ثِقَةٌ مِنْ نَحْوِ اللهِ. وَمَهْمَا سَأَلْنَا نَنَالُ مِنْهُ، لأَنَّنَا نَحْفَظُ وَصَايَـاهُ، وَنَعْمَلُ الأَعْمَالَ الْمَرْضِيَّةَ أَمَامَهُ**» (١ يوحنا ٣: ٢١ ـ ٢٢). علينا التخلص من أي موقف يوحي بوجود نوع من البر في أنفسنا. لأنَّه ليس حـق فينا. علينـا أن نأتي إلى المكان الذي نثق فيـه في أمانة الله، وذلك سيأتي بالثقة إلينا.

مـرة أخرى في الرسالـة إلى رومية، يقول الرسول بولـس ٨: ١ «**إِذاً لاَ شَـيْءَ مِـنَ الدَّيْنُونَةِ الآنَ عَلَـى الَّذِينَ هُمْ فِي الْمَسِيـحِ يَسُوعَ**». في بقية الإصحـاح يرسـم بولس، أمجد صورة تعبر عن الـبركات والامتيازات والفوائـد للحياة الممتلئـة بالروح القدس والتي يقودهـا الروح القدس.

ونحن قادرون على الدخول إلى الخير الذي في ذلك الإصحاح والحصول على تلك النوعية من الحياة حين نضع الإدانة بعيدًا عنا.

أعتقـد بأنَّ المشكلة مع معظم المؤمنين تكمن في عدم معرفتهم ما إن كانـوا أبـرارًا أم لا. تلك هي الحقيقة، إن كنت قـد تبررت قبلاً بالإيمان بيسوع المسيح. إذن فقـد بررني المسيح بـبره. وإن كنت أعرف ذلك، فسأتمسـك به وسأعيش وفقًا له. لا دينونة علي من الشرير ولا يمكنه أن يمسني.

الآن، ذلك ليس معناه أنَّ المؤمنين لن يجدوا صعوبة في هذا العالم: «لأننـا سنضطهد بسبب البر.» الكتاب المقدسـ يخبرنا بأنَّ المبررين في المسيـح يسوع سيعانون من الاضطهاد. ولكـن هناك فرق جوهري بين الاضطهاد لأجل البر وبين الاضطهاد بسبب إدانة الأشرار.

الاضطهـاد من أجل البر يأتي على الأبـرار من قبل الأشرار. لكن دينونة الأشرار تأتي من الله، الذي هو البار وفوق الأشرار.

نحـن جميعنا مدعوون كي نتحمل الاضطهـاد. لكن لا يمكن لأي منـا أن يحتمل دينونة الله علـى الأشرار. لو استطعت بالفعل فهم تلك الفكرة فستتنفس الصعداء، ولكن كما سبق وقلت لك، معظم المؤمنين لا يعرفون أين هم.

في إنجيـل لوقا ٢١: ٣٦ تحدَّث الرب يسوع عن نهاية هذا الزمان، في نهاية رسالته قال محدثًـا تلاميذه: «**اسْهَـرُوا إذاً وَتَضَرَّعُوا في كُلِّ حِينٍ لِكَـيْ تُحْسَبُوا أَهْلاً لِلنَّجَاةِ مِنْ جَمِيعِ هَذَا الْمُزْمِع أَنْ يَكُونَ وَتَقِفُوا قُدَّامَ ابْنِ الإِنْسَـانِ**». وأشـار إلى أنَّ مشيئة الله لتلاميذه الهـروب من دينونة الله القادمـة على شر الأرضـ. ذلك يتماشى مع تعاليـم الكتاب المقدس كلها. لكنَّه أكد لهم بأن عليهم السهر والصلاة وإلَّا فلن يكونوا مؤهلين للهروب.

وقال أيضًا، «اسهروا إذا وتضرعوا... كي تحسبوا أهلاً للنجاة؟»

هل أنت أهلٌ للنجاة؟

لا، لسـت كذلك، لقد خُلصت بالنعمة، أنت لست جديرًا بها، ولا يمكن لـك أن تكون مستحقًا لها. لكن عندمـا خلُصت طُلب منك أن تحيـا حياة البر، كي تكون بارًا. لأنَّـه سيكون عدم بر من الله أن يدينك مع الأشرار، تلك هي الحياة المسيحية.

في نهاية هـذا الزمان، كن حذرًا ألا يختلط عليـك الأمر، لأنَّك قد تكون في الجانـب الخطأ، وكما سنرى في الفصـل التاسع، عندما نتعلم عن غرض الله في الصـلاة لأجل الكنيسة. هناك مساحة أوسع وأوسع

كي تنمو وسط الأبرار والأشرار. فالأشرار سيزداد حالهم سوءًا والأبرار والقديســين ستتحسن أحوالهم رؤيا ٢٢: ١١. لذا من الأفضل لك أن تعرف المجموعة التي تنتمي إليها.

يجب أن يأتي الوقت الذي فيه ننحي جانبًا كل محاولة لتبرير أنفسنا ونقول: «لقد حصلت بالإيمان على بر يسوع المسيح المعطى لي بإيماني به بحسب كلمة الله، ولن أقلق بشأن امتيازاتي، ولن أقلق بشأن خطاياي، ولــن استعرض أفعالي الصالحة، ولن أخجل بسبب أفعالي السيئة، ولن أفحصـ وأحلل قلبي طـوال الوقت كي أرى إن كنـت صالحًا للدرجة الكافيــة، سأثق بالله في أنَّ دم يسوع قد طهرني من كل خطية، وسأقف بكل مجاهرة أمام العرش، أمام قدس الأقداس».

تلك هي الطريقة المجيدة للدخول لقدس الأقداس.

يقدم لنا سفر أستير صورة جميلة عن دخول أستير إلى محضر ملك، فقد كانت آنذاك في أزمة قومية كبيرة وأزمة شخصية. وحياة شعبها على المحـك. يومها لم يطلب منها الملك أن تأتي إليه، أستير حملت حياتها علــى كفيها وقررت الاقتراب من الملــك. وبعد صيام ثلاثة أيام ارتدت ثيابهـا الملكية وذهبـت إلى محضر الملك، والملك قَبِلهـا وأعطاها طلبها.

لاحـظ بأنَّها دخلـت محضر الملك كملكـة، وليـس كمتسولة، هكذا يريـد المسيح من كنيسته أن تفعل، أن تأتي إليـه كملكة كلها ثقة بأنَّها ستحصل على ما ستطلبه منه، بسبب نعمته وبره.

٥ـ يكون لديك دافع سليم

الشرط التالي للصلاة المستجابة هو الصلاة بدافع سليم.

يميـل المتدينـون كالفريسيين علـى سبيل المثـال، إلى التركيز على الأمـور الخارجية. يهتمون بطريقة ارتداء الناس لملابسهم، بنوع التسلية التـي يمتعون بها أنفسهـم، بالأشياء التي يأكلونها. لذلـك تجد بأنَّه من الصعـب علـى أولئك المتدينين الذيـن اعتادوا على العمـل بدءًا من الخارج ومـن ثم الداخل، إدراك أنَّ الله يبـدأ عمله في داخل الإنسان، ومن ثم الخارج.

عندما أرسل الله صموئيل النبي إلى بيت يسى كي يمسح أحد أولاده، ليكـون ملك إسرائيـل في المستقبل، جاء يسى بـأولاده السبعة، جميع أولئـك كانـوا على ما يرام، أقويـاء، يتصفون بالوسامـة. في كل مرة نظر صموئيـل إلى واحد من أولئك الشباب، كان يقـول لنفسه: «لا بد وأنَّ ذلـك هو الشخص المطلوب، ولكن في كل مرة كان الله يصوب ويصحح

له ويقول: «لا ليس ذلك هو الشخص المطلوب». ثم أعطاه الرب تفسيرًا: «لأَنَّهُ لَيْسَ كَمَا يَنْظُرُ الإِنْسَانُ. لأَنَّ الإِنْسَانَ يَنْظُرُ إِلَى الْعَيْنَيْنِ، وَأَمَّا الرَّبُّ فَإِنَّهُ يَنْظُرُ إِلَى الْقَلْبِ» (١صموئيل ١٦: ٧).

يفحص الله أفكار قلوبنا ونياتنا ويميز دوافعنـا، أساس اهتمامه ليس بما نطلب فحسب، لكنّه يهتـم لماذا نطلب، وقد أوضـح ذلك بمزيد من التفاصيل في هذه الآية: «تَشْتَهُونَ وَلَسْتُمْ تَمْتَلِكُونَ. تَقْتُلُونَ وَتَحْسُدُونَ وَلَسْتُمْ تَقْدِرُونَ أَنْ تَنَالُوا. تُخَاصِمُونَ وَتُحَارِبُونَ وَلَسْتُمْ تَمْتَلِكُونَ، لأَنَّكُمْ لاَ تَطْلُبُونَ. تَطْلُبُونَ وَلَسْتُمْ تَأْخُذُونَ، لأَنَّكُمْ تَطْلُبُونَ رَدِيّاً لِكَيْ تُنْفِقُوا فِي لَذَّاتِكُمْ» (يعقوب ٤: ٢ ـ ٣).

سبـب واحد بسيط وراء عدم حصولنـا على الأمور التي يريدنا الله أن نحصـل عليها هو أننا لا نطلب. ولكن إن طلبنا وما زال لا يستجاب لنـا فقد يكون سبب ذلك أننا نصلـي بدوافع خاطئة. يتحدث الرسول يعقوب عن دافع خاطئ. وهو الطلـب لأجل ملذاتنا. بعبارة أخرى، إن كانت صلواتنا أنانية إذًا لدينا دوافع خاطئة. لأننا نسعى بكل بساطة كي نحصل على أمر ما لراحتنا ولرضانا الشخصي.

لذلـك نحن نسأل، ما هو الدافع السليم للصلاة؟ يخبرنا يسوع عنه

بكل وضوح: **«وَمَهْمَا سَأَلْتُمْ بِاسْمِي فَذلِكَ أَفْعَلُهُ لِيَتَمَجَّدَ الآبُ بِالابْنِ»** (يوحنا ١٤: ١٣).

أعطانا يسوع وعدًا شاملاً، مهما طلبنا باسمه فسيفعل، لكن الأساس الذي سيفعل الأمر بناءً عليه هو «ليتمجد الآب بالابن». وهكذا فالدافع السليم للصلاة هو أن تأتي الاستجابة لصلاتنا بالمجد لله، وذلك فعليًا هو دافع سليم لكل ما نفعله، لأنَّ حياة البر التي تقوم على الإيمان، تعطي المجد لله.

يمكننا النظر إلى ذلك الأمر من جانب آخر، إن تساءلنا، ما هو جوهر الخطية؟ وهو ليس بالضرورة سرقة بنك أو ارتكاب زنى أو القيام بفعل فظيع مبغوض في عيون المتدينين، في الواقع إنَّ جوهر الخطية هو، أن نختار ألا نحيا لمجد الله، وأن ننكر المجد الذي من حقه.

وصف بولس الرسول، في رسالته إلى أهل رومية، كيف ابتعد كل الجنس البشري عن الله وانغمسوا في حياة الجهل والشر. وأشار إلى الخطوات التي أوصلت الإنسان إلى ذاك الذي هو أصل هاوية الظلام: **«لأَنَّهُمْ لَمَّا عَرَفُوا اللهَ لَمْ يُمَجِّدُوهُ أَوْ يَشْكُرُوهُ كَإِلهٍ بَلْ حَمِقُوا فِي أَفْكَارِهِمْ وَأَظْلَمَ قَلْبُهُمُ الْغَبِيُّ»** (رومية ١: ٢١).

مــا هي أول خطوتين للنزول إلى الدرك الأسفل؟ الأولى هي الفشل في تمجيــد الله. والثانية هـي عدم القدرة على أن نكون شاكرين لله. كل من يتخذ تلك الخطوتين المتجهتين نحو الأسفل سينزلق في طريق يقود إلى وضع قد يكون من الصعب التفكير به. لذا علينا الاهتمام بالصلاة كي لا ننزلق في أخطاء كهذه.

الله يريد لكل واحد منا التحرر من التأثير السلبي للخطية واسترداد الدافـع السليم والهدف الحقيقي للحياة، عندما نأتي إلى الله ونصلي له بدافـع أن يتمجــد الله من خلال استجابته للصلاة التي نقدمها له في اســم ابنه يسوع المسيح. يؤكد لنا بأنَّ ما فعلناه هو أمر رائع للغاية. يقول بــأنَّ كل مواعيده متاحة لنا: «لأَنْ مَهْمَا كَانَتْ مَوَاعِيدُ اللهِ فَهُوَ فِيهِ النَّعَمْ وَفِيهِ الآمِينُ، لِمَجْدِ اللهِ، بِوَاسِطَتِنَا» (٢ كورنثوس ١ : ٢٠).

أليـس ذلك مذهـلاً؟ فكل وعد هو لي الآن، وهـو يتناسب مع كل موقـف أعيشه ويسدد احتياجي لو أني طلبتـه باسم يسوع ولمجد الله. وفي كل الأحـوال لا يهـم عدد الوعـود التي وعدنا الله بهـا، رغم أني سمعت بأنَّها تقدر بثمانية آلاف وعد لله في الكتاب المقدس، وهي كلها «نعم» في المسيح.

رد الفعـل الإيماني هـو أن نقول للنعم التي صـدرت من الله «آمين

لمجد الله». لأنَّ قولنا «آمين لمجد الله» سيثبت «النعم» وسيجعل الوعد متاحًا لنا.

٦ـ أغفروا لمن أساء إليكم

في الموعظة على الجبل، واحدة من الأمور التي علَّمنا يسوع أن نقولها، وأنا أفترض بأن جميعنا يعرف ما هي: «واغفر لنا ذنوبنا كما نغفر نحن أيضًا للمذنبين إلينا» (متى ٦: ١٢) «اغفر لنا كما نغفر نحن أيضًا» قد لا ندرك بأنَّ ذلك هو شرط هام واجب حدوثه للحصول على استجابات لصلواتنا.

لقد وجدت من خلال خدمتي في المشورة وتعاملي مع الناس بشكل عام، أنَّ عدم تحقيق شرط الغفران، هو أحد أهم مصادر الإحباط والإعاقة في حياتنا الروحية وسبب فشلنا في الحصول على استجابات في الصلاة. عادة ما يتعلق عدم غفراننا بشخص واحد محدد. سألت سيدة جاءت تطلب مني المشورة، ذات مرة: «هل هناك شخص في حياتك، لم تغفري له بعد؟».

أجابتني: «نعم» ثم ذكرت لي شخصًا معينًا في دائرة القضاء في الولايات المتحدة. قلت: «لو أردتِ أن تتحرري سيكون عليك أن

تغفـري له. ليس هناك بديل. إن لم تغفري له، لن يغفر لك الله». اغفر لنا كما نغفر نحن للآخرين.

لقـد ربط يسـوع طلبنا للمغفرة مـن الله بشرط أن نغفـر نحن أيضًا للآخرين. فهل أنت على استعداد لتغفر؟

تذكـر ذلك صديقي، الغفران ليس عاطفـة بل قرار. أسميه «تقطيع الصـك.» لـو كان أحدهم مدينًا لـك بثلاثـة آلاف دولار. إذن. اقطع الصك. هل تعرف المبلـغ المستحق عليك لله؟ ستة ملايين دولار. هل تريده أن يقطع ذلك الصك؟ قطِّع صكك أولاً، وهو سوف يقطِّع صكه. ذلك هو قانون الله الذي لا يتغير. لا يمكنك تغيير الله. طلبه هو أن نغفر لمن أساء إلينا، حتى يغفر لنا.

الطلبـة الأخـيرة في الصـلاة الربانية هي سؤال لله كـي ينجينا من الشيطـان: «نجنا من الشرير» (متى ٦: ١٣). وهي الترجمة السليمة. أنا وأنت لا يحق لنا أن نصلي لأجل النجاة حتى نغفر للآخرين، تمامًا كما أردنا أن يغفر الله لنا خطايانا.

كذلـك قال يسوع: **«وَمَتَى وَقَفْتُمْ تُصَلُّونَ فَاغْفِرُوا إِنْ كَانَ لَكُمْ عَلَى أَحَـدٍ شَيْءٌ لِكَيْ يَغْفِـرَ لَكُمْ أَيْضـاً أَبُوكُمُ الَّذِي فِي السَّمَـاوَاتِ زَلاَّتِكُمْ»**

(مرقس ١١: ٢٥). كلمات يسوع، لا تستثني أي إنسان أو شخص أو أمر.

عندما تقف لتصلي اغفر، لأنَّه «إن لم تغفروا أنتم لا يغفر أبوكم الذي في السماوات أيضًا زلاتكم» (الآية ٢٦)، ذلك واضح تمامًا، الرب يسوع يتحدث مع المؤمنين، أولئك الذين يدعون الله أبيهم السماوي.

إذن قبلما نصلي علينا أن نغفر، لأنَّه لن يكون من الجيد أن نحاول الاقتراب إلى الله في الصلاة مع وجود عدم غفران في قلوبنا ضد أي شخص بشأن أي أمر.

٧ـ القيادة بالروح القدس

الشرطين الأخيرين ـ القيادة بالروح القدس والطلب بحسب كلمة الله ـ سيساعدانا على فهم الكيفية التي يمكننا أن نصلي من خلالها بحسب إرادة الله. سنرى بأنَّ قوة الروح القدس تعمل من خلال صلواتنا عندما تتماشى تلك الصلوات مع كلمة الله.

دعونا نبدأ مع هذه الآية: «**لأَنَّ كُلَّ الَّذِينَ يَنْقَادُونَ بِرُوحِ اللهِ فَأُولَئِكَ هُمْ أَبْنَاءُ اللهِ**» رسالة القديس بولس إلى أهل رومية ٨: ١٤. الفعل «ينقادون» هو في زمن المضارع المستمر في اللغة اليونانية، وعلى ذلك،

وبمــا أنَّ الكثيريـــن ينقادون بروح الله، فهم أبنـاء الله. كيف تعيش يوميًا كابـن أو ابنه لله في هذا العالم؟ عبر السمـاح للروح القدس بأن يقودنا بصفة منتظمة ومستمرة.

في وقت لاحق في رومية ٨، يطبق الرسول بولس ذلك الحق المتعلق بالقيادة بالروح القدس في الحياة المسيحية وتحديدًا في الصلاة، حين قال: «وَكَذَلِكَ الرُّوحُ أَيْضاً يُعِينُ ضَعَفَاتِنَا لأَنَّنَا لَسْنَا نَعْلَمُ مَا نُصَلِّي لأَجْلِهِ كَمَا يَنْبَغِي. وَلَكِنَّ الرُّوحَ نَفْسَهُ يَشْفَعُ فِينَا بِأَنَّاتٍ لاَ يُنْطَقُ بِهَا. وَلَكِنَّ الَّذِي يَفْحَصُ الْقُلُوبَ يَعْلَمُ مَا هُوَ اهْتِمَامُ الرُّوحِ لأَنَّهُ بِحَسَبِ مَشِيئَةِ اللهِ يَشْفَعُ فِي الْقِدِّيسِينَ» (الآيات ٢٦ ـ ٢٧).

يقول بولس بأنَّ الـروح القدس يأتي لكي يعين ضعفاتنا وسقطاتنا، وبأننـا نحن جميعُنـا لنا ضعفات معينة. وهي ليسـت المرض الجسدي وليسـت مرضًـا. بـل هي جزء مـن طبيعتنـا الجسدية. فما هو ذلك الضعف؟

الضعـف هو أننـا لا نعلم ما الذي علينا أن نصلي لأجله، أو بمعنى آخر، يمكننا القول إننا لا نعلم دائمًا ماذا علينا أن نصلي لأجله وحتى إن علمنـا، فهناك أوقات كثيرة لا نعلم فيها كيف نصلي لأجل ما نريد، قد

تعلم بأنَّ ابنك يحتاج إلى أن تصلي من أجله، أو صديقك يحتاج منك إلى دعمه بالصلاة، لكنَّك لا تزال غير عالم كيف يمكنك أن تصلي.

تـرى ما الحل الـذي يقدمه الله لنا بشأن هذا الأمـر؟ يأتي روح الله ليساعدك في ذلك الضعف. كيف؟ يأخذ الأمر على عاتقه ويتشفع من خلالك، يصلي وفقًا لإرادة الله، لذلك عندما لا نعلم كيف نصلي وفقًا لفكر الله، وحينما نواجـه باحتياج عدم قدرتنا على معرفة كيف نصلي لأجـل أمر ما، ماذا نفعل؟ ننتقـل إلى الروح القدس ونقول له: «يا روح الله القدوس، سُد عليَّ وصلي من خلالي».

تلك هـي إحدى البركات المجيـدة المترتبة علـى المعمودية بالروح القدس، من أجل ذلك أنا أؤمن بـأنَّ المعمودية بالروح يجب أن تكون مصحوبة بكلمات خارقة للطبيعة حيث يتكلم الروح القدس لا المؤمن، أو بالأحـرى الروح القدس يعطي المؤمن لغـة كلام لا يعرفها المؤمن. عندمـا يسلـم المؤمن نفسه بتلـك الطريقة، شخص الـروح القدس هو الذي يصلي من خلاله كي يتشفع له بأنات لا ينطق بها. يصلي لأجل القديسين وفقًا لإرادة الله. يصلي صلاة يريـد أن يسمعها ويستجيب إليها.

كـم مـن الرائـع أن نـدرك بأنَّـه عندما لا نعـرف كيـف نصلي، يمكننا اللجـوء إلى الله والسماح للروح القدس بالانطلاق في دواخلنا. وعندما يصلي الروح القدس فينا بلغة غير مفهومة، ذلك معناه أننا نصلي الصلاة السليمة، ونعرف بأنَّها الصلاة السليمة لأنَّ الروح القدس هو من يعطينا أن نصليهـا، الـروح القدس الذي فينـا يصلي وفقًا لإرادة الله المعلنة، هو يهيمـن على أحبالنـا الصوتية وعلى طبيعتنا الداخليـة ويعقد اجتماع صلاة خاص في دواخلنا! ذاك ما يضمنه الله لكل مؤمن بالمسيح.

أتذكـر يوم كنت أنا وزوجتي ليديـا في الدائرك ـ موطنها الأصلي ـ كان ذلـك في نهاية شهر أكتوبر، وقتهـا أخذنا نخطط لرحلة إلى بريطانيا طوال شهر نوفمبر، في صباح أحد الأيام ونحن نصلي معًا جالسين على السرير، كما كنا نفعـل دائمًا، بدأت زوجتي تصلي، سمعتها تقول : «يا رب أعطنـا جوًا مناسبًا طـوال الوقت الذي سنقضيـه في بريطانيا». في الواقع، استغربت من صلاتها، لدرجة أني كنت على وشك الوقوع من على السريـر، فقلت لها فيما بعد متسائلاً : «هل كنت تعلمين ما الذي صليت لأجله؟» أومأت برأسها: لا.

قلـت : «لقد صليتِ كـي يعطينا الله جوًا رائعًا طـوال الوقت الذي سنقضيه في بريطانيا».

بالطبـع، لم تكن زوجتـي تذكر بأنَّها كانت قـد صلت لأجل ذلك الأمـر، فهو لم يأت من ذهنها، فالكلمات التي قالتها، أعطاها لها الروح القدس.

قلـت: «أتعرفـين كيف الحال في بريطانيا في شهـر نوفمبر، هي باردة وكئيبـة ومليئة بالضباب، ولا تبعث على السـرور إطلاقًا.» كنا قبلاً قد عشنا في بريطانيا فترة طويلة كافية لنعرف طبيعة شهر نوفمبر فيها.

ولكن هل تعرفون ماذا حدث؟

ذهبنا إلى بريطانيا وكان شهر نوفمبر فيها عبارة عن ربيع، لم أر نوفمبر مثـل ذلك الذي مر علينـا طوال السنوات التي عشتهـا هناك. عندما رحلنا، في آخر يوم في شهر نوفمبر قلنا لأصدقائنا الذين أتوا ليودعونا في المطار: «عليكم الانتباه الآن، فالجو سيتغير».

عندمـا نصل إلى نهاية فهمنا المحدود. وحيـن نستخدم كل مواردنا الفكريـة الفقيرة، ما الـذي علينا فعله؟ علينا الانتقال إلى ما سيضيفه الـروح القدس. فهو يرقـى إلى مستوى المهمـة. كان أكثر جزء مفضل لـدى زوجتـي، يتكلم عن الصلاة هو: «افغر فـاك فأملأه». فقط اعطي الروح القدس فمك واسمح له بملئه. إنَّه يتوق للصلاة من خلالك.

يخبرنـا الكتاب المقدس بأنَّه علينا أن نصلي في كل حين، نصلي بلا انقطاع. ١ تسالونيكي ٥: ١٧ وأفسـس ٦: ١٨. فهل يمكن لأي منا أن يصلي بقوته وفهمه الخاصين والطبيعيـين. دائمًا وبلا انقطاع؟ بالتأكيد لا، لكــن عندما نترك الروح القدس يسـود علينا طوال الوقت، سيعقد من خلالنا اجتماع صلاة أربع وعشرين ساعة في اليوم.

يمكنـك أن تصلي أثناء نومك. أتعـرف، تلك هي الحقيقة. سمعت أناسًـا كثر يتحدثون بألسنة لساعـات طويلة دون توقف أثناء نومهم، في نشيـد الأنشاد تقـول العروس: «أنا نائمة وقلبـي مستيقظ»، سفر نشيد الأنشاد ٥: ٢. تلك هي إحـدى محاسن عروس المسيـح. قلبها يظل مستيقظًـا في الصلاة بالروح، بينما عقلهـا وجسدها يحصلان على نوم منعـش. يمكنك قضـاء ساعات في الصلاة ثم تستيقـظ منتعشًا كزهرة الربيع في الصباح التالي. تلك هي الصلاة في المستوى الذي تعلنه لنا إرادة الله، حـين نسمح للـروح القدس بأن يعـين ضعفاتنا، يسود علينا ويصلي بنا، بالطريقة التي يريدنا الله أن نصلي بها.

كما لاحظنا سابقًا، يخبرنا الرسول بولس عن أنَّ الله قادر على تخطي أقصى الحدود فوق كل شيء، فوق كل ما نفهم أو ندرك وفوق ما يمكننا أن نطلبه بأذهاننا الطبيعية. حين أفكر بأكثر مما يمكنني طلبه، وحين أصل

إلى أقصى حدود تفكيري الطبيعي البسيط والمنطقي بالأمور التي تتعلق بما يمكن لله أن يفعله معي، أو ما يجب أن يفعله معي، عندها يمكنني أن أدعو الروح القدس كي يأتـي ويتدخل ويتحرك، ويرتفع بي نحو الأفق في طائرة تعلو مستوى صلواتي. ذلك هو مستوى الصلاة المعطى بالروح القدس، لكل ابن من أبناء الله، وله الحق في أن يحيا به ويعيشه.

٨ ـ الطلب بحسب كلمة الله

آخر شـرط أساسي للصلاة المستجابة هو أن تصلي وفقًا لكلمة الله، وذلك مرتبط تمامًا بالشرط السابق، شرط الخضوع لقيادة الروح القدس. كمـا تـرى، إنَّ أعظم أمر في الصلاة هو إرادة الله، فلو أني أصلي بحسب إرادة الله، كمـا يقول الكتاب المقدس، إذن فأنـا أعلم بأنَّ الله سيستمع لي، وبالتالي سأحصل على طلبتي.

كيـف أعـرف إرادة الله؟ أين هي إرادة الله المعلنـة؟ الإجابة تكمن في كلمته، إنَّ أعظم إعلان عن إرادة الله هو كلمة الله نفسها، وكلمة الله مليئة مـن البداية حتى النهاية بالوعود الإلهيـة. التي يدعوها الرسول بطرس: «الْمَوَاعِيدَ الْعُظْمَى وَالثَّمِينَةَ» (٢بطرس ١: ٤). هل تعلم ما هي تلك الوعود؟ مواعيد الله هي إرادة الله.

وهكـذا عندمـا تجـد وعدًا يتعلـق بموقـف تعيشه وتحتاجـه ليسدد احتياجك. ذلك الوعد هو إرادة الله لك. الله لا يعد أبدًا بأمر ليس من إرادتـه، وأي أمر ليس من إرادة الله هو غـير مناسب لك. افترض أنك أتيـت إليه وقلت له: «يا رب لقد وعدت» سيجيبك الرب ويقول لك: «نعـم أنا وعدتك بـه، لكنَّك لا تريد أن تفعل هـذا، أن تأخذه وتناله». ذلك الشرط هو السر العظيم الذي يربطنا بحياة الصلاة، أن نصلي وفقًا لإرادة الله المعلنة لنا في كلمته.

تعالـوا لننظر إلى مثلين سيوضحان لنـا الأمر، الأول مثل من العهد القـديم والثاني من العهد الجديـد. في ١أخبار الأيام نجد واقعة في حياة داود. يومهـا كان داود قـد تأسـس في مملكته. انتصـر في معاركه. لديه سـلام ووفرة ومنزل جميل يعيش فيه. وفيما هو جالس في بيته الجميل يفكـر في كل الأمـور الرائعة التـي حدثت معه. أتـت إلى ذهنه فكرة. قال: «**هأَنَـذَا سَاكِنٌ فِي بَيْتٍ مِنْ أَرْزٍ، وَتَابُوتُ عَهْـدِ الرَّبِّ تَحْتَ شُقَق!**» (١أخبار الأيام ١٧: ١).

لذلـك قال لناثان النبـي: «سأبني بيتًا لتابوت عهـد الرب». أجابه ناثـان: «تلك فكرة جميلـة، امض قدمًا وافعل ذلـك». ولكن في تلك الليلـة تكلم الله إلى ناثـان وقال: «اذهب واخبر عبـدي داود: أنت لن

تبنـي لي بيتًا، لكن ابنك سيفعل ذلك، ولكن هل تعلم ماذا سأفعل أنا لك؟ أنا سأبني لك بيتًا».

أليس ذلك رائعًا؟

وهـو أيضًا مثال علـى «الارتفاع فوق كل صـلاة.» لقد حاول داود التفكـير في أفضـل مـا يمكـن أن يفعلـه لله، لكن الله استجـاب بما هو أعظم.

أنـت تعلم بأنَّ كلمة بيت في الكتاب المقدس لا تعني بالضرورة بناءً حجريًـا، بل عائلة ونسل، والله وعد داود بـأنَّ رخاءه ونسله سيستمران وبأنَّ مـن نسله سيكون ذلك الابن الذي سيجلس على عرشه ويحكم على كل إسرائيل وعلى كل الأمم إلى أبد الآبدين.

وعندمـا حصل على تلك الرسالة: «**فَدَخَلَ الْمَلِكُ دَاوُدُ وَجَلَسَ أَمَامَ الرَّبِّ**» (١أخبار ١٧: ١٦).

أُحِـب تلك الصورة أن نجلسـ أمام الرب،. أنا لا أعرف ما هو الحال معكـم. ولكني أنا مـن ناحيتي لو ركعـت لفترة طويلـة سأشعر بعدم الراحة. في الواقع لا شيء في الكتاب المقدس يخبرنا بأنَّه علينا أن نصلي إلا ونحن راكعون، ففي يوم الخمسين حل الروح القدس على التلاميذ وهم جالسون.

لذلك أتـى داود واسترخى أمام الله القدير وقال شيئًا كهذا: «أنت كنت صالحًا جدًا معي، أريد أن أقضي بعض الوقت لكي أشكرك على كل صلاحك: «**وَالآنَ أَيُّهَا الرَّبُّ، لِيَثْبُتْ إِلَى الأَبَدِ الْكَلاَمُ الَّذِي تَكَلَّمْتَ بِهِ عَنْ عَبْدِكَ وَعَنْ بَيْتِهِ وَافْعَلْ كَمَا نَطَقْتَ.**» (١٧: ٢٣).

كانـت تلك كلمات قصيرة مكونة من مقطـع واحد، لكنَّها احتوت على جوهر الصلاة الفعَّالة. افعل كما نطقت. يا رب قد قلت ذلك. من فضلك افعله. إنَّ كان الله قد وعدك بأمر وقال بأنَّه سيفعل، وأنت طلبت منـه أن يفعله، يمكنك إذن أن تعرف أنَّـه سيفعل ذلك. لأنَّ وعوده هي إعلان لإرادته.

هل ترى جمال تلـك الصلاة؟ اسمح لما تكلمت به يا رب أن يقوم ويحـدث، أنا لم أتكلم به يا رب، لم أفكر أنا بـه، إنَّه فوق ما يمكنني أن أفكر فيه وأرغبه أو أطلبه ولكن أنت يا رب تكلمت، لذلك افعله.

لاحـظ أيضًـا بـأنَّ داود، كان لديـه دافعًـا صالحًـا في الصلاة. في الآية ٢٤ نقرأ: «**وَلْيَثْبُتْ وَيَتَعَظَّمِ اسْمُـكَ إِلَى الأَبَدِ، فَيُقَالَ: رَبُّ الْجُنُودِ إِلـهُ إِسْرَائِيلَ. هُـوَ اللهُ لإِسْرَائِيلَ وَلْيَثْبُتْ بَيْـتُ دَاوُدَ عَبْدِكَ أَمَامَكَ**» كان داود يقول للرب، لتحدث تلك الأمور التي تحدثت بها، افعل كما قلت،

كي يُحفظ اسمك إلى الأبد.

ذلك هو المفتاح العظيم للصلاة المستجابة، فلو أننا لا نعرف ما الذي وعدنــا الله به في كلمته، كيف لنا أن نذهب إليه ونقول لـه: «يا رب، لقد وعدتنــا، من فضلك افعــل». علينا أن نأتي إلى الــرب بالكلمة والروح معًــا في صلواتنا لأنَّه عندها فقط، ستكون كل قوة الله المبدعة وقدرة الله السرمدي متاحة لنا.

فكــر، ترى كيف أخرج الله الكــون للوجود. «**كَلِمَةِ الـرَّبِّ صُنِعَتِ السَّمَاوَاتُ، وَبِنَسَمَــةِ فِيهِ كُلُّ جُنُودِهَا.**» (مزمور ٣٣: ٦). لقد أخرجت كلمــة الله وروحه كل الخليقة للوجــود، ونحن عندما نأتــي إليه بالروح وبكلمته معًا، سيفعل لنا فوق كل ما نطلبه أو نفكر به.

مثــل ثاني عن تلك الفكرة، من العهــد الجديد. كنت أسأل الناس مــن حولي في بعض الأحيــان: «بعيدًا عن الأحــداث الشخصية التي حصلت في حياة يســوع المسيح، ما الذي يمكن أن تعتبره أعظم معجزة حدثت في حياته كإنسان؟» وكنت أحصل على العديد من الإجابات، كان البعــض يجيبني، معجزة أليعــازر الذي قام من الأموات بعد أربعة أيام في القبر، وكنت لا أجــادل أي شخص بشأن الإجابة التي يقدمها

لي، لكنـــي أنا على الصعيد الشخصي، أعتقد بأنَّ أعظم معجزة حدثت في حياة شخص طبيعي، هو حمل العذراء مريم في رحمها للرب يسوع، وصيرورتها أمًا لابن الله. ولكن كيف تم ذلك؟

تم ذلك، عندما قالت عبارة واحدة بسيطة.

أخـبر الملاك مـريم بخطة الله، ثم وضَّـح لها بأنَّ قوة الـروح القدس ستظللها وقال: «**لأَنَّـهُ لَيْسَ شَيْءٌ غَيْرَ مُمْكِنٍ لَـدَى اللهِ**» (لوقا ١: ٣٧)، على الهامش وبجانب تلك الآية في كتابي المقدس، توجد ترجمة بديلة، تقـول: «لا توجد كلمة من الله بلا قـوة». كذلك، يمكن ترجمتها: كل كلمة من الله تحوي في داخلها على قوة لكي تحدث.

لقد حصلت مريم على كلمة من الله عن طريق الملاك، وبينما كانت تقبل تلك الكلمة قبلت القوة التي تمتها لها، هذه كانت إجابة العذراء مـريم، وهي نموذج للصـلاة: «**هُوَذَا أَنَـا أَمَةُ الـرَّبِّ. لِيَكُـنْ لِي كَقَوْلِكَ**» (لوقـا ١: ٣٨). بقـوة تلك الكلمـات حدثت أعظم معجـزة في تاريخ البشرية.

بذلك المستوى من الصلاة، يمكننا نوال أمور عظيمة فهو «يفعل أكثر جدًا مما نطلب أو نفتكر» فالأساس هو أن نصلي وفقًا لكلمة الله.

ترتبـط صلاتا داود ومـريم معًا بمجيء الرب يسـوع إلى عالمنا، داود كان الجـد الأكبر للـرب يسـوع، وكان الله قد وعده بـأن يكون له ابن علـى العرش وبالفعل، تحقق الوعد بميلاد يسوع الذي حُمل به في رحم العذراء مريم، وفي كلتا الحالتـين كان مفتاح الصلاة المستجابة هو ذاته: «يا الله أنت قلت، فلتفعل».

لن تصلي أبدًا صلاة أكثر فعالية إلا عندما تذهب إلى كلمة الله وتجد وعدًا مرتبطًا بك وبموقفك وتقول: «يا رب أنت قلت، وأنت تفعل». بعد أن تتمم الشروط السابقة، سوف تكتشف سر الصلاة الفعالة.

الفصل الثالث

ملكوت صلاة على الأرض

«فإذَا تَوَاضَعَ شَعْبِي الّذِينَ دُعِيَ اسْمِي عَلَيْهِمْ وَصَلّوْا.. فَإنّنِي أَسْمَعُ مِنَ السّمَاءِ»

(٢أخبار الأيام ٧: ١٤)

حتى الآن، وضعنا الأسس لثلاث حقائق هامة مرتبطة ببعضها البعض:

أولاً، تعلمنا بأنَّ الله جعلنا ملكوت كهنة، ولذلك فإنَّ مسئوليتنا هي أن نحكم العالم من خلال الصلاة. يُعلنُ الكتاب المقدس لنا بأنَّ العالم لا يحكمه الرؤساء والحكام والدكتاتوريون. قد يبدو الأمر للعيان كما لو أنَّهم هم الذين يحكمون ولكن، إنَّ من يحكم العالم بالفعل، هم أولئك الذين يعرفون كيف يُصلون.

ثانيًا، تعلمنا بأنَّه، كي نكون مؤثرين، علينا الإيفاء بشروط معينة،

كـــي نقترب من الله في الصلاة، بطريقة تجعلنـــا نحصل على استجابات لطلباتنا.

ثالثًا، تعلمنا بأنه، كجزء من تلك الشروط، شرط أن يعمل روح الله وكلمته معًا دائمًا. فقوة الروح القدس تعمل من خلال صلواتنا طالما أنَّها تتماشى مع كلمة الله، مما يعني، أنَّه علينا معرفة ما يقوله الكتاب المقدس كي نصلي بفاعلية.

والآن دعونـــا نأتي بـــكل ما تعلمناه، لنطبقه علـــى مثال محدد وهام للغايـــة في الكتاب المقدســ. فيما يلي ما كتبه الرســـول بولس لتلميذه تيموثاوس:

«فَأَطْلُـــبُ أَوَّلَ كُلِّ شَـــيْءٍ أَنْ تُقَـــامَ طِلْبَـــاتٌ وَصَلَـــوَاتٌ وَابْتِهَـــالاَتٌ وَتَشَكُّـــرَاتٌ لأَجْـــلِ جَمِيـــعِ النَّاسِ، لأَجْـــلِ الْمُلُوكِ وَجَمِيـــعِ الَّذِينَ هُمْ فِي مَنْصِـــبٍ، لِكَيْ نَقْضِيَ حَيَاةً مُطْمَئِنَّةً هَادِئَةً فِي كُلِّ تَقْوَى وَوَقَارٍ، لأَنَّ هذَا حَسَـــنٌ وَمَقْبُولٌ لَدَى مُخَلِّصِنَا اللهِ، الَّذِي يُرِيدُ أَنَّ جَمِيعَ النَّاسِ يَخْلُصُونَ وَإِلَى مَعْرِفَةِ الْحَقِّ يُقْبِلُونَ.» (١تيموثاوس ٢: ١ ـ ٤).

تلـــك هي واحدة من أكثر المقاطع المنطقيـــة التي عرفتها في الكتاب المقدســ، لأنَّهـــا تكشف عن سلسلة من الأفـــكار وتعطينا مجموعة من

الأسباب المنطقية والسليمة، لكل ما ستخبرنا به.

بولس كتب تلك الرسالة إلى تيموثاوس، كيما يوجهه في أمور تتعلق بنظام وتعاليم الكنيسة المحلية، مؤكدًا على أنَّ أعظم نشاط لمجموعة محلية هي أن تطلب وتتعبد وتتشفع وتشكر، وإن أردنا استخدام اسم يجمع كل تلك الأفعال المختلفة معًا، علينا استخدام كلمة «صلاة». إذن النشاط الأساسي لاجتماع المؤمنين معًا في الشركة حين يبدأون في خدمة الرب هو الصلاة، فالصلاة هي الأساس.

كل ما سبق، يتفق مع إشعياء ٥٦: ٧، حيث قال الله هذه الآية للمؤمنين الذين يجتمعون ليصلوا معًا: «**أَنَّ بَيْتِي بَيْتَ الصَّلاَةِ يُدْعَى لِكُلِّ الشُّعُوبِ**». بعبارة أخرى، لسنا نصلي فقط، لكن صلواتنا ذات نطاق متسع، كاتساع محبة الله ورحمته، فهبة الإنجيل «البشارة» هي للجميع.

ثم كشف الرسول بولس عن أول موضوع للصلاة، في ختام الآية الافتتاحية، فقال يجب أن نرفع صلوات لأجل جميع الناس، ثم وضح لمن علينا أن نصلي أولاً. فمن ذا الذي يجب أن يُصلى لأجله أولاً من بين كل الجنس البشري؟ ألأجل المرسلين؟ أم لأجل المبشرين؟ هل

لأجل المرضى؟ لا. وهنا عليَّ التنبيه بأنَّ الغالبية العظمى من المؤمنين، قــد يفقدون الهدف المعلن لهم من خــلال إرادة الله، لأنَّهم لا يضعون الأولويات التي حددَّها الله في موضعها السليم.

يقــول الله، بأنَّه عندما نجتمع معًا كمؤمنين للصلاة، أو عندما يجتمع اثنان أو ثلاثة معًا، فإنَّ أوَّل من يريدهم أن يصلوا لأجله، هم الملوك وكل مــن في منصب. لو استخدمت مصطلحات هذه الأيام، لأعبر عما يريد الله منــا أن نصلي لأجله، يمكنني أن أقول، إنَّها الحكومة، هل تعرف بأنَّ أول مسئوليــة عليك هي الصلاة لأجــل حكومة دولتك؟ هل أدركت قبــلاً ذلك؟ لقد لاحظت بأنَّ الكثير من الناس في الكنائس لم يفكروا أصــلاً في أمر كهذا أو لا يفكرون بالصلاة لأجــل تلك الغاية، ولو مرة واحدة في الشهر، ومع ذلك بولس وضع ذلك الأمر لزامًا علينا أولاً.

حســنٌ، ما الــذي علينا طلبه مـن الله، كي يفعل لأجـل الحكومة ومن خلالها؟ ترد الآية «لِكَيْ نَقْضِيَ حَيَاةً مُطْمَئِنَّةً هَادِئَةً فِي كُلِّ تَقْوَى وَوَقَارٍ». هنا تعالـوا لنسأل أنفسنا هذا السـؤال البسيط. هل الحكومة التي نحيـا تحت حكمهـا تؤثر على الحيـاة التي نحياهـا؟ بالطبع ومن الواضـح بأنَّهـا تفعل، إنَّها تؤثر، وتؤثر على الكثـير من الجوانب المتعلقة

بحياتنا وباستمرار، لذلك إن أردنا أن نحيا حياة صالحة، يجب أن نصلي لأجل حكوماتنا.

تُرى، ما الذي علينا أن نطلبه مــن حكوماتنا، كي تحققه لنا؟ نطلب منها على سبيل المثال، أن تؤمن لنا وضعًا يمكننا فيه نحن الذين نخضع لهــا، أن نحيــا حياة هادئة مطمئنة في كل تقوى ووقــار، بمعنى آخر علينا أن نصلــي لأجل أن تقوم حكوماتنا بوظائفها بطريقة صحيحة، بكلمات أبسط علينا أن نصلي لتكون لدينا حكومة جيدة.

كــم منــا يمكنهم أن يقولوا، نحــن نحيا حياة هادئــة مطمئنة في كل تقــوى ووقار؟ منذ بضعة سنوات، كنت في سان فرانسيسكو، وأنا هناك جلست بقرب موظفــين دبلوماسيين من هونج كونج على مائدة الإفطار. حين سألتهم عن الحال في هونج كونج، توقعت أن يحدثاني عن الحكومة الشيوعيــة وتسلطها ودكتاتوريتها وما إلى آخره من أمور، لكني تفاجئت حــين أخبروني بأنَّه في هونج كونج يمكن للمرأة أن تسير بمفردها في ساعة متأخرة من الليل، وأنَّ الوضع في سان فرانسيسكو ليس كذلك، لا بل في بعض الأحيــان في سان فرانسيسكو لا يمكن للمرأة أن تسير بمفردها حتى في وضح النهار.

ونحــن نعلم بأنَّ ذلك صحيح، ففـي معظم المدن الأمريكية اليوم لا يمكــن للمـرأة أن تسـير بمفردها بطمأنينة، وفي العديد من المناطق لا يمكن للرجـل أيضًا فعل ذلك، فهـل نحن نحيا حياة هادئـة ومسالمة في كل تقوى ووقار؟

كي أحصـل على الجنسيـة الأمريكيـة، وأصبح مواطنًا أمريكيًا، عرفت بأنَّ لبَّ كل المؤسسات الأمريكية هو الدستور، وبينما كنت أقرأ الدستـور الأمريكي وتعديلاته وأطالع الشـكل الذي يقدَّم به لأولئك الذين ينوون أخذ الجنسية، وصلت إلى خلاصة مهمة وهي: إنَّ الهدف الأساسـي من الدستور الأمريكي، هو الوصـول إلى حالة تتمكن فيها الولايات المتحدة الأمريكية من أن تحيا حياة مطمئنة في كل تقوى ووقار.

الكلمات السابقـة تلخص بمنتهى الدقة أساس الدستور الأمريكي، فلو تحقق ذلك الهدف، سنكون قادرين على القول «حسنٌ، لقد صارت لدينا حكومة جيـدة.» بعبارة أخرى. وفقًا للمعايـر الأمريكية، أو لمعاير الدستور الأمريكي، عمل الحكومة الجيدة هو، تقديم إطار ووضع قانوني ونظام وإدارة، تُمكن كل مواطن أمريكي من ممارسة حياته اليومية وعمله، كي يحيا حياة هادئة مطمئنة في كل تقوى ووقار. وأنا على قناعة أكيدة

بـأنَّ الآباء المؤسسين الذين وضعوا الدستـور في أمريكا، كانوا قد قبلوا تلك الكلمات لتكون هدفهم الأساسي في صياغة الدستور.

في الآيـة التاليـة للجزء الـذي كنا ندرسه، نقـرأ: «**لأَنَّ هـذَا حَسَنٌ وَمَقْبُولٌ لَدَى مُخَلِّصِنَا اللهِ**» وذلك معناه أنَّ الحكومة الجيدة، هامة للغاية، لأنَّ تلك هي إرادة الله.

يخبرنـا الرسول بولس عن السبب الرئيسـي، وراء موافقة الله على الحكومـة الجيدة، وهو أنَّ تلك هي إرادته، يكتب: «**الَّذِي يُرِيدُ أَنَّ جَمِيعَ النَّاسِ يَخْلُصُونَ، وَإِلَى مَعْرِفَةِ الْحَقِّ يُقْبِلُونَ**» الآية الرابعة. كنت قد أشرت في السابق، إلى أنَّ رحمة الله ومحبته متاحة لكل الجنس البشري، فالله يريـد أنَّ جميع الناس يخلصون، فكيف لهـم أن يخلصوا دون أن يأتوا إلى معرفـة الحق؟ وكيف لهم أن يأتوا إلى معرفة الحق، إن لم يكن الحق قد قدِّم لهم؟ والحق هو الإنجيل.

لأجل ذلك السبب المنطقي والبسيط للغاية، يريد الله أن يُكرز بالحق، بالإنجيل لكل إنسان في كل مكان. والآن، وبعد أن عرفنا السبب، علينا أن نسأل أنفسنا سؤالاً آخرًا. ما الذي يجعل الكرازة بالإنجيل أمرًا سهلاً في بلدنا، الحكومة الجيدة أم الحكومة السيئة؟ اعتقد بأنَّ الإجابة واضحة للغاية ولا تحتاج إلى تفسير، فالحكومة السيئة تعيق الكرازة بالإنجيل، أما

الحكومة الجيدة فهي تسهِّل استخدام الطرق المختلفة للكرازة بالإنجيل. إذن، الحكومة الجيدة هي من إرادة الله المعلنة لنا.

هنا نجد أيضًا، أساسًا هامًا للصلاة الناجحة ـ في ذلك المثال بصورة خاصة ـ لأنّه بما أننا ملكوت كهنة، إذن فنحن نعرف بأنّ مسئوليتنا هي حكم العالم لله بصلواتنا، وعلى ذلك علينا أن نجاهد في الإيفاء بشروط الاقتراب من الله في الصلاة، والإتيان إليه بخضوع وبإيمان وفقًا لمتطلباته. كذلك، علينا أن ندرس كلمة الله بإرشاد الروح القدس وندرك ونميز بأنّ الحكومات الجيدة هي إرادة الله لنا، وبأننا إن صلينا لأجل حكومة جيدة فسيستمع لنا الله وسيستجيب. وبما أننا نعرف بـأنّ الله سيسمعنا إذن فسنحصل على ما طلبناه.

والآن دعونا نتناقش ونقلِّب في الأمر، ماذا لو لم تكن في بلدنا حكومة جيدة؟ وأنا أقول لو. إذن على كل واحد منا أن يسأل نفسه ويقرر ما إن كانت حكومة بلاده جيدة، فعَّالة، ذات كفاءة، وطبعًا وفق معايير خاصة اعتدنـا على استخدامها. فإن وجدنا بأنّـه ليست لدينا في بلدنا حكومة جيـدة، علينا أن نسأل، ما السبب؟ هناك سببان لذلك، إن كنا نؤمن بما يعلِّمه الكتاب المقدس.

الأول، هـو أننـا لم نُصلِ كما ينبغـي، والأمر في اعتقـادي ينطبق في الولايـات المتحـدة على نصف من يدَّعون بأنَّهـم مؤمنين، لأنَّهم لم يصلُّوا فعـلاً، باهتمام حقيقي لأجل حكوماتهـم، لا بل واعتادوا على هـز الأكتاف والانتقاد أكثر ثم أكثر. اسمح لي بدقيقة واحدة فقط، كي أوضـح لك وأشـير إلى أنَّ الكتاب المقدس لم يعطنـا سلطانًا لننتقد به حكوماتنا، بل على العكس، هو يلزمنا كي نصلي لأجلها.

السبـب الثاني لعدم وجود حكومات جيـدة في بلادنا، ليس عدم الصـلاة لأجلها، لكن لأننا حين نصلي لأجلها لا نعرف أنَّ ما نطلبه في الصلاة هو إرادة الله، أم لا. عندما نصلي ونحن عارفون بل وواثقون بأنَّ مـا نطلبه في صلواتنا يوافق مشيئة وإرادة الله، يمكننا القول جازمين بأنّا سنحصـل عليه. علـى سبيل المثال، نحن هنا بتنـا نعلم بأنَّ الحكومات الجيـدة هي إرادة الله لنـا. لأنَّها تسهل الكـرازة بالإنجيل والكرازة هي هدف أساسي لله لأجل عالمنا.

إذن، لمَ لا نـزال نجد ـ كمسيحيين ـ بأنَّه مـن الصعب علينا الإيمان بأنَّ هناك الكثير مـن الأمور التي يعتمد تحقيقها وإتمامها على صلواتنا؟ لنأخـذ علـى سبيـل المثال، فكرة أنَّ ما يجـري في عالمنا هو خارج نطاق سيطرتنـا، ونصـدق بأنَّه لا يوجد مـا يمكننا فعله تجـاه حكوماتنا ثم نهز

أكتافنــا، وننتقــد ونشكو ولا نصلي لأجل أي أمر. ذلك هو سبب رؤيتنا لأخلاقيات العالم وقـد تدهورت وأخذت تنحدر على مستوى القيادة والثقافـة الوطنيـة. والسبب هو نحــن، لأننا إلى الآن لا نزال غير قادرين علـى إدراك بُعد الامكانيات غـير المحدودة لصلاتنـا الموافقة والمتممة لإرادة الله كما هو مُعلن في كلمة الله، وعلى ذلك نظل نفشل في امتلاك ملكوت الله بالطريقة التي يريدها الله.

ثلاث استعارات للصلاة

سأفترض بأننـا اعترفنا نحن المؤمنون بفشلنـا في ممارسة تأثيرنا على طلــب الخير في كل جانب مــن جوانب حياتنا، فهل هناك ما يمكننا فعله كي نعالج الأمر؟

إجابتي هي نعم، فالكتاب المقدس يحوي إجابات واضحة وعملية عــن ذلك السؤال، لكن قبل أن ننتقل إليها تعالوا لنتعرف على حدود مسئولياتنا الكاملة كمؤمنين، وذلك كي ننتج تأثيرًا حاسمًا وفريدًا على المجتمع الذي نعيش فيه.

قدَّم لنا الرب يسوع إرشادات واضحة من نحو مسؤلياتنا كمؤمنين، في موعظتـه الشهيرة على الجبـل، مستخدمًا ثــلاث استعارات ذكرها

تباعًا، الملح، والنور والمدينة الموضوعة على جبل، هذا ما قاله:

«أَنْتُمْ مِلْحُ الْأَرْضِ، وَلكِنْ إِنْ فَسَدَ الْمِلْحُ فَبِمَاذَا يُمَلَّحُ؟ لَا يَصْلُحُ بَعْدُ لِشَيْءٍ، إِلَّا لِأَنْ يُطْرَحَ خَارِجًا وَيُدَاسَ مِنَ النَّاسِ. أَنْتُمْ نُورُ الْعَالَمِ. لَا يَمْكِنُ أَنْ تُخْفَى مَدِينَةٌ مَوْضُوعَةٌ عَلَى جَبَلٍ». (إنجيل البشير متى ٥: ١٣ ـ ١٤).

تعالوا لننظر إلى كل استعارة، وإلى مـدى أهميتها، سأتناول دراسة تلك الاستعارات بعكس الترتيب الذي ذكره الرب يسوع.

بـادئ ذي بدء، نحـن المسيحيون، مدينة موضوعـة على جبل، فما معنـى ذلك؟ أعتقد بأنَّ الكلمة التي تلخِّص معنى تلك الجملة بطريقة أفضـل، هـي كلمة واضح وجلـي، بمعنى أنَّه يمكننا أن نُـرى من الناس ومن كل الزوايا وفي كل الأوقات. إذن نحن دائمًا مراقبون، من اللحظة الأولى التـي سمحنـا فيها للناس بمعرفـة أنَّنا نؤمـن بيسوع المسيح ونتبعه بكل تكريس ونذهب إلى الكنيسة. من تلك اللحظة، يبدأ الناس بالنظر إليـك، بطريقة خاصة، كذلك يبـدأون بتحليل حياتك ومراقبة سلوكك.

ثم يفكرون، هل ما يرونه حقيقي، أم أنَّك ترتدي رداء التدين؟ وهم لا ينظرون إليك وأنت في الكنيسة فحسب، بل وأنت في أماكن مختلفة،

كالمكتــب على سبيل المثال، أو في المصنــع أو المطبخ، لذلك قال يسوع قــال بأنَّ جميعنا «أي كل من اعــترف بإيمانه بيسوع، صار ظاهرًا ومرئيًا» من الجميع. تمامًا كالمدينة الموضوعة على جبل .

ثانيًا: قال يسوع إننا نور العالم . هناك أمر هام يتعلق بالنور وهو أنَّه لا بديــل له، لا يمكن لأي شيء أن يحل محل النور أو يأخذ مكانه وذلك الأمــر حقيقي وينطبق علينا كمؤمنين بالمسيح، فلا يوجد بديل لنا، ولا يمكــن لأي كائــن أن يأخذ مكاننــا أو يعمل ما نقوم به . النــور أيضًا هو الحل الوحيد للظلام، وذلك معناه أنَّه عندما يأتي النور، تختفي مشكلة الظلام إلى الأبد .

الصورة الثالثة التي استخدمها الرب يسوع هي صورة ملح الأرض، ولأنَّ الملــح مألوف، نحن قادرون على أن نقول عنه الكثير، ولكن أنا هنا سأشير فقــط إلى وظيفتين أساسيتين للملح، وهما المذاق الجيد والحفظ من الفساد.

فلــو أنَّ الطعام الذي تتناولـه، مذاقه غير جيد، أو لا تستطعمه، ماذا تفعــل به؟ ترش عليه القليل من الملــح، كي يصبح مذاق طبقك الذي كان قبلاً بلا مذاق، جيدًا مميزًا وشهيًا .

إذن، نحــن ملح الأرضــ، كالذرات التي ترش علــى وجه الأرض،

ومسئوليتنـا هـي بأن نعطي المذاق للأرض. المذاق للأرض، لأجل مَنْ؟ لأجـل الله، فحضورنـا في الأرض، عليـه أن يجعلهـا شهيـة ومقبولة لله بطريقـة جديـدة، لم تكن قبلاً حين لم نكن موجودين كمؤمنين نعيش حياتنا بنعمته ومحبته، نعبـده ونسبحه ونصلي وفقًا لإرادته. وجودنا في الأرض، سيصنع الفرق وسيغيـر الكيفية التي يـرى الله بها الأرض، والأرض حسب اعتقـادي، ستكتشف ذلك، عندما يأخذنا الله جميعًا في ذلك الحـدث العظيم المعروف بالاختطاف[1]. ولكن لم يحن ذلك اليـوم بعد، وبالتالي نحـن لا نزال مسئولين في الوقت الحالي على أن نكون ملحًا لها.

الوظيفـة الثانيـة للملح هـي الحفظ مـن الفساد، ففـي الأيام التي سبقـت ظهور الثلاجة، كان النـاس يحفظون اللحم عبر تمليحه. وهكذا نحـن، مسئوليتنا هي أن نجعل قوى الفساد ـ الأخلاقي والاجتماعي والسياسـي ـ تتراجع، كيما يتحقق هـدف الله بالنعمة والرحمة لأجل العالم الذي ننتمي إليه.

---

١ ـ الاختطاف: كلمة اختطاف غير مذكورة في الكتاب المقدس، لكن مبدأ الاختطاف موجود بصورة واضحة في أماكن متعددة من الكتاب المقدس. والاختطاف هو الحدث الذي سيأخذ الله فيه المؤمنين باسمه من الأرض، كي يمهد الطريق للغضب الآتي على الأرض، خلال الضيقة الأخيرة. وهو موصوف في رسالة بولس الرسول إلى أهل تسالونيكي ٤: ١٣ ـ ١٨ ورسالته الأولى إلى أهل كورنثوس ١٥: ٥٠ ـ ٥٤.

والآن افترض بأننا فشلنا كملح، في إعطاء المذاق والطعم الجيد للعالم وحفظه من الفساد، استمع إلى ما يقوله يسوع: «**إِنْ فَسَدَ الْمِلْحُ فَبِمَاذَا يُمَلَّحُ؟ لاَ يَصْلُحُ بَعْدُ لِشَيْءٍ**».

هل تدرك بأنَّ ذلك ينطبق علينا؟ إن كنا لا نفعل ما يراد منا أن نفعله، لن نَصلح لشيء، وعلينا توقع أن «**يُطْرَحَ خَارِجًا وَيُدَاسَ مِنَ النَّاسِ**». بماذا ستشعر لو حدث ذلك معك؟

أتعلم بأنَّها حقيقة واقعية، إنَّ الملايين وملايين الملايين من الناس في أكثر من مكان من على وجه البسيطة، يعتبرون بأنَّ أعظم امتياز لهم، هو طرح المؤمنين تحت الأقدام، وبالأخص مؤمني أمريكا. الله لن ينزل ويدوسنا تحت قدميه، لكنَّه سيسمح بأن نسلم لأيادي أولئك الذين يكرهون المسيحية وكل من يقف ضدها، وسيكون أكثر أمر مرير متعلق بتلك اللحظة هو أننا: «نستحق بالفعل ما سيحدث معنا، فيسوع قد سبق وحذرنا، لكننا لم نسمع، وهو قال لنا إن لم نقم بدورنا كملح، سنطرح ونداس بالأقدام».

العلاج

كما ذكرت سابقًا، لديَّ كل الثقة بأنَّهَ يوجد لنا علاج إن فشلنا في

عمل ما أراده الله منا، فالله في رحمته الواسعة يقدم لنا الطريقة المثلى كي نغير الوضع الذي صرنا عليه، إلى الأفضل.

الآية الأساسية التي تقدم لنا التوجيه في ذلك، هي آية مألوفة لدينا: «**فَإِذَا تَوَاضَعَ شَعْبِي الَّذِينَ دُعِيَ اسْمِي عَلَيْهِمْ وَصَلَّوْا وَطَلَبُوا وَجْهِي، وَرَجَعُوا عَنْ طُرُقِهِمِ الرَّدِيَةِ فَإِنَّنِي أَسْمَعُ مِنَ السَّمَاءِ وَأَغْفِرُ خَطِيَّتَهُمْ وَأُبْرِئُ أَرْضَهُمْ**» هذه الآية نجدها في ٢ أخبار ٧: ١٤. تعالوا لنتأمل تلك الآية.

الله يقول: «**شَعْبِي الَّذِينَ دُعِيَ اسْمِي عَلَيْهِمْ**» وهو يشير إليك وإليَّ كمؤمنين، نحن مؤمنون لأنَّ اسم الرب يسوع قد دُعي علينا، ونحن شعبه، وبما أنَّ ذلك هو الوضع القائم، إذن فالله يطلب منا أربعة أمور علينا القيام بها، وهو سيقوم بثلاث أمور أُخر.

لنبدأ بدراسة الأمور الثلاثة التي يقول الله بأنَّه سيفعلها، أول أمرين هما: «**فَإِنَّنِي أَسْمَعُ مِنَ السَّمَاءِ وَأَغْفِرُ خَطِيَّتَهُمْ**». الله ليس ملزمًا بالاستماع إلى كل صلواتنا، لكنَّه يقول، إن حققنا شروطه، عندها سيستمع لصلواتنا وسيغفر لنا خطيتنا، وهو هنا كما تلاحظون يتحدث عن خطايا شعبه، علينا أن نفهم ذلك، فخطايانا في الواقع، تقف بيننا

وبين تدخل الله في حياتنا.

الأمر الثالث الذي يقول الله لنا بأنَّه سيقوم به هو: «وَأُبْرِئُ أَرْضَهُمْ». فهل تحتاج الأرض التي نعيش عليها، في أي من أجزائها إلى إبراء؟ أنا أتحدث الآن كأمريكي، في الواقع، الأمة الأمريكية لم تكن في حاجة ماسة إلى الشفاء، في أي وقت في الأوقات، أكثر من احتياجها له الآن والله وعد بأن يشفي أرضها، لكنَّ وعده لها، هو وعد مشروط.

إذن ماذا عن الأمور الأربعة التي يطلب الله منا فعلها؟

أولاً نأتي إليه باتضاع. تخبرنا كلمة الله في الكتاب المقدس «لأَنَّ اللهَ يُقَاوِمُ الْمُسْتَكْبِرِينَ، وَأَمَّا الْمُتَوَاضِعُونَ فَيُعْطِيهِمْ نِعْمَةً» (١ بطرس ٥: ٥). نعم يمكن لنا أن نصلي ولكن إن صلينا بروح الكبرياء والثقة ببرنا الذاتي، فلن يستمع الرب لصلواتنا، لكن إن وضعنا أنفسنا واتضعنا. وقتها فقط يمكننا تحقيق المطلب الثاني وهو الصلاة.

أما المطلب الثالث، فهو طلب وجه الله، والأمر هنا في اعتقادي يزيد عن كونه، اجتماع صلاة يبدأ في السابعة والنصف وينتهي في التاسعة، فطلب وجه الله معناه أن نصلي حتى نتأكد من أننا تقابلنا معه وأنَّ الاستجابة في الطريق.

والمطلب الرابع، الــذي يطلبه الله منا، هو الابتعاد والعودة عن طرقنا الرديــة. هنا علينا مواجهة حقيقة مهمــة مفادها أنَّ طرقنا الردية هي من تتسبب في المشاكل التي تعاني منها أرضنا، بسبب قلة صلاتنا أو عدمها وافتقارنا إلى الشهادة والكرازة عن الرب، ونقص البر الذي يتحدى غير المؤمنين وغير الأتقياء..... إلخ. والله يضع مسئولية التغيير علينا.

والآن وبمــا أننا بتنا نفهم بعضــ المبادئ الكتابية التــي علينا اتباعها للحصـول على استجابات للصلاة، دعونـا ننظر إلى الأساليب المحددة للصــلاة، الأساليب الخاصــة للالتماس والتشفع. في الواقع أنا أحب التفكير في أنواع مختلفة من الصلاة كجزء من سيمفونية عظيمة، تقَدم إلى الله. وذلك هـو موضوع الفصل التالي. اثنا عشر نوعًا مختلفًا وطرقًا متناغمة من الصلاة، كي نفعِّل تلك المبادئ، في حياتنا.

الفصل الرابع

اثنا عشر أسلوبًا مختلفًا للصلاة

«وَأَقُولُ لَكُمْ أَيْضًا: إِنِ اتَّفَقَ اثْنَانِ مِنْكُمْ عَلَى الأَرْضِ فِي أَيِّ شَيْءٍ يَطْلُبَانِهِ فَإِنَّهُ يَكُونُ لَهُمَا مِنْ قِبَلِ أَبِي الَّذِي فِي السَّمَاوَاتِ،لأَنَّهُ حَيْثُمَا اجْتَمَعَ اثْنَانِ أَوْ ثَلاَثَةٌ بِاسْمِي فَهُنَاكَ أَكُونُ فِي وَسْطِهِمْ»

(متى ١٨: ١٩ ـ ٢٠)

تقدم لنا الأيتان السابقتان مبدأً هامًا يُراد منا استخدامه كأساس للصلاة الفعالة، ذلك المبدأ هو ما أدعوه بـ «سيمفونية الصلاة»، وقد استخدمت كلمة سيمفونية عن عمد، فكلمة اتفق المستخدمة في الآيتين السابقتين تتحدث عن مصطلح موسيقي، مشتق من الكلمة اليونانية sumphoneo والكلمة الإنجليزية سيمفوني مشتقة منها مباشرة. والمفهوم الأساسي هو واحد «الانسجام».

أمـا كلمة اتفق الـواردة في الآية، فأصلهـا في الإنجليزية يعني حرفيًا «قادهما الله سوية»، ذلـك المعنى قد يقود إلى أذهاننا سؤالاً مهمًا «حين نتحـدث عن القيـادة في الصلاة». وهو، بقيادة مـن؟ الإجابة نجدها في رسالـة الرسول بولـس إلى أهل روميـة ٨: ١٤ «**لأَنَّ كُلَّ الَّذِينَ يَنْقَادُونَ بِرُوحِ اللهِ فَأُولَئِكَ هُمْ أَبْنَاءُ اللهِ**» فكما يقودنا الروح القدس كي نفهم إرادة الله في الكتاب المقدس. هكذا يقودنا لكي نصلي بها مرة أخرى لله.

يخبرنـا يسوع في الآيـة السابقة، بأنّـه في كل مرة يقـود فيها الروح القدس، اثنان أو ثلاثة إلى الاجتماع معًا للصلاة، يمكنهم الاعتماد على حضوره، بالإضافة إلى ذلك، لو أنَّ أولئك المصلين اتفقوا وانسجموا معًا بشأن أمر واحد يطلبونه، عندها سيُعطى لهم ذلك الأمر.

لاحظ، بأنَّ يسوع لم يقل: «عندما يجتمع اثنان من الطائفة المعمدانية معًا، سأكون في وسطهم»، أو «عندما يجتمع ثلاثة خمسينيين أو كاثوليك أو مشيخيين معًا، فسأكون هناك». الكثير من الناس يخطئون في تطبيق تلك الآية، يتحدثون عن حضور الله وهم لا يدركون بأنّه بعيد كل البعد عنهـم، لأنّه قد ألزم نفسه فقط مع أولئك الذين يقودهم روحه كي يأتوا للصلاة باسمه.

أعتقـد بأنَّ الله يقدم لنا هنا، رؤية واضحـة للصلاة المشتركة، بغض النظر عـن شكل ووضع المصلين فيها، كأن علـى سبيل المثال، يجلس اثنان أو ثلاث للصلاة معًا في مجموعة وتلك هي الرؤية التقليدية للآية. أو يتفـق اثنان أو ثلاثة أو أكـثر معًا على الصلاة من أجل طلبة واحدة، وهـم ليسوا في مـكان واحد، فرغم البعد الجغـرافي، والأماكن المختلفة التـي يمكـن أن نكون فيها، بعيدين عن بعضنا البعض بالجسد، إلا أنَّ صلواتنـا لا تزال تصـل إلى الله في محضره، كما لو كانت صلاة واحدة مشتركة، حين نصلي بإرادته وباسمه.

والآن، أنا لست متخصصًا في الموسيقى، لكني أعرف بأنَّ السيمفونية عـادة ما تتألف من عـدة مكونات، وتتطلب وجود قائـد لها وأوركسترا تعزفها «الموسيقيون وأدواتهم».

في سيمفونية الصلاة نجد بأنَّ، القائد هو الروح القدس والآلات هي إرادة الله المعلنة في كلمته، والعازفون هم أولئك الذين يأتون معًا للصلاة باسـم يسوع وهكـذا عندما تجتمع كل تلك المكونـات معًا، يرفع الروح القدس عصا سلطانه ويوِّحد عزف الآلات المختلفة والمتنوعة.

أريـد منك أن تفكر في سيمفونية الصـلاة، عندما تأخذ مكانك في

الأوركسترا وتعزف على آلتك، وهنا ليس عليك أن تعزف على آلة واحدة، رغم أنك ربما قد آلفت العزف على آلة واحدة فقط. لأنَّه يمكنك العزف على ما تريده من الأدوات، تلك الأدوات هي التسبيح والشكر والعبادة والتكريس والإصرار والبركة واللعنة، وهذه ليست كل القائمة، هناك المزيد، وهي كافية لكي تشغلنا! وتساعد في تسليحنا كي نكون «**مُصَلِّينَ بِكُلِّ صَلاَةٍ وَطِلْبَةٍ كُلَّ وَقْتٍ فِي الرُّوحِ، وَسَاهِرِينَ لِهذَا بِعَيْنِهِ بِكُلِّ مُواظَبَةٍ وَطِلْبَةٍ، لأَجْلِ جَمِيعِ الْقِدِّيسِينَ**» (رسالة بولس الرسول إلى أفسس ٦: ١٨).

التسبيح والشكر

أفضِّل دائمًا أن أبدأ أوقات صلاتي بهاتين الأداتين، بالتسبيح والشكر. نسبح الله بسبب طبيعته وبسبب كل ما يفعله بصفة عامة، ونشكره لأجل ما يفعله لنا بشكل خاص. والآن لو كانت لديك حالة طارئة، كأن تكون على وشك الاصطدم بسيارة أخرى. لن يكون أمامك وقتًا كافيًا، كي تتكلم مع الله كثيرًا. لكن بعيدًا عن ذلك الموقف. هو مبدأ جيد، أن تفتتح صلواتك بهاتين الأداتين.

مزمور ٤٨: ١ يقول: «**عَظِيمٌ هُوَ الرَّبُّ وَحَمِيدٌ جِدًّا فِي مَدِينَةِ إِلهِنَا،**

جَبَـلِ قُدْسِهِ». يجب على التسبيـح أن يكون مسموعًا، لأنَّه أمر منطوق وأن يقـدَّم بما يتناسب مع شخص الله، فهو إله عظيم؛ عظيم في حكمته وعظيـم في قوته وعظيم في أعمـال خلقه وعظيم في أعمال فدائه وعظيم في تعاملاته معنا. في كل ما تحتويه طبيعة الله وفي كل ما تفعله يد الله. هو عظيم، لذلك من الضرورة أن يحصل ذلك الإله العظيم على التسبيح العظيـم، نحن لا نضيع وقتنا حين نسبـح الله، لأننا في الواقع لا نسبحه إلا قليلاً.

الشكر أيضًا عليه أن يكـون مسموعًا، لأنَّ كل عظمة الله وكل بهاء قوتـه تتاح لنـا بسبب الشكر. وتصـير محددة بما يتماشـى مع حالتنا. استمـع إلى ما قاله بولس: «**لاَ تَهْتَمُّـوا بِشَيْءٍ، بَلْ فِي كُلِّ شَيْءٍ بِالصَّلاَةِ وَالدُّعَاءِ مَعَ الشُّكْرِ، لِتُعْلَمْ طِلْبَاتُكُمْ لَدَى اللهِ**» (فيلبي ٤ : ٦).

وبقدر علمي فإنَّ الشكر والتسبيح يحضرانا ويُدخلانا إلى الله مباشرة، المزمور ١٠٠ : ٤ يقدِّم لنا تلك الكلمات المألوفة: «**ادْخُلُوا أَبْوَابَهُ بِحَمْدٍ، دِيَـارَهُ بِالتَّسْبِيـحِ. احْمَـدُوهُ، بَارِكُـوا اسْمَهُ**». من خـلال كلمات الآية السابقة يمكننا أن نرى أبواب الرب وهي تقودنا إلى ديار الرب، وفي ديار الـرب يوجد محضر الرب، إذن، أنت تدخل عبر تلك الأبواب بالشكر

وعبر ديار الرب بالتسبيح، وإذ بك تجد نفسك في محضر الرب.

بدون تلك الأدوات، نصبـح كالعشرة البرص الذين أتوا إلى يسوع يطلبـون المساعدة، ووقفوا على مسافـة بعيده عنه، ثم صرخوا: «يا رب، ارحمنا» إنجيل لوقا ١٧: ١١ ـ ١٩. وقد رحمهم. وهم رحموا لكنَّهم لم يتمتعوا أبدًا بالاقـتراب منه. يصلي ملايين المؤمنين كهذه الصلاة: «يا رب ساعـدني، احتاج إلى مال، يا رب اشفني» وهم مع الأسف اعتادوا علـى الصـراخ من بعيد، لأن ليسـت لديهم وسيلـة قويـة يستخدموها للاقتراب من الله.

في قصة العشرة البرص، نجد بأنَّ واحدًا فقط منهم، عاد ليقدم الشكر للرب يسوع، وهو عندما فعل ذلـك. تمتع بالاقتراب المباشر من يسوع. يخبرنـا الكتاب المقدس بأنَّ العشرة حصلـوا على الشفاء. لكنَّ واحدًا منهـم فقط، حصل على الخلاص. بالشكر حصل ذلك الإنسان على بركات روحية وبركات مادية أيضًا.

كنت أعـظ في أورشليم «القدس» ذات يوم، عندمـا أتى إليَّ مؤمن عجـوز «وأعني بكلمة عجوز أنَّه عجوز في كل شيء» لقد كان في مثل سنـي. لكنَّـه كان يعرف الرب لفـترة أطول مني وهو فعـلاً رجل الله.

كنـت أعظ عن موضوع الشكـر، وكل ظني بأنَّ ذلـك الموضوع لا بد وأنَّه معروف من الجميع. لكنَّ ذلك العجوز، قال لي: «لقد وجهتني إلى النقطة الأساسية، وهي أن أدخل محضر الرب بالتسبيح والشكر». لقد كان ذلـك الرجـل مؤمنًا مدة خمسـين عامًا، لكنَّ كان من الواضح بأنَّه لم يكن يفهم ذلك المبدأ أبدًا.

هنـاك عبارة جميلة في سفـر إشعياء النبي. تقدم لنـا صورة أخرى عـن الدخول إلى محضر الله، لأنَّها وصف نبوي لمدينة الله. وهي المكان الـذي يسكن الله فيه وفيه مسكن شعب الله، يقول إشعياء متحدثًا عن ذلك المكان الجميـل: «تُسَمِّينَ أَسْوَارَكِ: خَلاَصًا وَأَبْوَابَكِ: تَسْبِيحًا». (إشعياء ٦٠: ١٨).

أسوار تلـك المدينة خلاصًا. وهو يشير هنـا، إلى رعاية الله وحمايته لشعبـه، فالخلاص هو الكلمة الشاملـة العظيمة لكل فائدة ولكل بركة اشتراها لنا موت الرب يسوع على الصليب.

لتلك المدينة التي تدعى أسوارها خلاصًا، هناك أيضًا أبواب. يخبرنا سفـر الرؤيا بكل وضوح عن أنَّ الطريقـة الوحيدة لدخول تلك المدينة المجيـدة هي مـن خلال الأبـواب. رؤيـا ٢١: ٢٥ ـ ٢٧، ٢٢: ١٤. فلو

كنا نسعى لدخول مدينة الخلاص ومحضر الله، لنتمتع برعايته وبركته وحمايته لشعبه، علينا أن ندخلهما من خلال أبواب التسبيح.

كتب جون ويسلي في يومياته: «أنا مقتنع بأنَّ الله يفعل كل شيء من خلال الصلاة، ولا يفعل شيء بدونها». وأنا سأقول آمين على كلمات بولس القادمة: «**فِي كُلِّ شَيْءٍ بِالصَّلاَةِ وَالدُّعَاءِ مَعَ الشُّكْرِ، لِتُعْلَمْ طِلْبَاتُكُمْ لَدَى اللهِ**» (فيلبي ٤ : ٦). بعبارة أخرى، عندما تأتي إلى الله بطلباتك لن يخذلك عندما تبدأ صلاتك بشكره.

توجد مدينة في إيرلندا الشمالية تدعى بانجور. كنت أنا وزوجتي على اتصال طويل بأهلها. في تلك المدينة كانت هناك مجموعة من الرهبان الذين استطاعوا الحفاظ مائة عام دون انقطاع أو توقف على الشكر والتسبيح لله. ٢٤ ساعة يوميًا، كل أسبوع، كل عام. كان أولئك الرهبان كبار السن في منتهى القسوة على أنفسهم، على سبيل المثال، لو أنَّهم شعروا ولو للحظة بأنَّهم قد ينامون أثناء قيامهم بعملهم، كانوا يتجهون إلى النهر للسباحة فيه، ويبقون واقفين في الماء الواصل حتى أعناقهم.

اعتقد بأنَّك لو ذهبت لزيارة ذلك المكان ستشعر بشيء مختلف يتعلق به. هو مختلف عن أي مدينة أخرى، في الواقع، مدينة بانجور بكل

ذلك التاريخ الطويل من التسبيح المتواصل، بالتأكيد لديها تاريخ طويل للعديـد من زيارات الله لها، فهوليـود التي تلاصقها وتجاورها، لم تتمتع بزيارات إلهية بشكل واضح وملموس، إلا مؤخرًا.

هوليود كان قد أطلق عليها ذلك الاسم لأنَّها تحتوي مقبرة مخصصة لعبـادة Druidic أو الدرويد، وهي عبادة وثنيـة. فيها سحر وشعوذة، وذلـك هو سبب عدم استقرار الروح القدس أبدًا عليها، وكان علينا أن نكسر تلك القوة الشيطانية التي على المدينة وبالفعل استطعنا، فاختبرنا فيما بعد شيئًا ما، أطلق روح الله في ذلك المكان.

ببساطـة، كل ما عليك هو أن تسبـح الله على عظمته وتشكره على صلاحـه مـن نحوك وعلى كل ما فعلـه لأجلك، فللشكـر وظيفة هامة للغايـة. هو يبنـي إيماننا، وكلما توقفنـا وشكرنا الله علـى كل ما صنعه لأجلنـا كلما كان مـن السهل علينا الإيمان بأنَّـه سيفعل من جديد، ما سنعود ونطلبه منه.

كما أنَّ الشكر أيضًا سلوك جيد.

العبـادة

كمسيحيـين يعيشـون في هذا الزمن، لم نعد نعـي تمامًا معنى كلمة

عبادة، لأنّ العبادة في الواقع لا علاقة لها بترنيم الترانيم أو الإعلان عن صفات الله، كل ما سبق من تعبير كلامي وصوتي له علاقة بالتسبيح والشكر، أما العبادة فلها علاقة باتجاه وشكل الجسم أثناء الصلاة.

معظم الكلمات التي تُرجمت إلى «عبادة» في العهدين، القديم والجديد على السواء، تصف بصورة خاصة شكل الجسد أثناء الصلاة، فالاتجاهات المختلفة التي يشكّلها المصلي، تُعبر عن الكلمات المختلفة التي يقولها. على سبيل المثال، في الصلاة يمكنك أن تحني رأسك، أو تحني الجزء العلوي من جسدك أو ترفع يديك، كذلك قد يلصق المرء وجهه بالأرض في محضر الشخص الذي يعبده. أما الشكر والتسبيح فهما كلمات منطوقة بمعنى أنَّها تخرج من أفواهنا. لكن كما سبق وأشرت، العبادة ليست الكلمات المنطوقة فقط، بل هي الشكل الذي يتخذه الجسم أثناء الصلاة، هو وضع الجسم الذي نأتي به إلى الله، وأنا في الواقع لا أقصد بكلامي السابق، أننا غير قادرين على التعبد لله أو التعبير عن عبادتنا بطريقة منطوقة، لكنَّ الصلاة لن تكون عبادة إن لم يكن يرافقها شكل أو وضع للجسد.

في الإصحاح السادس من سفر إشعياء، وصف النبي رؤيته لعرش

الله، حيث رأى فوقه السرافيم تلك المخلوقات النارية المحيطة بعرش الله، لاحظ بأنَّ لكل منها ستة أجنحة وشاهد كيف تستخدم أجنحتها.

كان كل واحد من السرافيم يغطي وجهه بزوج من الأجنحة، وبالزوج التالي يغطي رجليه، أما بالجناحين الأخيرين فكان يطير. صورة السرافيم تلك تبين لنا بأنَّ الله كان قد أعطى كل واحد من تلك المخلوقات، زوجين من الأجنحة كي يعبده بها، وهذا ما أشير إليه «بتغطيتهم لوجوههم ولأرجلهم» والزوج الثالث أعطي لأجل الخدمات «وأشير إليه بالطيران». وكل ذلك يوضح لنا بأنَّ العبادة تأتي قبل الخدمة، وأنَّ العبادة لها أهمية مضاعفة مقارنة بالخدمة.

العبادة إذن، هي أن تغطي وجهك وجسدك وأن تنحني إلى الأسفل وأن تُحني رأسك، بالطبع ما أقوله لا يمكن أن يكون وصفًا لشكل الجسد فقط، لأنَّه علينا أن نتحدث عما يخص الروح، أي عما يخص اقتراب أرواحنا من الله، قال يسوع: «**وَلكِنْ تَأْتِي سَاعَةٌ، وَهِيَ الآنَ، حِينَ السَّاجِدُونَ الْحَقِيقِيُّونَ يَسْجُدُونَ لِلآبِ بِالرُّوحِ وَالْحَقِّ، لأَنَّ الآبَ طَالِبٌ مِثْلَ هؤُلاَءِ السَّاجِدِينَ لَهُ**» (يوحنا ٤: ٢٣).

وقد عبرت الصلاة الربانية عن ذلك الأمر: «**صَلُّوا أَنْتُمْ هكَذَا: أَبَانَا**

الَّذِي فِي السَّمَاوَاتِ» (متى ٦: ٩). بعد أن نوجه كلماتنا إلى الله، ما علينا قولـه هو «ليتقدس اسمك»، الأمر الذي يعنـي، أنَّه امتياز عظيم لنا أن نستخـدم اسمك يا رب، وإن كنا نفعل ذلـك، فنحن نفعله بكل مهابة وبكل اتضاع وبخوف ورهبة وإكرام.

تلك هي العبادة الحقيقة، قلب ينحني بشدة في محضر الله.

الطلبـة

إنَّها الأداة التي يقصدها معظم الناس، حين يتحدثون عن «الصلاة» وهـم يطلبون لأجل تسديد احتياجاتهـم المادية والجسدية. ولكن تلك هـي ليسـت الصلاة، فالصـلاة لا تعني مجرد تقديم الشكـر على أمر نريـده ونطلبه. الصلاة في الواقـع أعمق وأوسع من ذلك، هي اكتشاف غرض الله المعلن لنا في الكتاب المقدس، ثم الصلاة كيما يتحقق ذلك الغرض.

انظـر مرة أخرى إلى ١يوحنـا ٥: ١٤ ـ ١٥، في تلـك الرسالة يقول الرسول يوحنا: «**وَهَذِهِ هِيَ الثِّقَةُ الَّتِي لَنَا عِنْدَهُ: أَنَّهُ إِنْ طَلَبْنَا شَيْئاً حَسَبَ مَشِيئَتِـهِ يَسْمَـعُ لَنَا. وَإِنْ كُنَّا نَعْلَـمُ أَنَّهُ مَهْمَا طَلَبْنَا يَسْمَعُ لَنَـا، نَعْلَمُ أَنَّ لَنَا الطِّلْبَاتِ الَّتِي طَلَبْنَاهَا مِنْهُ.**»

الطلبة ـ هي لأجل أمور معينة. وما هي تلك الأمور، إنَّها الأمور التي
سبق ودرسناها في الجـزء الثاني من هذا الكتاب حين تحدثنا عن الآية
السابقـة. لقد تعلمنا يومها، بأننا إن طلبنـا وفقًا لإرادته فعندها سيسمع
لنا، وإننا لو عرفنا بأنَّه يسمع لنا عندها سنحصل على ما طلبناه، فلو أنك
طلبت، إذن أنت صليت بحسب إرادة الله، وعليك أن تخرج وأنت واثق
من أنك قد حصلت على ما طلبته.

واحد من أعظم الأسرار للحصول على ما نطلبه من الله هو قبوله من
يد الله. مع الأسـف الكثيرين يطلبون ولكنَّهم لا يقبلون ما يطلبونه من
يد الله، هناك ترنيمة قديمة تقول:

عندما تصلي، عندما تصلي،

هل تصلي مؤمنًا؟

هل تصلي كما قال الكتاب،

أسألوا تعطوا؟

والسـؤال فقط أو الطلب من الله، ليس هو المهم، لأنَّه علينا أن نسأل
ونأخـذ. لقد شاهدت الله أكثر مـن مرة يلمس شخصًـا بلمسة شفاء،
ولكن مع الأسف ذلك الشخص لا يقبل تلك اللمسة من يد الله. ومن

بــين الأساليـب لعـدم الحصـول على الاستجابـة لطلباتنا هو الاستمرار في الصــلاة لأجلها. يصلي بعض الناس بإيمــان ثم ما يلبثون أن يصلون خارج الإيمان.

هناك آيـة أخرى رائعة، قالهـا الرب يسوع وهـو يتحدث عن ذلك الأمر: «لِذَلِكَ أَقُولُ لَكُمْ: كُلُّ مَا تَطْلُبُونَهُ حِينَمَا تُصَلُّونَ فَآمِنُوا أَنْ تَنَالُوهُ فَيَكُونَ لَكُمْ» (مرقــس ١١: ٢٤). وهنا السؤال الذي يطرح نفسه، متى نقبل الأشياء التي نطلبها؟ والإجابة هي: نقبلها أثناء الصلاة لأجلها.

لاحظ معي، إنَّ قبول الأشيـاء لا يعني الحصول عليها، وذلك لأنَّ الحصــول علـى الشيء هو الاختبار الـذي يلي قبولنا لـه، وقد يحتاج الاختبـار الفعلي لكي نحصل على ما صلينا لأجله إلى الانتظار. لكننا بالإيمان ننال ما نصلي لأجله عندما نصلي لأجلـه، على سبيل المثال، لنفترض أنَّ لديـك احتياج مادي، وأنت تصلي من أجله. في صلاتك واتصالك بــالله، تقول: «يا رب أنا أحتاج إلى ألفي دولار يوم الخميس» ثم تقــول: «أشكرك يـا الله». لقد قبلتُ ذلك المبلغ مـن يدك. ومع أنَّ الظروف لم تتغير بعد، إلا أنَّك قد قبلت الأمر، وستحصل عليه.

في بعض الأحيــان أصف ذلك الموقف بالتالي: «استمــر متصلاً

بالكهربـاء». دعني أعطيك مثالاً على ذلـك : لقد قابلت زوجتي روث لأول مرة في القدس عندما كانت مشلولة، كانت قد سقطت عن السلم وتعـاني مـن «ديسك» حـاد. كانت تقضـي معظم وقتهـا مستلقية في الفراش وهي تشعر بألم مستمر، هـذا بالإضافة إلى أنَّ ذلك الديسك كان قد تسبب لها في اعوجـاج في العمود الفقري، والاعوجاج كان في النقط التي تأثرت إلى درجة كبيرة بالديسك، الأمر الذي جعل العمود الفقري لديها في أسوأ حال . ولأنَّ الله كان قد منحني إيمانًا خاصًا، لأجل أولئك الذين يعانون من مشاكل في الظهر، خرجت لأصلي لها بسبب شعـوري بواجبي. هنا دعني أوضح لك بـأني في ذلك الوقت لم أكن أبحث عن زوجة، لكنَّ زواجي بها فيما بعد كان بركة إضافية لحياتي!

المهـم أنني بعدما صليت من أجل مرضها، أُصبت بخيبة أمل لأني لم أر أي تحسن فوري أو ملحوظ في حالتها، ولكن شكرًا لله لأنَّها كانت امـرأة إيمان، وأنا قلت لها كما اعتدت أن أفعل مع الآخرين : «أنتِ الآن على اتصال بقوة الله الخارقة للطبيعة. استمري في ذلك الاتصال».

كيــف يمكنك فعل ذلك؟ الأمر يتعلق أساسًا بشكرك لله، فلو كانت لديك طلبة تتعلق بموضـوع الشفاء الجسدي، اشكر الله واعلن إيمانك .

قل له على سبيل المثال: «أشكرك يا رب، لأنَّك لمستني، وقوتك تعمل في جسدي». وإن عدت وشعرت ببعض الألم أو رأيت عارضًا من عوارض المرض الذي تعاني منه. قل له: «أشكرك يا رب، لأنَّ قوتك الخارقة للطبيعة تعمل في جسدي.» وهكذا، كلما أجبت بتلك الطريقة، وأعلنت شكرك وإيمانك، يكتمل شفاؤك.

كان لدى روث إيمان وشجاعة، كي تحتفظ بقابس «فيشة» اتصال القوة بينها وبين الله، كانت تشكر الله باستمرار على شفائها، في ذلك الوقت أدركت بأنَّها لم تفكر أبدًا من قبل، في معنى العناية بجسدها كهيكل للروح القدس، لذلك وفيما هي محتفظة بقابس «فيشة» اتصال القوة بدأت تهتم بجسدها من خلال ممارسة التمارين. بعد ذلك بعدة شهور، كانت في أحد الاجتماعات عندما أتت روح فرح على جميع الحضور قامت وأخذت ترقص، وفيما هي ترقص أمام الرب لم تكن تفكر في حالة جسدها المرضية، فشفي الديسك في الحال، ولكن كما ترى كان عليها الاحتفاظ بقابس «فيشة» اتصال القوة طوال الفترة الماضية.

بعد مضي أعوام، لم تعد تشكو من الديسك. أصبح عمودها الفقري معتدلاً. لم يكن بمثل ذلك الاعتدال منذ طفولتها، هذا هو

الاتصــال بأهداف الله، والاحتفاظ بقابس «فيشة» القوة موصولاً، حتى تحصل على استجابة طلبك .

هل تـرى بأنَّ مسـألة الصـلاة ليسـت مجرد امتلاك الإيمان؟ يجب أن يكـون لديك الإيمـان والصبر معًا. فكِّر في إبراهيـم الذي وعده الله بجمهور عظيم من الأولاد، رغم أنَّه لم يكن لديه أي طفل، إلا أنَّ الكتاب المقدس كان يقول : «وَهَكَذَا إِذْ تَأَنَّى نَالَ الْمَوْعِدَ» (عبرانيين ٦: ١٥). تُرى كـم كان عدد السنوات التي انتظرها إبراهيم؟ لقد انتظر إبراهيم خمسًا وعشرين عامًا. كان تقريبًا في التاسعة والتسعين من عمره، حين حصل على ابن الموعد، فكِّر في تلك الأوقات التي لا تنتهي والتي حورب فيها إبراهيم بالشك، وبسحب قابس اتصال القوة «الفيشة» بينه وبين الله .

تخبرنـا الرسالة إلى العبرانيين ١٠: ٣٦ «لأَنَّكُمْ تَحْتَاجُونَ إِلَى الصَّبْرِ، حَتَّى إِذَا صَنَعْتُمْ مَشِيئَةَ اللهِ تَنَالُونَ الْمَوْعِدَ». في الفجوة ما بين عمل إرادة الله والحصول على الوعد يمكنك أن تقوم بأمرين . الأول، أن تحافظ على قابـس القـوة «الفيشة» أو تسحبه، فإن سحبت قابس اتصال القوة لن تحصل على شيء، لكنك إن احتفظت به فستحصل على كل شيء .

ما الذي يختبره الله فيك؟ إنَّه يختبر ثباتك .

هناك أمر يساعدنا في عملية إبقاء قابس الاتصال «الفيشة» بينك وبين الله، وهو إطلاق الكلمات الصحيحة والصائبة المتعلقة باستمرار إيمانك. علينا أن نعلن إيماننا بكل مجاهرة بشفاهنا، وقد وجدت بأنَّ هناك أساليب معينة للتعبير عن ذلك الإيمان. أساليب ذات طاقة غير عادية، لأنَّها تطلق قوة الله وتشجعنا وتعضدنا. عندما كنت أصلي في الصباح أو في نهاية اليوم. كثيرًا ما كنت أردد بعض الإعلانات البسيطة، على سبيل المثال، كنت أطلق من شفتي اعترافًا أكرره عدة مرات في الأسبوع، وكان يدعم جسدي الذي هو هيكل روح الله وعضو من أعضاء جسد المسيح. كنت أقول:

«جسدي هو هيكل للروح القدس، مفدي وطاهر ومقدس بدم يسوع وأعضاؤه هي آلات بر مخصصة لله ولخدمته ومجده. الشيطان ليس له مكان فيّ وليس لديه قوة عليّ، لقد حسمت كل الأمور بدم يسوع، وقد انتصرت على الشيطان بدم الخروف وبكلمة شهادتي.»

آية أخرى كانت من الآيات المفضلة، وهي الرابعة عشر من رسالة بولس الرسول الثانية إلى أهل كورنثوس، الإصحاح الثاني: «**وَلَكِنْ شُكْراً للهِ الَّذِي يَقُودُنَا فِي مَوْكِبِ نُصْرَتِهِ فِي الْمَسِيحِ كُلَّ حِينٍ، وَيُظْهِرُ بِنَا رَائِحَةَ مَعْرِفَتِهِ فِي كُلِّ مَكَانٍ**». كانت تلك الآية بالنسبة لي فكرة جميلة،

ماذا لو أننا نسلك في نصرة المسيح في كل حين، ومن تلك النصرة نشتم رائحة ينشرها الروح القدس ويبارك بها كل الذين يتصلون بنا.

دعني أعطيك المزيد من الأمثلة عن الأشياء التي تطلبها من الله.

أولاً وقبل كل شيء تذكر بأنَّه عليك أن تبدأ دائمًا بشكر الله، قبل أن تطلب منه أي شيء. لا تذهب مباشرة إلى قائمة طلباتك ولا تستخدم تلك القائمة لفضح أخطاء شخص آخر أمام الله. قد نرى في بعض الأحيان أمرًا يستوجب التصحيح في حياة شخص يهمنا، وقد نشعر بشيء من الحرية كي نصلي بطريقة إيجابية لتصحيح ذلك الأمر وهذا جيد. لكن قبل ذلك علينا أن نجعل الآتي مبدأنا وهو أن لا نصلي لأجل شخص كهذا حتى نجد في حياته أو في خدمته. أمرًا يمكننا أن نشكر الله عليه.

والآن افترض بأني أحب أن أطلب من الله لأجل جانب معين في الخدمة التي أشارك فيها، أولاً علي أن أشكر الله لأجل التوسع المستمر في خدمتي، ثم أشكره لأجل كل الذين يشاركوني في العمل، ثم بعد ذلك، يمكنني أن أبدأ بالطلب من الله وهنا يمكنني أن أطلب الحماية والقيادة في التقدم المستمر والانتشار في خدمة الراديو وكل من أخدمهم

بهــا، ثم عليَّ الاستمرار والمثابرة في صلاتي تلك، والاستمرار في شكره لأنَّه سمع صلاتي مع الثقة والإيمان بأني قد حصلت على ما طلبت.

كذلك لو أني قررت الصلاة لأجل شعب الله. يمكنني البدء بالشكر من أجل أمانة الله وحفظ مواعيده، أيضًا لأنَّه ساهر على كلمته ليجريها، ثـم يمكننـي أن أتجه نحو الطلبة وأسـأل الله أن يقيم قيـادة ملهمة لهذا الشعـب بالإيمان الكتابي، قيادة يمكنها أن تشفي كل الانقسامات التي طالته كثيرًا ومنعته من نيل ميراثه الذي في الرب.

إذن الطلبـة هي صلاة القبول من يـد الله، والتي في بعض الأحيان تحتـاج إلى المثابرة والصبـر كي نستمر في وضع قابس الاتصال «فيشة الاتصال» بقوة مع الله. وذلك يختلـف عن صلاة التشفع التي تستمر عادة في القرع على الباب.

التشـفع

الشفاعـة هي واحدة من أعلـى فنون الحياة المسيحيـة، واحدة من الأدوات الأكـثر صعوبـة في العزف، لأنَّها تتطلب الكثير من التمرين والمهارة والنضج. معنى أن تتشفع أي أن «تأتي إلى المنتصف وتقف بين الله وبين أولئك الذين تصلي من أجلهم».

الكتــاب المقدس يقدِّم لنا أمثلة متنوعة على بعض الحالات شديدة الصعوبــة والتي كانت في حاجة ماسة إلى متشفع، كقصة إبراهيم الذي وقف بين الرب وبــين مدينتي سدوم وعمــورة الشريرتين. يخبرنا سفر التكوين الإصحاح الثامن عشر، بقصة الرب والملاكين اللذين زارا بيت إبراهيم، يرسم لنا ذلك الإصحاح صورة رائعة لكرم إبراهيم الذي قدَّم لضيفيــه الماء كي يغسلا أرجليهما ثم ذبــح لهما عجلاً ليأكلا، وتحدث معهما طويلاً في ظلال أشجار البطم.

ثــم بدأ الرب يكشــف لإبراهيم عن هدفه مــن التواجد هناك، لقد أخبره بأنَّــه متجه نحو المدينتين الشريرتين ســدوم وعمورة كي يتحرى الموقف ويتخذ الاجراء المناسب.

وبالطبع الأمر تسبَّب في قلق لإبراهيم، فابن أخيه الذي كان في حالة من التدهــور الروحي يعيش في مدينة سدوم، وهو ـ أي إبراهيم ـ عرف بأنَّ القضــاء آت على سدوم لا محالة وبأنَّ لــوط وعائلته سينالوا جزءًا من ذلك القضاء. عند تلك المرحلة تقول كلمة الله: «**وَانْصَرَفَ الرِّجَالُ مِــنْ هُنَاكَ وَذَهَبُوا نَحْوَ سَدُومَ وَامَّا ابْرَاهِيمُ فَكَانَ لَمْ يَزَلْ قَائِما امَامَ الرَّبِّ**» (تكوين ١٨: ٢٢).

ذلك هو مكان المتشفع. وقف إبراهيم أمام الرب وقال: «يا رب انتظر لحظة، لا تذهب، لدي ما أريد قوله لك»، لقد أوقف إبراهيم الرب أولاً، ثم بدأ يساومه. سأل إبراهيم الرب إن كان سينجي المدينتين في حال وجد فيها خمسين بارًا ثم أربعين وهكذا حتى وافق الرب أن ينجِّي سدوم لأجل عشرة أبرار.

ذلك الإعلان هائل، لقد حاولت التأكد من عدد سكان سدوم أيام إبراهيم، ودون الدخول في مجادلات توصلت إلى أنَّ سدوم ـ كما يعتقد ـ كانت مدينة كبيرة وعدد سكانها لا يقل عن عشرة آلاف شخص، وعلى ذلك، الله يقول بأنه لأجل عشرة أبرار سينجي مدينة تعداد سكانها الأشرار عشرة آلاف.

أعتقد بأنَّه لا يشترط بك أن تكون بارعًا في الرياضيات كي تصل إلى تلك النسبة، هي بنسبة واحد لكل ألف، وهي نسبة رائعة للغاية وكتابية. يخبرنا سفر أيوب٣٣: ٢٣ بأنَّ الله «**إِنْ وُجِدَ عِنْدَهُ مُرْسَلٌ وَسِيطٌ وَاحِدٌ مِنْ أَلْفٍ لِيُعْلِنَ لِلإِنْسَانِ اسْتِقَامَتَهُ**» كذلك يقول سفر الجامعة ٧: ٢٨ «**رَجُلاً وَاحِداً بَيْنَ أَلْفٍ وَجَدْتُ**». من الواضح أنَّ تلك النسبة تشير إلى شخص بار للغاية.

علـى أي حال، نعرف من خاتمة تلك القصــة أنَّ الله لم يجد عشرة أبـرار في المدينة لذلك: «**فَأمْطَرَ الرَّبُّ عَلَى سَدُومَ وَعَمُورَةَ كِبْرِيتا وَنَارًا**» (تكوين ١٩: ٢٤).

هنــاك مثال كتابي آخر للتشفع، عندما صلى موسى لأجل إسرائيل بعدمــا صنع الشعــب العجل الذهبي، نقرأ في سفــر الخروج الإصحاح الثــاني والثلاثون، أنَّ موسى ذهب إلى جبــل سيناء كي يختلي مع الله ويحصل منه على العهد، ثم غــاب أربعين يومًا. فاتخذ شعب إسرائيل قرارهــم. قالوا: «لقــد ذهب موسى، ولسنا نعلم مــاذا حدث له. نحتاج لإله، هيا يا هرون اصنع لنا إله». وهكذا أخذ هرون كل الأقراط الذهبية وصهرهــا ثم صنع منها عجلاً وبدأ بنــو إسرائيل يرقصون حول العجل ويعبدونه.

كان موسى في قمة الجبل يتحاور مع الرب عندما قاطع الرب حديثه قائــلاً: «موسى يجب أن تعــرف ما الذي يجري تحت عند سفح الجبل» ثــم تبع ذلك حــوارًا حميمًا للغاية بينهما، في كل مــرة كنت أقرأ ذلك الجزء المسلي كنت ابتسم. ففيه، لم يقبل لا الله ولا موسى في آن واحد معًا حمل مسئولية شعب إسرائيل، بل أخذ كل منهما يلقي بالمسئولية على الآخر:

«قَالَ الرَّبُّ لِمُوسَى: «اذْهَبِ انْزِلْ! لانَّهُ قَدْ فَسَدَ شَعْبُكَ الَّذِي اصْعَدْتَهُ مِنْ ارْضِ مِصْرَ. زَاغُوا سَرِيعا عَنِ الطَّرِيقِ الَّذِي اوْصَيْتُهُمْ بِهِ. صَنَعُوا لَهُمْ عِجْلا مَسْبُوكا وَسَجَدُوا لَهُ وَذَبَحُوا لَهُ وَقَالُوا: هَذِهِ الِهَتُكَ يَا اسْرَائِيلُ الَّتِي اصْعَدَتْكَ مِنْ ارْضِ مِصْرَ». وَقَالَ الرَّبُّ لِمُوسَى: «رَايْتُ هَذَا الشَّعْبَ وَاذَا هُوَ شَعْبٌ صُلْبُ الرَّقَبَةِ. فَالانَ اتْرُكْنِي لِيَحْمَى غَضَبِي عَلَيْهِمْ وَافْنِيَهُمْ فَاصَيِّرَكَ شَعْبا عَظِيما»» (خروج ٣٢: ٧ ـ ١٠).

أريدك أن تلحظ هنا بأنَّ الله لم يكن ليتصرف ضد شعبه بتلك الطريقة إلا في حال وافق موسى، لقد قال: «موسى، ابعد عن طريقي، دعني أتعامل مع ذلك الشعب، أنت ترى يا موسى أنَّه يمكنني أن أمحوهم، ولكني لا زلت أحتفظ بعهدي مع إبراهيم وإسحق ويعقوب، وسأقيمك أنت، أنت الشخص الذي سأبني من خلاله تلك الأمة العظيمة».

هل هذا يخاطب ذاتك؟ اعتقد بأنَّ الأمر لو كان متعلقًا بي لأجبت نعم. كان بإمكان موسى أن يقول: «نعم يا رب أمح ذلك الشعب، لأنَّهم على أي حال لا شيء، هم مجرد حمل ثقيل علي، وبما أني أنا من كان مسئولاً عن قيادتهم خارج مصر، ابدأ بيَّ من جديد، وسأكون الأب الأكبر لذلك الشعب».

لكنَّه لم يفعل ذلك بل «**تَضَـرَّعَ مُوسَى أَمَامَ الرَّبِّ إِلَهِهِ وَقَالَ: «لِمَاذَا يَـا رَبُّ يَحْمَى غَضَبُكَ عَلَى شَعْبِـكَ الَّذِي اخْرَجْتَهُ مِنْ ارْضِ مِصْرَ بِقُوَّةٍ عَظِيمَـةٍ وَيَـدٍ شَدِيـدَةٍ؟**» (الآية ١١). بعبارة أخـرى: «يا رب هم ليسوا شعبـي، بل شعبك. لا يمكننـي التعامل معهم! أنت يا رب القادر على التعامل معهم».

ثـم مضى ذلك الرجـل المتضع، رجل الصـلاة في عمله التشفعي لأجـل شعبـه. أظهر أولاً اهتمامـه الرئيسي وهو مجـد الله. جادل الله معلنًا بأنّه هو من أخرج ذلك الشعب من أرض مصر، ثم ذكَّره بمواعيده وعهـده: «**اذْكُرْ ابْرَاهِيمَ وَاسْحَـاقَ وَاسْرَائِيلَ عَبِيدَكَ الَّذِيـنَ حَلَفْتَ لَهُمْ بِنَفْسِـكَ وَقُلْتَ لَهُمْ: اكَـثِّرُ نَسْلَكُمْ كَنُجُوم السَّمَـاءِ وَاعْطِي نَسْلَكُمْ كُلَّ هَـذِهِ الارْضِ الَّتِي تَكَلَّمْتُ عَنْهَا فَيَمْلِكُونَهَا الَى الابَدِ». فَنَدِمَ الرَّبُّ عَلَى الشَّرِّ الَّذِي قَالَ انَّهُ يَفْعَلُهُ بِشَعْبِهِ.**» (الآيتان ١٣ ـ ١٤).

ثـم وبعدما أوقف موسى يد الرب، عـن أن تُمد إلى الشعب. نزل إلى سفح الجبـل، ليرى ما فعله شعبه ثم صعد مرة أخـرى. «**فَرَجَعَ مُوسَى إِلَى الـرَّبِّ، وَقَالَ: «آهِ، قَدْ أَخْطَأَ هذَا الشَّعْـبُ خَطِيَّةً عَظِيمَةً وَصَنَعُوا لأَنْفُسِهِمْ آلِهَةً مِنْ ذَهَبٍ. وَالآنَ إِنْ غَفَرْتَ خَطِيَّتَهُمْ، وَإِلاَّ فَامْحُنِي مِنْ**

كِتَابِكَ الَّذِي كَتَبْتَ» (الآيتان ٣١ ـ ٣٢).

في حوار موسى مع الله، نرى قلب موسى المليء بالصلاة الحارة والتضرعات والتشفع: «يا الله أولئك أخطأوا إليك كثيرًا وهم يستحقون ضربتك وأنا أطلب منك أن تترأف عليهم ولكن إن لم تترأف يا رب فدع قضاءك يأتي عليّ.»

يقدم المزمور السادس بعد المئة، تفسيرًا إلهيًا لذلك الحدث «**صَنَعُوا عِجْلاً فِي حُورِيبَ، وَسَجَدُوا لِتِمْثَال مَسْبُوكٍ، وَأَبْدَلُوا مَجْدَهُمْ بِمِثَالِ ثَوْرٍ آكِلِ عُشْبٍ. نَسُوا اللهَ مُخَلِّصَهُمُ، الصَّانِعَ عَظَائِمَ فِي مِصْرَ، وَعَجَائِبَ فِي أَرْضِ حَامٍ، وَمَخَاوِفَ عَلَى بَحْرِ سُوفٍ، فَقَالَ بِإِهْلاَكِهِمْ. لَوْلاَ مُوسَى مُخْتَارُهُ وَقَفَ فِي الثَّغْرِ قُدَّامَهُ لِيَصْرِفَ غَضَبَهُ عَنْ إِتْلاَفِهِمْ.**» (الآيات ١٩ ـ ٢٣).

عندما تتسبب خطية شخص ما، في إحداث كسر وخلل في العلاقة مع الله، يقف المتشفع أمام الله ويقول: «يا رب، أنا أقف في الثغر، لا يمكن أن يقع غضبك عليه، إلا إذا وقع عليّ أنا أولاً». كذلك يمكن للمتشفع أن يطلب الرحمة، كما سنرى بعد لحظة.

الشكل السابق لم يكن الشكل الوحيد للتشفع، بل الأرفع في المستوى، فالمتشفع فيه كان يركز على الله، وليس على المشكلة، لم يكن

يركـز على ما يمكن للإنسـان فعله أو ما لا يمكنه فعلـه، لأنَّه كان يمتلك رؤيـة واضحة عما يمكن لله أن يفعله. اليوم مع الأسف عندما لا نجد أي متشفـع يقف بين الله وشعبه، فتلك علامـة كبيرة على فشلنا في القيام بمسئولياتنا تجاه الله والناس.

حدث آخر يمكننا أخذه كمثال للتشفع، وهو ما كان أيوب يفعله، كان أيوب يصلي لأجـل عائلته **«وَكَانَ بَنُوهُ يَذْهَبُونَ وَيَعْمَلُونَ وَلِيمَةً فِي بَيْتِ كُلِّ وَاحِدٍ مِنْهُمْ فِي يَوْمِهِ، وَيُرْسِلُونَ وَيَسْتَدْعُونَ أَخَوَاتِهِم الثَّلاَثَ لِيَأْكُلْنَ وَيَشْرَبْنَ مَعَهُمْ. ٥ وَكَانَ لَمَّا دَارَتْ أَيَّامُ الْوَلِيمَةِ، أَنَّ أَيُّوبَ أَرْسَلَ فَقَدَّسَهُمْ، وَبَكَّرَ فِي الْغَدِ وَأَصْعَدَ مُحْرَقَاتٍ عَلَى عَدَدِهِمْ كُلِّهِمْ، لأَنَّ أَيُّوبَ قَالَ: «رُبَّمَا أَخْطَـأَ بَنِـيَّ وَجَدَّفُوا عَلَـى اللهِ فِي قُلُوبِهِمْ». هَكَذَا كَانَ أَيُّـوبُ يَفْعَلُ كُلَّ الأَيَّامِ.»** (أيوب ١: ٤ ـ ٥).

تلك هـي الشفاعة، تُـرى إلى أي حد يمكننا قبـول حمل مسئولية خطايا الآخرين؟

لا أعتقـد بأنَّ العقـل البشري قادر على تقديم تحليـل أو فهم نهائي لتلـك الفكرة، لكـن إلى حد ما يمكننا تحمل مسئوليـة خطايا الآخرين بالتشفـع وذلك ما فعله أيوب لأجل أبنائه وبناتـه. قال: «فلو أخطأ أي

منهم عن غير قصد، فإني أقدم هذه التقدمة». وكان يستيقظ في الصباح ليفعل ذلك.

عندما أفكر في موضوع التشفع بالمشاركة، أفكِّر في أناس يجتمعون معًا، كي يقدموا ذبائح الصلاة بالنيابة عن الكنيسة الجسد الواحد بأكمله. يقفون ممثلين عن الجسد «الكنيسة» أمام الله ويقولون: «نحن هنا لأجل هذا الشعب، ولو أنَّ أي شخص قد أخطأ فإننا نقدم ذبيحتنا هذه عنه، وإن أردت أن تتكلم مع هذا الشعب «هذا الجسد» يا رب فليس كلهم هنا، ولكننا نحن هنا نمثلهم».

قد تجيبني، لكن أيوب لم يحصل على الكثير بسبب ذبائحه تلك، فكل أولاده وبناته انتهوا في لحظة. نعم ما تقوله صحيح، لكن دعني أوجهك إلى شيء ما كان مفيدًا جدًا بالنسبة لي خاص بأولئك الذين فقدوا أحباء لهم. لو فقط تابعت القراءة حتى نهاية سفر أيوب لوجدت بأنَّ كلمة الرب تقول، بأنَّ أيوب احتمل التجربة، والله أعطاه ضعفين عن كل ما كان له من قبل.

«وَبَارَكَ الرَّبُّ آخِرَةَ أَيُّوبَ أَكْثَرَ مِنْ أُولاَهُ. وَكَانَ لَهُ أَرْبَعَةَ عَشَرَ أَلْفًا مِنَ الْغَنَمِ، وَسِتَّةُ آلاَفٍ مِنَ الإِبِلِ، وَأَلْفُ فَدَّانٍ مِنَ الْبَقَرِ، وَأَلْفُ أَتَانٍ. وَكَانَ لَهُ سَبْعَةُ بَنِينَ وَثَلاَثُ بَنَاتٍ» (أيوب ٤٢: ١٢ ـ ١٣).

ولكــن الله لم يضاعـف الأولاد والبنـات، بل أعطى أيوب نفس العدد، فما الرسالة؟

أيوب لم يفقـد أي من أبنائه أو بناته السابقين، هم ذهبوا قبله فقط، وأنت لو فقدت شخصًا محبوبًا بالنسبة لك أو ستواجه في يوم من الأيام مســألة فقدان شخص عزيز عليك، فقط تذكر هذا، إنَّ ما أحرزه أيوب لأجـل أولاده وبناته، هو عـدم مضاعفة الله لأعدادهم لأنَّهم لم يُفقدوا وهم هناك في الأبدية.

لو كنـت تصلي لأجل عائلتك، والكثير منا يجب أن يتشفع لأجل أفـراد في عائلاتهـم، تشجع، استيقظ مبكرًا في الصبـاح وقدِّم ذبيحة الصلاة المناسبة، وثق في الله لأجل النتائج.

عندما خلصـت، كنت الشخص الوحيد الذي أعرفـه في عائلتي كلها، قد ولد ثانية، كانت عائلتي تتكون من أناس طيبين للغاية، لكنَّهم لم يكنوا يعرفون المسيح مخلصًا شخصيًا لحياتهم.

صليت لسنوات وسنوات من أجل والدي، وفرحت عندما استطعت المجـيء بأمي إلى الرب عندما كانت مريضة وربما كانت لحظات قبولها للمسيـح، هي آخر لحظات استطاعت فيهـا الفهم والرد علي. وحدثت

المعجزة حين طلبت منها أن تصلي. رفعت يديها مع أنَّها قبل ذلك لم تكن قادرة على رفع يدها. هي لم تكن ترفع يدها أبدًا من قبل صدقوني.

في إحدى المرات كنت مستلقيًا في سريري، بدأت أرنم بألسنة، كان ذلك بعد فترة وجيزة من حصولي على الخلاص، وقتها لم تكن لدي أدنى فكرة عما كنت أصلي لأجله، لكنَّ الرب أعطاني التفسير. كانت صلاتي تقول: «يا رب خلص والدي» وكانت تلك بركة عظيمة بالنسبة لي لأني لم أكن أفكر في أبي في تلك اللحظة، لم يتم ذلك في عقلي الواعي. كان عليّ أن أثق بالرب الذي سيخلص والدي، تلك كانت معجزة بالنسبة لي، فوالدي كان رجلاً صالحًا، لكنَّه لم يكن قريبًا عن الرب.

دعني أعطيك مثالاً آخر عن الشفاعة، هذه صورة صغيرة من إنجيل لوقا عن حنة النبية.

«كَانَتْ نَبِيَّةٌ حَنَّةُ بِنْتُ فَنُوئِيلَ مِنْ سِبْطِ أَشِيرَ وَهِيَ مُتَقَدِّمَةٌ فِي أَيَّامٍ كَثِيرَةٍ قَدْ عَاشَتْ مَعَ زَوْجٍ سَبْعَ سِنِينَ بَعْدَ بُكُورِيَّتِهَا. وَهِيَ أَرْمَلَةٌ نَحْوَ أَرْبَعٍ وَثَمَانِينَ سَنَةً لاَ تُفَارِقُ الْهَيْكَلَ عَابِدَةً بِأَصْوَامٍ وَطِلْبَاتٍ لَيْلاً وَنَهَاراً. فَهِيَ

فِي تِلْـكَ السَّاعَةِ وَقَفَـتْ تُسَبِّحُ الرَّبَّ وَتَكَلَّمَتْ عَنْهُ مَـعَ جَمِيعِ الْمُنْتَظِرِينَ فِدَاءً فِي أُورُشَلِيمَ». (لوقا ٢: ٣٦ ـ ٣٨).

أصبحـت تلك الصورة حية للغاية بالنسبة لي، فالمرأة النبية لم تكن تـترك الهيكل أبدًا نهـارًا وليلاً، كانت تقضي معظـم وقتها في الصوم. مـن هي؟ هل كانت متشفعة؟ مـاذا كانت تفعل في الهيكل ـ ألم يكن بإمكانها الصلاة في بيتها؟ كانت تلك المرأة متشفعة تمثل شعبها، تصرخ في الهيـكل بالنيابة عن إسرائيـل، تصرخ لله لأجل فداء إسرائيل، وقد كافئ الله تلك السنوات الطويلة من صلاتها بأن سمح لها برؤية الفادي والتعرف عليه.

إنَّهـا نوع من الحيـاة المخفية، بطريقة ما. غير مرئيـة من قبل الناس، لكنَّها تحرك ذراع الله.

والآن مـاذا عنـك؟ هل تريد تحمـل مسئولية أن تقـدم نفسك لله كمتشفـع؟ فيما يلي أربع مؤهلات أراهـا في كل متشفع روحي، اعتقد بأنَّها بديهية.

بادئ ذي بدء، علـى المتشفع أن يكون لديه اقتناع مطلق ببر الله، وفي ذات الوقـت هو مقتنع تمامًـا بأنَّ الله سيحاكـم الأشرار، فلا يوجد

مكان لنوع مــن الديانة التي تعرج بين الفرقتـين، والتي تعتقد بأنَّ الله طيب للغاية لدرجة أنَّه لن يدين الخطيــة. أي شخص يفكر بشيء من هذا القبيل لا يمكن أن يكون مؤهلاً ليكون شفعيًا. يجب أن تكون لدى المتشفع رؤية واضحة عن العدالة المطلقة وعن حتمية عدالة الله.

ثانيًا: علــى المتشفع أن يكون لديه اهتمــام عميق بمجد الله، تذَّكر أنَّ ذلــك هو سبب رفض موسى مرتين عرضـ الله بأن يكون أبًا لأعظم الناس علــى الأرضـ، وكان رده: «يــا الله لن يمجدك ذلـك، ما الذي سيقوله المصريون عن شخصك؟»

ثالثًـا: المتشفع لديه معرفة حميمــة بالله، هو شخص يمكن أن يقف أمام الله ويتحدث معه بكل صراحة وبكل خشوع.

وأخيرًا يحتاج الأمر إلى شجاعة مقدسة كي تكون متشفعًا، يحتاج منـك أن تحمل في داخلك تلك الرغبة بالمخاطـرة بحياتك. كان هرون مـن ذلك النوع مـن المتشفعين، أخذ بخورًا ووقف بــين الوباء الذي أرسلــه الله وبــين الشعـب، يوم كان الله ينــوي تدميرهم بالوباء. سفر العـدد ١٦: ٤٢ ـ ٤٨. كمتشفع قد تقول: ربما أنـا أخاطر بحياتي الآن، لكني مع ذلك سأقف هنا.

التضـــرع

الأداة التاليـــة في سيمفونيـــة الصلاة هي التضــرع. والتضرع كلمة معقـــدة بالنسبة لبعض الناس. عندمـــا تتضرع لأجل موضوع ما، هناك أمر واحد فقط محتاج لأن تطلبه وهو الرحمة. وفي العادة يكون التضرع مرتبطًا بالشفاعة.

هنـــاك مقطعـــان يصفـــان التضرع، الأول نـــراه في سفـــر زكريـــا النبي ١٢: ١٠ وهو نبوة موجهة إلى شعب إسرائيل. كان الرب يتحدث فيها ويقول: «وَأُفِيضُ عَلَى بَيْتِ دَاوُدَ وَعَلَى سُكَّانِ أُورُشَلِيمَ رُوحَ النِّعْمَةِ وَالتَّضَرُّعَاتِ».

لاحـــظ الترتيب في تلك الآيـــة أولاً النعمة وثانيًا التضرعات. فإن كنت تقول: «يا رب أريد أن آتي أمامك متضرعًا» سيجيبك الرب: «إن لم أعطك روح النعمة لا يمكنك فعل ذلك» في الواقع نحن غير قادرين علـــى تقـــديم أي صلاة ذات قيمـــة لله دون نعمته، إن لم تبـــدأ صلواتنا بنعمة الله. فهي بلا قيمة.

الجـــزء التالي مـــن الآية التي في زكريـــا ١٢. يقول: «فَيَنْظُـــرُونَ إِلَيَّ، الَّذِي طَعَنُوهُ، وَيَنُوحُـــونَ عَلَيْهِ كَنَائِحٍ عَلَى وَحِيدٍ لَهُ، وَيَكُونُونَ فِي مَرَارَةٍ

عَلَيْـهِ كَمَنْ هُوَ فِي مَـرَارَةٍ عَلَى بِكْرِهِ». تصف تلك الآية نقطة التحول في تعاملات الله مع إسرائيل، تصف اللحظة التي أتوا فيها تائبين ومعترفين للمسيح، وقد حدث ذلك بروح النعمة والتضرعات.

الله منطقـي للغايـة، عندما أرسـل الآب يسوع إلى بنـي إسرائيل، رفضتـه إسرائيل كأمة، لكن الله لم يرفض شعبه برغم ذلك، بل أرسل لهـم الروح القدس، وهم عندما رفضوا الـروح القدس، لم يعد بإمكان الله فعل أي أمر آخر لأجلهم. لأنَّ ذلك، كان القرار الوحيد الذي ضد الله. يسوع قال: «**لِذَلِكَ أَقُولُ لَكُمْ: كُلُّ خَطِيَّةٍ وَتَجْدِيفٍ يُغْفَرُ لِلنَّاسِ وَأَمَّا التَّجْدِيفُ عَلَى الرُّوحِ فَلَنْ يُغْفَرَ لِلنَّاسِ**» (متى ١٢: ٣١).

وأنـا ذكرت ذلك لأني بـدأت أرى بأنَّ الوضـع في إسرائيل قد بدأ يتغير، بـدأت أشاهد عملية استرداد تسير فيهـا لكن بترتيب عكسي، فالكثير من المؤمنين صار لديهم الاعتقاد بأنَّ الشعب اليهودي سيتقابل أولاً مع يسوع.

لكن لا، فالروح القدسـ، هو من سيحركهم بالفعل وسيعلن يسوع لهـم، وقد بدأت تلك الخطوات تحـدث بالفعل، لقد تحدثت إلى الكثير من اليهود عن ذلك الأمر، والأمر تطلب مني قدرًا من الحكمة لأعرف

متى علي أن أوقف الحوار، وأترك للروح القدس مهمة انهائه.

الإصحــاح الرابع في سفر العبرانيين يقدم لنا صورة أخرى للتضرع، وهي صورة رائعة سبق ورأيناها بالفعل، لقد كُتبت الرسالة إلى العبرانيين للمؤمنــين اليهود، وهي تقول لهم: «**فَلْنَتَقَدَّمْ بِثِقَةٍ إِلَى عَرْشِ النِّعْمَةِ لِكَيْ نَنَالَ رَحْمَةً وَنَجِدَ نِعْمَةً عَوْناً فِي حِينِهِ**» (عبرانيين ٤: ١٦).

الله هــو الجالس على العرش، والعرش هــو عرش النعمة، فما الذي نفعلــه؟ علينــا الاقتراب من عرشــ النعمة بكل ثقة كــي نحصل على الرحمــة ونجد النعمــة لتساعدانا في وقت الاحتياج، فــإن كنت شاعرًا بأنــك غارق وفي وضع خطير ولديك الإحساس بأنَّه لا يوجد ما يمكنك فعله، استمع إلى ما يقوله الله «وقت الحاجة هو الوقت الذي يجب تأتي فيه إليَّ».

أنــا مقتنع تمامًا بأنَّ من يفشل في الحصول على نعمة ورحمة الله، هم أولئــك الذين لم يأتــوا إلى العرش، نحن مع الأسف لا نرى احتياجنا، لأننا عميان بسبب برنا الذاتي وشعورنا بالتدين، ولكن إن استطعنا فقط الحصول علــى رحمة الله، لن نكون بعد في احتياج، وكلما أتينا إلى الله نلنا الكثير.

الأمــــر

تأخذنــا الأداة الخاصــة بالأمر إلى جانب مختلـف في هذا الكتاب، لأنَّها تتحدث عن الهجوم والسلطان.

الإصحاح العاشر من سفر يشوع، يعدُّ مكانًا جيدًا كي نبدأ به دراسة تلـك الأداة، يصف الكتاب المقدس لنا مشهدًا في خضم الصراع، كان فيـه الإسرائيليون مهزومين من أعدائهم، والنور قد شارف على الغياب والظلمـة بدأت تقترب، فلـو حل الظلام لما كان للشعـب القدرة على إنهاء مهمته.

«حِينَئِـذٍ قَـالَ يَشُوعُ لِلـرَّبِّ، يَـوْمَ أَسْلَمَ الـرَّبُّ الأَمُورِيِّـينَ أَمَامَ بَنِي إِسْرَائِيـلَ، أَمَامَ عُيُونِ إِسْرَائِيلَ: «يَا شَمْسُ دُومِي عَلَى جِبْعُونَ، وَيَا قَمَرُ عَلَى وَادِي أَيَّلُونَ». فَدَامَتِ الشَّمْسُ وَوَقَفَ الْقَمَرُ حَتَّى انْتَقَمَ الشَّعْبُ مِنْ أَعْدَائِهِ. أَلَيْسَ هذَا مَكْتُوباً فِي سِفْرِ يَاشَرَ؟ فَوَقَفَتِ الشَّمْسُ فِي كَبِدِ السَّمَاءِ وَلَمْ تَعْجَـلْ لِلْغُرُوبِ نَحْوَ يَـوْمٍ كَامِلٍ. وَلَمْ يَكُنْ مِثْلُ ذلِكَ الْيَوْمِ قَبْلَهُ وَلاَ بَعْـدَهُ سَمِعَ فِيهِ الـرَّبُّ صَوْتَ إِنْسَانٍ. لأَنَّ الرَّبَّ حَـارَبَ عَنْ إِسْرَائِيلَ.»
(الآيات ١٢ ـ ١٤).

تلـك هي صلاة الأمر الموجهة إلى الرب، يمكنني أن أطلق أوامرًا تجاه

حالات وظروف، كي تتغير وتتبدل، لكن لن تكون لأوامري نتائج إلا لو تواصلتُ أولاً مع الرب. وحصلت ثانيًا على المسحة، كي أتمكن من إطلاق مثل تلك الصلاة.

يعد مثال شجرة التين التي لعنها الرب يسوع وسبق لنا الحديث عنها، مثالاً جيدًا. عن تلك القصة نجد روايتين في إنجيلين في العهد الجديد. وفيما يلي الرواية الأولى وهي من إنجيل متى.

«وَفِي الصُّبْحِ إِذْ كَانَ رَاجِعًا إِلَى الْمَدِينَةِ جَاعَ، فَنَظَرَ شَجَرَةَ تِينٍ عَلَى الطَّرِيقِ، وَجَاءَ إِلَيْهَا فَلَمْ يَجِدْ فِيهَا شَيْئًا إِلاَّ وَرَقًا فَقَطْ. فَقَالَ لَهَا: «لاَ يَكُنْ مِنْكِ ثَمَرٌ بَعْدُ إِلَى الأَبَدِ!». فَيَبِسَت التِّينَةُ فِي الْحَالِ. فَلَمَّا رَأَى التَّلاَمِيذُ ذلِكَ تَعَجَّبُوا قَائِلِينَ: «كَيْفَ يَبِسَت التِّينَةُ فِي الْحَالِ؟» فَأَجَابَ يَسُوعُ وَقَالَ لَهُمْ: «الْحَقَّ أَقُولُ لَكُمْ: إِنْ كَانَ لَكُمْ إِيمَانٌ وَلاَ تَشُكُّونَ، فَلاَ تَفْعَلُونَ أَمْرَ التِّينَة فَقَطْ، بَلْ إِنْ قُلْتُمْ أَيْضًا لِهذَا الْجَبَلِ: انْتَقِلْ وَانْطَرِحْ فِي الْبَحْرِ فَيَكُونُ. وَكُلُّ مَا تَطْلُبُونَهُ فِي الصَّلاَةِ مُؤْمِنِينَ تَنَالُونَهُ».» (متى ٢١: ١٨ ـ ٢٢).

لاحظ، لقد تم استخدام كلمات الأمر في القصة السابقة، بطريقين. في الطريقة الأولى كان الأمر موجه نحو الأشياء بالنيابة عن الله، وفي الثانية كان الأمر موجه لله بالنيابة عن الأشياء. لم يُصلِ يسوع حول

شجـرة التـين، ولم يُصـلِ إلى شجرة التـين، فذلـك كان يعتبر عبادة للأوثان، لكنَّه تحدَّث إلى الشجرة بالنيابة عن الله، لم تكن تلك صلاة. بل كانت أمر. بساطة هو أخبر شجرة التينة ما عليها أن تفعله، وقد فعلت شجرة التين ما طُلب منها.

استنـادًا إلى قيادة الـروح القدس، نحن قـادرون على التحدث مع الأشياء بالنيابة عن الله «كمـا فعل يسوع مع شجرة التين» أو التحدث لله بالنيابة عن شيء وذلك ما نسميه عادة الصلاة.

يسجـل لنا البشير مرقس في الإصحـاح الحادي عشر، نفس القصة مـع حقيقة أكبر يعلنها الـرب يسوع، وهي المفتاح لفهـم الأمر وإدراكه برمته.

«وَفِي الصَّبَـاحِ إِذْ كَانُوا مُجْتَازِينَ رَأَوْا التِّينَةَ قَـدْ يَبِسَتْ مِنَ الأُصُولِ، فَتَذَكَّرَ بُطْرُسُ وَقَالَ لَهُ: يَـا سَيِّدِي، انْظُرْ! اَلتِّينَةُ الَّتِي لَعَنْتَهَا قَدْ يَبِسَتْ! فَأَجَابَ يَسُوعُ وَقَالَ لَهُمْ: لِيَكُنْ لَكُمْ إِيمَانٌ بِاللهِ.». (٢٠ ـ ٢٢).

يؤكد الكتاب المقدس على أنَّ كلمات الأمر هي لنا، كي نستخدمها على مدار الأيام.

«اعْتَرِفُـوا بَعْضُكُمْ لِبَعْضٍ بِالزَّلاَتِ، وَصَلُّوا بَعْضُكُـمْ لأَجْلِ بَعْضٍ،

لِكَـيْ تُشْفَوْا. طَلِبَةُ الْبَـارِّ تَقْتَدِرُ كَثِـيرًا فِي فِعْلِهَا. كَانَ إِيلِيَّـا إِنْسَانًا تَحْتَ الآلاَمِ مِثْلَنَـا، وَصَلَّـى صَـلاَةً أَنْ لاَ تُمْطِـرَ، فَلَمْ تُمْطِرْ عَلَـى الأَرْضِ ثَلاَثَ سِنِينَ وَسِتَّـةَ أَشْهُرٍ. ثُمَّ صَلَّى أَيْضًا، فَأَعْطَتِ السَّمَـاءُ مَطَرًا، وَأَخْرَجَتِ الأَرْضُ ثَمَرَهَا.» (يعقوب ٥: ١٦ ـ ١٨).

بعبـارة أخرى، من خلال الصلاة الحـارة المقتدرة، يمكنك ويمكنني فعل نفس الشيء، فنفس تلك القوة هي متاحة لنا اليوم.

سأعطيـك مثالين حدثا في أيامنا هـذه، ربما لم تسمع عن أخ يدعى هاورد كارتر، ترجع قصته إلى الأيام الأولى للحركة الخمسينية في بريطانيا، كان كاتبًا، أسس أول مدرسة كتاب مقدس خمسينية في لندن.

في الحـرب العالمية الأولى كان هـاورد معارضًا مخلصًا، بسبب ذلك زج بـه في السجن، كان السجن مكانًا رطبًـا مليئًا بالمياه. في أحد الأيام بينما كان راقدًا في سريره، وجد مجرى صغير للمياه، يتسرب فوقه نازلاً مـن السقـف، أشار هاورد إلى ذلـك المجرى بأصبعه وقـال: «آمرك أن ترجع باسم يسوع». فوقف تسرب المياه.

قصة أخرى، تحكي عن فتاة أفريقية كانت تعيش في زامبيا، كانت تلك الفتاة المراهقة تقود دراجتها متجهة نحو المكان الذي تعقد فيه الكنيسة

اجتماعهـا. ولأن في زامبيـا توجـد الكثير مـن أعشاش النمل التي قد يصـل ارتفاعها إلى عشرين أو ثلاثـين قدمًا، ولأن تلك الأعشاش عادة مـا تجـذب ثعابين الكوبرا إليها، ظهر ثعبان كوبـرا كبير أسود فجأة بينما كانـت تقترب مـن أحد أعشاش النمل، فأوقفت دراجتها وهي ترتعب. عندها حل عليها روح الله فقالت: «في اسم الرب يسوع المسيح، عد إلى جحرك». توقف ثعبان الكوبرا وأرجع رأسه إلى الجحر مرة أخرى ووقف دون حـراك، فتحدثـت الفتاة معـه مرة أخرى: «لا . أقـول لك عد إلى جحرك». عندها استدار الثعبـان وعاد إلى جحره. عندما وصلت الفتاة إلى مكان الاجتماع كانت لا تزال ترتعش.

في تلـك الأداة «الأمـر» نرى قـوة الله وهي تكمـل في ضعفنا. أداة الأمر الخاصة بالصلاة مناسبة بشكل خاص كي نستخدمها عندما نتبع توجيه يسوع بطرد الشياطين. (مرقس ١٦: ١٧).

الإيـداع «التسـليم»

الأداة التاليـة هي صلاة الإيداع، وهـي هامة جدًا ولذلك لا بد أن نفهمهـا، في بعض الأحيان يكون الأسلوب الأنجـح في الصلاة لأجل موضوع ما، هو أن نتوقف عن الصلاة لأجله.

في الآية القادمة نجد صلاة إيداع «تسليم» سوف تدرك وأنت تقرأها بأنَّها الجزء الأول من الآية الخامسة من سفر المزامير وقد اقتبسها الرب يسوع وهو على الصليب: «**فِي يَدِكَ أَسْتَوْدِعُ رُوحِي. فَدَيْتَنِي يَا رَبُّ إِلهَ الْحَقِّ**» (مزمور ٣١: ٥).

هناك أوقات يكون أفضل قرار فيها هو إيداع الأمور وتسليم المواقف التي نمر بها ليد الرب، وسحب أيدينا عنها بكل بساطة. أتذكر في إحدى المرات، كنت أعظ في الدانمارك، كان ذلك عام ١٩٤٧، كنت هناك بمفردي، فزوجتي الأولى ليديا كانت لا تزال تعيش في القدس. في كل مكان كنت أقدَّم فيه كنت أعرَّف على أني زوج ليديا وذلك، بسبب وضعها المرموق وبسبب اختبارها الخاص بالولادة الثانية، كذلك كان من المهم لي أن يأخذ الناس عني في الدانمارك فكرة جيدة بسببها.

عندما قابلت الشاب الدانماركي الذي كان من المقرر أن يقوم بالترجمة لي، أدركت بأنَّه لم يفهم خمسين في المئة مما قلته له. لم أستطع تخيل ما كان يجب القيام به في ذلك الموقف. فكرت بأنَّ الأمر ميئوس منه، لذلك قلت بكل يأس: «يا رب في يدك استودع روحي».

لم تكن لدي فكرة كيف حدث ذلك ولكن كان لدينا اجتماع

رائـع، لم أعرف إن كان الشاب الدانماركي قد ترجم فعلاً ما أردت قوله أم أنَّه تحدث بما أراد هو قوله. لكن النتائج كانت مذهلة. كل ما كان عليَّ فعله هو سحب يدي من ذلك الموقف، إذ لم يكن هناك شيء يمكن أن أفعله أكثر.

تقـدم لنا الآية الخامسة في المزمور السابـع والثلاثين وهي آية معروفة هـذا التشجيـع: «**سَلِّـمْ لِلـرَّبِّ طَرِيقَكَ وَاتَّـكِلْ عَلَيْـهِ وَهُـوَ يُجْرِي**». الكلمـات العبرية لتلك الآية تقول: «ألـق على الرب طريقك». صارت تلك الكلمات واضحة لي عندما عملت مع بعض الطلبة في شرق أفريقيا، في بعضـ الأحيان كان ينفـذ الأرز لدينا، ولا يبقى شـيء لنتناوله على العشـاء، فكنت أقود سيارتي إلى بلدة صغـيرة قريبة وأعود بشوالين من الأرز، كان وزن كل منهما يصل إلى مئتين وعشرين رطلاً حسبما أذكر.

في المدرسة كان تلامذتي يصارعون مع أمور يحتاجون تعلمها، فعلى سبيـل المثـال، كانوا يشعرون بكثـير من العار حينمـا يقعون في خطية بذيئة، وأنا كنت أريد أن أُظهر لهم بأنَّ الأمر ليس كذلك. لذلك كنت أتجـه نحو المطبخ بالشوالين، وأرفع أحدهما على ظهري وأحمله. والرائع أنَّه كان من السهل حمل شيء ثقيل مثل ذلك الشوال، لكن كان من

الصعب انزاله. ثم تعلمت سر انزاله وهو أن ترمه وتتركه يتدحرج بعيدًا عنك.

ذلك ما قصد الرب قوله في الآية السابقة، عندما يصبح عبئك وهمك وخطاياك ثقيلة للغاية ولا يمكنك التعامل معها، فقط ارم كل ذلك على الرب. بعيدًا عنك، وهو سيهتم بكل شيء. يُعد التسليم عملاً مهمًا، فبمجرد أن تسلم الأمر، عليك أن لا ترجع وترى إن كان قد فلح أم لا. فقط ثق، فالأمر يشبه وضعك للنقود في المصرف. حين تودع نقودك فيه، بمجرد أن تحصل على الإيصال، انتهى الموضوع. لا أعتقد بأنك قد تفكر في العودة بعد ثلاثين دقيقة كي ترى، إن كان البنك عالم بما سيفعله بأموالك. الأمر مع الرب سيان، لو أنَّك أودعت شيء لديه. ثق وأتركه.

أتذكر بأنَّه منذ سنوات مضت في إيرلندا، زرع أحد أبناء عمي وهو صبي يبلغ السادسة من عمره بعض البطاطس، وكان شغوفًا للغاية بأن يرى لو كانت البطاطس تنمو، فظل يعود إلى تلك الحبوب التي زرعها ويحفر مكانها، وفي النهاية لم يحصل على أي بطاطس. كثير من المؤمنين هكذا، يزرعون البطاطس ثم يحفرون كي يروا إن كانت تلك البطاطس تنمو، فلو أنك أودعت الأمر بيد الله، عليك أن تثق. تثق بأنَّ الرب صار معتنيًا بالأمر.

التكريـــس

إنَّ أداة الصــلاة التالية هي التكريســ، وهي شبيهة بصلاة الإيداع «التسليم»، في كلا الحالتين نحن نعطي الأمر المتعلق بصلاتنا للرب. هنا في التكريس، نحن نقدم ذواتنا له. بمعنى آخر في صلاة التكريس، نحن ننحي أنفسنا جانبًا ونختار أن نكرس أو نقدس أنفسنا لأجل عمل معين أو دعوة خاصة وضعها الرب على حياتنا.

نجد مثالاً على ذلك النوع من الصلاة في إنجيل البشير يوحنا ١٧ : ١٩ والتي هي جزء مما نطلق عليه اليوم صلاة يسوع الكاهن الأعظم، حيث كان يتحــدث عن علاقة تلاميذه بأبيه وقال: «**لأجلهــم أُقدِّس أنا ذاتي ليكونوا هم أيضًا مقدّسين في الحقّ**»، فلو اخترنا أن نكرس أنفسنا لله مثل يســوع، إذن نحن ننتمي لله، ونحن في يده، وليس مسموحًا لنا أن نفعل ما نريد.

قــال يسوع في يوحنــا ١٠ : ٣٦ بأنَّ الآب قد قدســه وأرسله للعالم، كيــف قدســ الآب يسوع؟ بالطبع هــو لم يجعله قديسًــا، لأنَّه بالفعل قدوســ، ولكنَّه خصصه لأجل عمل لا يستطيع أي كائن آخر أن يقوم بــه، لذلك قال يسوع: «أنــا أخصص ذاتي، أكرس نفسي للعمل الذي كرسني لأجله الله».

دائمًا مع التكريس. المبادرة هي مع الله. لا يمكنك تكريس نفسك لشيء ما لم يكرسك الله لأجله، عليك أن تعرف ما الذي كرسك الله لأجله، ثم تخصص نفسك لأجل ذلك العمل، وتتجاوب مع الأمر بإرادتك. من الغريب أنَّ كثير من المؤمنين المولودين ثانية لم يكتشفوا ذلك الأمر أبدًا، لقد كرَّسنا الله بالفعل، ولكن لن يصبح الأمر فعَّالاً إلا عندما نكرس نحن أنفسنا له.

لكن ليس عليك أن تفعل ذلك، فهو أمر تطوعي، إلا أنَّك إن فعلت تذكر بأنَّ الكتاب المقدس لا يسمح لك بأن تتعهد بأمر ثم تطلب تغييره.

الإصرار

علَّم يسوع تلاميذه أن يستخدموا أداة الصلاة الخاصة بالإصرار والمثابرة. «**ثُمَّ قَالَ لَهُمْ: «مَنْ مِنْكُمْ يَكُونُ لَهُ صَدِيقٌ، وَيَمْضِي إِلَيْهِ نِصْفَ اللَّيْلِ، وَيَقُولُ لَهُ يَا صَدِيقُ، أَقْرِضْنِي ثَلاَثَةَ أَرْغِفَةٍ، لأَنَّ صَدِيقًا لِي جَاءَنِي مِنْ سَفَرٍ، وَلَيْسَ لِي مَا أُقَدِّمُ لَهُ. فَيُجِيبَ ذلِكَ مِنْ دَاخِل وَيَقُولَ: لاَ تُزْعِجْنِي! اَلْبَابُ مُغْلَقٌ الآنَ، وَأَوْلاَدِي مَعِي فِي الْفِرَاشِ. لاَ أَقْدِرُ أَنْ أَقُومَ وَأُعْطِيَكَ. أَقُولُ لَكُمْ: وَإِنْ كَانَ لاَ يَقُومُ وَيُعْطِيهِ لِكَوْنِهِ صَدِيقَهُ، فَإِنَّهُ مِنْ**

أَجْلِ لَجَاجَتِهِ يَقُومُ وَيُعْطِيهِ قَدْرَ مَا يَحْتَاجُ.» (لوقا ١١: ٥ ـ ٨).

بعبــارة أخرى عليك الاستمرار في القرع، حتى يُدرك صديقك بأنَّه لــن يحصل على أي قسط من النوم في تلك الليلة حتى يقوم ويعطيك الخبز، يسوع يأمر بمثل ذلك النوع من الإصرار.

«**وأَنَا أَقُولُ لَكُـمُ: اسْأَلُوا** (حرفيًا، استمروا في سؤالكم) **تُعْطَوْا. اطْلُبُوا** (حرفيًا، استمروا في الطلــب والسعي) **تَجِدُوا. اقْرَعُوا** (حرفيًا، استمروا في القــرع) **يُفْتَحْ لَكُمْ. لأَنَّ كُلَّ مَنْ يَسْـأَلُ** (حرفيًا، يستمر في السؤال) **يَأْخُذُ وَمَنْ يَطْلُبُ** (حرفيًا، يحافظ على الطلب والسعي) **يَجِدُ وَمَنْ يَقْرَعُ** (حرفيًا، يستمر في القرع) **يُفْتَحُ لَهُ.**» (الآيات ٩ ـ ١٠).

الإصرار مختلف تمامًا عــن الطلبة التي تمكننا من الحصول على أمر نصلي مــن أجله برغم أنَّه يتطلب المثابرة «الاستمرار في التواصل». وفي مثــل تلك الحالة، أنت تصلي، وتحصل على مــا تصلي لأجله، وتقول: «شكــرًا يا رب» ذلــك كل ما في الأمــر. أما هنا، فمن خــلال الصلاة المدعومــة بالمثابرة، تستمر في القرع والقرع والقــرع، وتستمر في الطلب لأجل الشيء الذي تريد، حتى يُفتح الباب.

أعــرف مرسلة من جنوب أفريقيــا أرادت الدخول إلى موزمبيق كي

تفتتـح هنـاك إرسالية بروتستانتيـة، في الوقت الذي كانـت الدولة فيه تحـت سيطرة الحكومـة البرتغالية، وهي في معظمهـا كاثوليكية. ذهبت تلك المرسلة إلى القنصلية الموزمبيقية وطلبت موافقتهم، لكنّهم رفضوا. فذهبـت مرة أخرى ورُفضت. ثم ذهبـت ثالثة ورُفضت، هل تعلم عدد المرات الـذي ذهبت فيها إلى القنصلية؟ ثـلاث وثلاثين مرة، وفي المرة الثالثـة والثلاثين حصلت على التأشيـرة. ذلك هو الطلب والاستمرار في الطلب.

يقـدم لنا الإصحاح ١٢ مـن سفر الأعمال، مثـالاً لصلاة الإصرار «المثابرة» التي قدَّمتها الكنيسة الأولى، يوم أعدم الملك هيرودس الرسول يعقـوب أخا يوحنا، ثم استمر في ملاحقته للرسل آملاً في القبض على بطرس والإمساك به كي يعدمه بعد الفصح مباشرة. هنا في هذه اللحظة أخضعـت كنيسـة أورشليم «القدس» نفسها في صـلاة المثابرة الجادة بالنيابـة عن بطرس. أحيانًا لن يعمل الله فقط من خلال صلاة شخص واحـد، فالأمر قد يحتـاج إلى صلاة جماعية مشتركـة، يطلقها مؤمنون مكرسون يصلون معًا. **«فَكَانَ بُطْرُسُ مَحْرُوساً فِي السِّجْنِ وَأَمَّا الْكَنِيسَةُ فَكَانَتْ تَصِيرُ مِنْهَا صَـلاةٌ بِلَجَاجَةٍ إِلَى اللهِ مِنْ أَجْلِهِ.»** (أعمال ١٢: ٥). لاحـظ كلمة «أما» هي التي غيرت مجـرى الأحداث، الصلاة المتحدة

المشتركة للكنيسة فتحت الباب لتدخّل الملاك الذي أتى من الله وحرر بطرس مـن السجن. بتلـك الطريقة استجاب الله لصلـوات الكنيسة لأجل بطرس، ولكن كان ما يزال أمام الله أن يتعامل مع الملك هيرودس. في الآيـات الختامية للإصحـاح ١٢ من سفر الأعمـال، يصف لنا لوقا البشـير، الملك هيرودس وقد رتب لإلقاء خطبة على أهل مدينتي صور وصيـدا بملابسه الملكيـة، في نهاية كلماته صفق الشعـب له وصرخوا: «**هـذَا صَوْتُ إِلهٍ لاَ صَوْتُ إِنْسَـانٍ!**» (الآية ٢٢). وهيرودس قَبِل المديح وانتفـخ بغرور انجازاته. ثم أنهى الوحي كلامـه بأنَّ ملاك الرب، ضرب هيرودسـ على الفور، لأنّه لم يعط المجد لله: «**فَصَارَ يَأْكُلُهُ الدُّودُ وَمَاتَ**» (الآية ٢٣).

انظـر مرة أخرى إلى فاعلية الصلاة التي ثابرت عليها الكنيسة، كل مـن كان يقاوم كلمة الله وأهدافه، تمت الإطاحة به، مات هيرودس موت العـار والبؤس والخزي، لاحظ بـأنَّ تدخل الملاك هو الذي أوقف عمل هيرودس، ومَـن الذي أتى بتدخل الملاك مرتـين في تلك القصة؟ إنَّها صلاة الكنيسة.

هنـا وعلى ضوء مـا سبق، يمكننـا أن نسأل أنفسنا، مـن هو الحاكم

الحقيقي لتلك البلاد؟ هل هو هيرودس أم الكنيسة؟ الإجابة هي. هيرودس، هو من يجلس على العرش، لكنَّ الكنيسة في الحالة الآنفة الذكر، هي التي حكمت من خلال الصلاة المثابرة.

آمن فقط وستحصل على ما تريد. لا تتوقف، فالطريقة الوحيدة التي يمكنك أن تخسر من خلالها هي إن توقفت. والآن، وبما أنَّ الكثير من صلوات الإصرار والطلبات الملحة، تركز على الاحتياج للشفاء، أود أن أذكر الفارق بين عمل المعجزات والشفاء، لأنَّ الأمرين مختلفين، فالمعجزات عادة ما تذهب إلى ما وراء الشفاء. كيف؟

فيما يلي سأقدم لك مثالاً حصل أكثر من مرة أثناء خدمتي، كأن يأتي إليك شخص ما، لديه حالة يطلق عليها التهاب الأذن الوسطى، ثم تصلي لأجله فيشفى، لكن لو أنَّ ذلك الشخص كانت لديه أذن وسطى وأزالها بتدخل جراحي، هنا لا يمكنك أن تشفي أذن وسطى غير موجودة، أما المعجزة فهي أن يستعيد ذلك الشخص الفاقد لأذنه الوسطى، أذنه.

أذكر مرتين مختلفتين حدث فيهما أمر كهذا، ذات مرة جاء رجل إلي وسألني: «صل لأذني» وأنا أشكر الله لأني لم أسأله ما الأمر الذي

في أذنـه، كل مـا فعلته هو أني صليت. بعد عدة أيـام عاد الرجل وقال لي: «لقد شفيت».

فقلت له: «مما شفيت؟»

قال: «لم تكن لدي أذن وسطى، والآن أصبح لي واحدة، ذهبت إلى الطبيــب وفحصني وقال بأن لـدي أذن عادية»، تلك هي المعجزة، لأنَّها قد ذهبت إلى ما وراء الشفاء.

والفارق هو، أنَّ المعجزات عادة ما تحدث في الحال وعلى مرأى البصر، في حين أنَّ الشفاء هو غير مرئي وتدريجي، يأتي بعض الناس للحصول علـى الشفاء، وإن لم يحصلوا على معجزة يعتقدون بأنَّه لم يحدث لهم شـيء، ولكن ذلك ليس بالأمر الصحيح، فربما هم بالفعل قد حصلوا علـى الشفاء، وكل ما يحتاجون إليه هو فهم ضرورة قبول ذلك الشفاء. ذلـك مهـم لنفهم أننا لو نحن قبلنـا الشفاء. الكثير ممـا سيحدث معنا سيعتمد على شكل استجابتنا وقبولنا.

افترض بأنك على سبيل المثال أتيت كي يصلي شخص ما لأجلك، وأنَّ الله لمسك بالفعل، لكنَّك لم تحصل على شفاء كامل، فلو خرجت وقلت: «لم يحدث شيء» أنت بذلك تكون قد ضمنت بأنَّه لن يحدث

معك ما هو أكثر من ذلك.

عادة ما تحدث المعجزة بعمـل الإيمان بكل بساطة، فلو أردت دراسة حياة رجـل حصل على الكثير من المعجزات، انظـر إلى النبي أليشع، ترى بـأنَّ كل معجزة قام بها، انطلقت بسبب عمـل إيمان، فعلى سبيل المثـال كانت هناك نبع خارج مدينــة أريحا، المياه فيها ملوثة، أخذ النبي أليشع وعاءً فيه ملح، ألقى بالملح في النبع وقال: «هكذا يقول الرب: لقد شفيت تلك المياه». ونحـن جميعًا نعلم بأنَّ الملح لا يشفي المياه، ولكن إن ذهبت إلى تلك النبع اليوم، بعد أكثر من ألفي سنة، فستجد بأنَّها لا تزال سليمــة، في الواقع، الملح لم يشف النبع، بل عمل الإيمان البسيط هو الذي أطلق قوة معجزات الله فيها. (٢ملوك٢: ١٩ ـ ٢٢).

البركـة

آخر صلاتين في السيمفونية هما البركة واللعنة، في الكتاب المقدس نجد صلاة خاصة بالبركة قد تكون مألوفة بالنسبة لك:

«كَلِّمْ هَـارُونَ وَبَنِيهِ قَائِلاً: هكَذَا تُبَارِكُونَ بَنِـي إِسْرَائِيلَ قَائِلِينَ لَهُمْ: يُبَارِكُكَ الرَّبُّ وَيَحْرُسُكَ. يُضِيءُ الرَّبُّ بِوَجْهِهِ عَلَيْكَ وَيَرْحَمُكَ. يَرْفَعُ الرَّبُّ وَجْهَهُ عَلَيْكَ وَيَمْنَحُكَ سَلاَمًا.» (عدد ٦: ٢٣ ـ ٢٦).

في الآيـة السـابقـة توجـد ست بركات، يمكنك الصلاة بها لمن ترغب في تقديم البركة له وهي :

١ـ الرب يباركك .   ٢ـ يحرسك .

٣ـ يضيء بوجهه عليك .   ٤ـ يرحمك .

٥ـ يرفع الرب وجهه عليك .   ٦ـ يمنحك سلامًا .

في كل مـرة كنت أقرأ فيها تلك الـبركات، أقول لنفسي الرقم ستة ليـس رقم الكمـال، إذن لا بد وأن يكون هناك أمـر مكمل، بعد ذلك أظهـر الله لي البركة السابعة في الآية التالية مـن سفر العدد الإصحاح السادس «فَيَجْعَلُـونَ اسْمِي عَلَى بَنِـي إِسْرَائِيلَ، وَأَنَـا أُبَارِكُهُمْ» (الآية ٢٧) . إذن تلـك هـي البركـة السابعة، أن يضع الـرب اسمه علينا كي يجعلنا كاملين .

أيها الآباء هكذا تباركون أولادكم، ضعوا اسم الرب عليهم كل يوم عندما يذهبون للمدرسة أو في أثناء أنشطتهم المختلفة، وهو سيحرسهم، يا له من امتياز أن تستطيع أن تبارك !

اللعنــة

الجانـب الآخر مـن البركة هو اللعنة. قد لا يعي معظم المؤمنين أنَّه

بإمكانهم أن يلعنوا. نعم يمكنهم فعل ذلك، لكن قبل أن أكمل لك شرح الفكرة، دعني أوضح بأنَّ ما سأقوله ليس تصريحًا كي تبدأ في إطلاق اللعنات وجلب الدمار على من يضايقك حين ترغب في ذلك.

لنعد معًا إلى قصة شجرة التين الموجودة في إنجيل البشير متى الإصحاح ٢١ حين مر يسوع على شجرة تين كانت بلا ثمر، ولم يكن بها سوى أوراق. تلك الشجرة تشبه الكثير من الخطط والبرامج وغيرها من الأمور المحيطة بنا والموحية لنا بأنَّها آتية بثمر كثير. لكن ما أن نقترب منها، حتى نجدها فارغة بلا ثمار. يسوع لم يكن غير مبال بذلك، وهو لم يقل: «حسنٌ لا يوجد ثمر في تلك الشجرة»، بل قال: «**لاَ يَكُنْ مِنْكِ ثَمَرٌ بَعْدُ إِلَى الأَبَدِ**»: وهذا ما حدث بالفعل، ففي الصباح التالي عند مرورهم بها وجدوها قد جفت من جذورها، وحين تعجب التلاميذ، كان رد يسوع: «**فَأَجَابَ يَسُوعُ وَقَالَ لَهُمْ: اَلْحَقَّ أَقُولُ لَكُمْ: إِنْ كَانَ لَكُمْ إِيمَانٌ وَلاَ تَشُكُّونَ، فَلاَ تَفْعَلُونَ أَمْرَ التِّينَةِ فَقَطْ، بَلْ إِنْ قُلْتُمْ أَيْضًا لِهذَا الْجَبَلِ: انْتَقِلْ وَانْطَرِحْ فِي الْبَحْرِ فَيَكُونُ.**» (متى ٢١: ٢١).

والآن قد تنتقل عيوننا لتركز جميعها على نقل الجبال، لكن يسوع قال إنَّه يمكننا أن نفعل ما فعل هو بشجرة التين، وما الذي فعله بها؟ لقد لعن تلك الشجرة.

كنت جزءًا من فريق قيادة في كنيسة في وسط البلد بشيكاغو، أواخر الستينات. كانت تلك الكنيسة في ناصية يقابلها محل لبيع الخمور، كان ذلك المحل مكانًا للشر ومركزًا للعهر والمخدرات والشرب والسكر.

في إحدى الأمسيات بينما كنا في اجتماع صلاة في الكنيسة وكنت أقود على المنبر، شعرت ببضعة كلمات جاءت إلى ذهني وخرجت لتقول: «يا رب أنا ألعن محل الخمور ذاك في اسم يسوع». ثم نسيت فيما بعد كل الأمر.

ذلك كان في شهر أكتوبر. ثم، وقبل عيد الميلاد تلقيت أنا وليديا زوجتي مكالمة تليفونية في الساعة الرابعة صباحًا من سيدة عزيزة علينا في الكنيسة، أخذت تقول: «يا أخ برنس، الكنيسة تحترق» في الوقت الذي كانت درجة الحرارة في الخارج عشرين درجة تحت الصفر. هنا علي أن أعترف بأني أنا وليديا لم يكن لدينا دافع قوي كي نخرج ونقف في الخارج. لكننا بكل تكاسل قمنا من السرير وذهبنا إلى السيارة وقدت.

كان بإمكاننا رؤية النيران من على بعد مبنيين أو ثلاثة، حين وصلنا إلى المكان اكتشفنا بأنَّ الكنيسة لم تكن تحترق، بل محل الخمور الذي يواجهها. ورغم أنَّ ألسنة النار كانت تتجه نحو الكنيسة إلا أنَّها لم تكن في خطر فالريح التي كانت تهب من بحيرة ميتشجن كانت تركز مباشرة

على المحل. وبينما نحن واقفون وجدنا بأنَّ اتجاه الرياح قد تغير ١٨٠ درجة، وهبت الألسنة بعيدًا عن الكنيسة.

لم تعان الكنيسة من أي ضرر يذكر، ربما بعض الخسائر بسبب الدخان المتصاعد، إلا أنَّ محل الخمور كان قد زال تمامًا، يومها قال رئيس مطافئ شيكاغو لشيوخ الكنيسة: «لا بد وأنَّ لكم علاقة خاصة جدًا بالرجل الموجود في الأعلى». أما أنا فقد كنت أعرف تمامًا، لماذا احترق ذلك المحل، لأني لعنته، وأقول بصراحة إنَّ ذلك لم يجعلني أشعر بالفخر، بل أرعبني. اليوم أنا أدرك بأنَّه كان من الأفضل لي أن أفكر قبل أن أطلق كلمات اللعنة تلك، وأنا سأفعل ذلك من اليوم فصاعدًا.

لكني أؤمن بأنَّه لو كان روح الله هو الذي يدفعني كي استخدم ذلك النوع من الصلاة، فليكن لأجل مقاصد الله. يسوع لم يكن غير مبال، ولم يكن محايدًا. كان إما مع أو ضد وتوقع أن يكون الجميع مثله.

صلاة الإيمان

قال يسوع: «**يَنْبَغِي أَنْ يُصَلّى كُلّ حِينٍ وَلاَ يُمَلّ**» (لوقا ١٨: ١ ـ ٨).

أعتقــد بأننــا أنا وروث زوجتي، اكتشــفنا بــأنَّ ذلك هو واحــد من أعظم اختبارات اللياقة للبقاء والحفاظ على مكاننا في سيمفونية الله، فالشخصية المسيحيــة في داخلها، تتضمن الإصرار في الصــلاة، لأنَّها لا تتجه إلى الله بقائمــة مشتريات، فتلك ليست صلاة على الإطلاق. تذَّكر بأنَّ يسوع قد سبــق وقال : «أَبَاكُمْ يَعْلَمُ مَا تَحْتَاجُونَ إِلَيْهِ قَبْلَ أَنْ تَسْأَلُوهُ» (متى ٦ : ٨)، ليـــس علينا أن نخبر الله بما نحتاجــه، لأنَّ الأهم من ذلك هو أن ندخل في علاقة شخصية مع الله، وهكذا عندما تخبره بما تحتاجه ستكون متأكدًا من أنَّك ستحصل عليه.

هناك بعضــ الأمور صليت لأجلها عشر سنــوات، ولم تتحقق، إن سبق وحدث معك ذلك، ابحث عن الســبب وستكتشف بأنك صليت بإيمــان أو بعدم إيمان، فإن كنت قد صليت بعــدم إيمان وتقول لنفسك : «لقــد صليت عشر سنوات ولم يحدث شــيء» أو إن كنت قد صليت بإيمــان وتقول : «إنَّ استجابة الصــلاة هي أقرب الآن إلى التحقيق بعشر سنوات، بسبب الوقت الذي أمضيته في الصلاة».

أتمنى أن يخلق الأمر في داخلك الرغبة في تعلم العزف على الأدوات المختلفــة، إنَّه من الرائع أن تكون جزءًا من السيمفونية الإلهية للصلاة،

لأنَّك وبينمــا تصلي بانسجام مع الآخرين وتحــت قيادة الروح القدس وفقًــا لإرادة الله التــي أعلنها في كلمته، يُعلن لك يســوع بأنَّ صلواتك ستستجاب، والآن دعونا نتعلم المزيد عن كيفية معرفة إرادة الله من نحو صلواتنا.

الفصل الخامس

كيف تكتشف إرادة اللّه

«لأَنّ كَلمَةَ اللّٰه حَيّةٌ وَفَعّالَةٌ وَأَمْضَى مِنْ كُلِّ سَيْفٍ ذِي حَدّيْنِ، وَخَارِقَةٌ إِلَى مَفْرَقِ النّفْسِ وَالرّوحِ وَالْمَفَاصِلِ وَالْمِخَاخِ، وَمُمَيِّزَةٌ أَفْكَارَ الْقَلْبِ وَنِيّاتِهِ»

(عبرانيين ٤: ١٢)

إن طرحت على البعض سؤالاً كهذا «من هي الشخصية التي ترى بأنَّها الأكثر تأثيرًا على وجه الأرض؟»

سيقدم لك الكثيرون إجابات مختلفة، وقد تتجه أذهانهم إلى رجالات السياسة والعلماء أو القادة العسكريين.

في رأيي، تلك الجماعات ليست جماعات مؤثرة بالفعل، لأنَّه بحسب فهمي، أكثر الأشخاص تأثيرًا على الأرض اليوم، هم أولئك الذين يعرفون كيف يحصلون على استجابات لصلواتهم. لأنَّهم قادرون

علــى إطلاق قوة الله اللا محدودة في المواقــف التي تذهب إلى أبعد مما يمكن لأحكم أو أقوى شخص في العالم القيام به.

اعتقد بأنَّ أي تغيير جذري جلب الخير إلى العالم، لم يحدث بسبب قرارات السياسيين، بل جاء نتيجة صلوات أناس الله «ملكوت الكهنة» من تلك القرارات على سبيل المثال، سقوط الستار الحديدي أو إطلاق الحرية السياسية داخل الاتحاد السوفيتي.

ولأنَّ الله كان قد منحنا ذلك القدر من السلطان كوننا مؤمنين بيسوع المسيح، سنكون مهملين إن لم نقدِّره أو نستخدمه، لقد فوَّض الله لنا أن نحكم الأرض لأننا ملكــوت كهنة، ونحن من خلال معرفتنا بإرادة الله يمكننا تغيير مجرى التاريخ.

«صلوا هكذا»

لو عدنا إلى الموعظة على الجبل، فسنجد الصلاة الربانية، وهي الجزء المذكور في إنجيل متى الإصحاح السادس.

عندما قال يسوع: «فصلوا أنتم هكذا»، لا أظن بأنَّه قصد، أن نصلي دائمًــا باستخــدام الكلمات التي تلت تلك العبــارة، برغم أنَّها كلمات جميلة. اعتقد أنا وروث زوجتي بأنَّ تلك الصلاة، كانت نموذجًا مختصرًا

وكاملاً للأسلوب الذي وضعه الله لنا وأراد منا أن نصلي به.

تعالوا لنعــد إلى الآيتين التاسعة والعاشرة، كــي نكتشف معًا طرق الصلاة الفعالــة: الآيتان تقولان: «أبانا الــذي في السموات. ليتقدس اســمـك. ليأت ملكوتك. لتكــن مشيئتك كما في السماء كذلك على الأرض».

كلمــات الآيتين السابقتين، تمسك بمفتاح معرفة إرادة الله، آمل أن أتمكن من وضع ذلــك المفتاح بين يديك، لأنَّه سيعينك على فتح قدرة الله الفائقة أمامك.

أبانا الذي في السموات

أولاً، نحــن نخاطب الله كأب لنا: وهو بالفعل أبانا الذي في السماء، إنَّ معرفتنا بــأنَّ الله أب لنا، ستصنع كل الفرق، فنحن لا نصلي لكائن بعيد غير معروف أو لقوى مجهولة، بل نصلي لشخص جعل نفسه أبونا من خلال يسوع المسيح.

النظريـة الميكانيكيــة، تــرى الكون وقــد أنشـأ نتيجــة سلسلة من التفجيرات المادية، تلك النظرية تترك الشخص وحيدًا وضائعًا في رحب هذا الكون، تتركه غير قادر على فهمه، أو السيطرة عليه.

عندما أفكر في موضوع البعد عن الله والوحـدة، أتذكر صديقًا لي وهو واعظ مؤمن له حضـور وجاذبية كبيرة، أخبرني صديقي ذات يوم قصـة حدثت معه من سنوات، قال بأنَّه كان ذاهبًا لزيارة أحد الأحياء العشوائية في مدينة كبيرة بالولايـات المتحدة الأمريكية وكان ذلك في وقت متأخر من المساء مع هبوط الظلام. الجو الذي بدأ يبرد تسبب هو والريح في هبوب عاصفة ترابية أحاطت بصديقي، أما هو فقد كان يقف في ناصيـة أحد الشوارع، يشعـر بالوحـدة والضعف. لكنَّه وبعد لحظات أحسـ بأنَّه محتاج للتكلم مع الله مـرددًا كلمة واحدة فقط، يخاطبه بها طوال الوقـت، وقد فعل ذلك، أخذ يكرر كلمة أبـي، مرة بعد مرة بعد مرة «أبي، أبي، أبي».

وفي كل مـرة كان يكرر فيها كلمة أبـي، كان يشعـر بأنَّه أقوى وبأمان أكثر.

بـكل بساطة، في كل مرة كان يكرر فيها كلمة أبي، كان يزداد لديه إحساسه بالصلة القوية التي تجمعه بالله، فهو أبوه، ذلك الإله القادر على كل شيء. وبالطبع ما فعله غيَّر من نظرته للموقف في تلك اللحظة.

لسنـوات طويلة وأنا شـاب، درست نظريات متنوعـة تتعلق بأصل

نشـوء هذا الكون، لكنـي لم أجد أي واحدة منهـا مريحة من الناحية الفكريـة. ثم بدأت أقرأ في الكتـاب المقدس يائسًا وظانًا بأنَّه على الأقل لن يكـون أسخف من بعض تلك النظريات التـي سبق وسمعت بها، ولم أصدق أنَّه موحى به من الله أو أنَّه كتاب فريد، فخططت أن أتعامل معه كأي كتاب آخر، وأن أقرأه من البداية حتى النهاية.

كنـت قد اتخذت ذلك القرار عام ١٩٤٠ عندما ذهبت إلى الخدمة العسكريـة تاركًا عملي كأستـاذ للفلسفة في جامعـة كامبردج للقوات البريطانيـة في الحرب العالميـة الثانيـة، وآخذًا الكتـاب المقدس معي، مخططًا لقراءته أثناء وجودي في الجيش.

هناك، كان لـديّ الكثير من الوقت، فقـد أمضيت خمس سنوات ونصف في تلك الوظيفة ولم يكن ذلك باختياري. كنت دائمًا استرجع الأثـر الذي تركته عمليـة قراءة الكتـاب المقدس في الليلة الأولى لي في الثكنة العسكرية على الـ ٢٤ مجنـدًا الآخرين، آنذاك لم أكن أفكر بما سيؤول إليه الأمر، فقط جلست وفتحت الكتاب المقدس.

ثـم ما لبث أن نظر إليّ الجنود الآخريـن، وحين أدركوا بـأني أقرأ الكتـاب المقدس، سقط عليهـم صمت رهيب مع شعور غريب بعدم

الراحـة. لم أستطع أن أصدق بـأنَّ كتابًا واحـدًا سيكون له كل ذلك الأثر الكبير عليهم! أعتقد بأنَّ ما جعلهم يصمتون أكثر هو أنَّ حياتي لا تشبه حياة أولئك الذين يقرأون الكتاب المقدس بصفة منتظمة.

ولكني تقابلـت مع الكاتب أثناء قراءتي للكتاب المقدس، وبمجرد أن تقابلـت معـه، حتى ترك في داخلـي شعورًا رائعًا. لقد وجدت في ذلك الكتـاب إجابات لم أجدهـا في الفلسفة، وجـدت وصفًا لبداية الأشيـاء التي فسَّرت لي الكثير، وعندما قـرأت قصة خلق الإنسان في سفـر التكوين الإصحاحات من ١ حتى ٣، فهمت كل ما كان يدور في داخلي.

كان فيلسوفي المحبب الذي درست فكره لوقت طويل هو أفلاطون، كنـت قد قرأت باللغة اليونانية كل كلمـة كتبها، كان أفلاطون قد صوَّر النفس البشريـة كالعربة التي يجرها حصانـان، أحدهما أسود والآخر أبيضـ، وكلما حاول الحصان الأبيضـ الاتجاه للأعلى، جذب الحصان الأسود العربة إلى الأسفل. حين قرأت تلك الكلمات لأفلاطون شعرت بأنَّ صورته تتفق تمامًا مع خبرتي.

ولكنـي حين قرأت قصـة التكوين عرفـت بأنَّ الإنسـان يأتي من

مصدريـن، الأول مـن تراب الأرض من تحت والثاني مـن نفخة الله القديـر من فوق، وأدركت بأنَّـه في كل منا شيء من الاضطراب بين ما يأتـي من فوق وما يأتي من الأرض. إلا أنَّ الله يظهر لنا في كلمته كيف يحل ذلك الصراع ويصنع الانسجام في حياتنا.

تبنيـت فكـرة مختلفـة تمامًا للكون من ذلك الوقـت فصاعدًا، حين تقابلـت مع إله الكتاب المقدس فهمت بأنَّ هنـاك أب، وأنَّ هناك قوة حقيقية وراء كل شيء وهي محبته.

كانـت الحقيقـة الوحيدة غـير المشروحة في الكون هـي محبة الله، يخبرنا الكتاب المقدس بـأنَّ الله يحبنا، لكنَّـه لا يخبرنا أبـدًا عن السبب وراء تلـك المحبة، لكنَّنا نقبلها ولـن نفهمها، فالسبب وراء محبة الله لنا يفوق قدرتنا على الفهم، ولكن الأخبار السارة هي أنَّه بالفعل يحبنا.

قال يسوع بأننا عندما نصلي لله أول كلمة نستخدمها هي أبونا، ووفقًا للترجمـة الإنجليزية نجده يقـول: Our Father أي «ضمير الملكية نا ثم كلمـة أب» ولكن في اليونانية تأتي كلمة Father أولاً ثم ضمير الملكية Our يليها.

فلـو كنت تعرف الله كأب من خـلال يسوع المسيح، أول ما عليك

فعله عندما تصلي هو الاقتراب منه كأب، وضمير الملكية الخاص بالجمع هام للغاية لأنَّ معظمنا أناني.

وعندما نصلي نميل أن نقـول: «يا رب، باركني وساعدني واشفني» ولكـن يسـوع يذكرنا «لست الابـن الوحيد لله، لأن لديـه الكثير من الأبناء، وهم جميعهم مهمون بالنسبة له، فاهتم بإخوتك وأخواتك».

ليتقدس اسمك

العبارة التالية، ليتقدس اسمك، تعبر عن أخذ الاتجاه في توقير الرب وعبادته، فبعد أن اعترفنا به كآب لنا، وجب علينا أخذ القرار في التوقير والتبجيل في التعامل معه.

هنـا علي القول بأنَّ الكثـير من القطاعات في كنيسـة اليوم، تفتقر إلى العمـل على توقير الله القادر على كل شـيء. بكل أسف، فالله لا يريد منا أن نخاف منه ونرتعب، بل نهابه ونوقره، هناك أمر ما يحدث في أرواحنا عندمـا نسمح للتوقير والتبجيل بالتعبـير عن نفسه من خلال صلواتنا.

ليأت ملكوتك

ثـم نأتي إلى أول طلبتين، وهما «ليأت ملكوتك» و «لتكن مشيئتك»

كما في السماء كذلك على الأرض»، لاحظ بأننا لا نبدأ صلاتنا لأجل مـا نحتاجه، فالصلاة لأجل الاحتياج والتـي هي: «خبزنا كفافنا أعطنا اليوم» تتبع هاتين الطلبتين.

عندمـا نبدأ صلواتنا لا نصلي لأجـل احتياجاتنا، بل نصلي لأجل تحقيق أهداف الله، أي الأهـداف المهمة بالنسبة لله. هل ترى معي بأنَّه بالسقـوط أغلق الإنسـان على نفسه باب سجن صغـير اسمه النفس، الإنسان الطبيعي هو إنسان أناني، تتمركز حياته على نفسه يظل يتسائل، كيـف يمكنني أن أحصل على مـا أريد؟ من الذي سيساعدني؟ كيف سأخرج من هذا الأمر؟ هذا سجن.

لكـن، يمكّننا الانطلاق من ذلك السجن «سجن الأنانية» والدخول إلى علاقـة مع الله من خلال الولادة الجديدة وبنعمة الله. ذاك ما يريده الله، تلك العلاقة هي أهم مما نحن نريده. حين نصلي بتلك الطريقة نخلق لأنفسنا أجنحة يمكننا بها الارتفاع فوق مستوى الإنسان الطبيعي.

لذلك، أول ما يوجِّهُنا الله لقوله هو: «ليأت ملكوتك» وذلك أمر هام للغاية، فما نفعله هنا هو توحيد أنفسنا مع ما يريد الله فعله على الأرض، فهدف الله الوحيد في هذا الزمان بسيط للغاية، رغم تفاصيله التي تبدو

معقدة لكن خطة الله الرئيسية هي تأسيس ملكوته على الأرض. تلك هـي أولوية الله التي لم تتغير إطلاقًا، عبر تاريخ الزمـان. ومنذ الوقت الـذي مات فيه يسـوع وقام ثانية وحتـى الآن، يصلي ملايين وملايين المؤمنين الصلاة الربانية كل يوم وهم غير مدركين أبدًا ما يصلون لأجله، غـير مدركين بأننا عندما نقول : «ليأت ملكوتك»، إذن فنحن نطلب منه أن يفعل ما قال بأنَّه سيفعله.

الأمر الـذي لا شك فيه هو أنَّ الحل الوحيـد الممكن لاحتياجات البشريـة هـو إقامة وتوطيد ملكوت الله، نسمع اليـوم بشكل كبير، عن الإنجيـل الاجتماعي، القائم على ضرورة الاهتمام بالاحتياجات المادية والجسمانية للإنسان، والمؤكـد عـلى ضرورة سعي كل المؤمنين لتسديد الاحتياجـات المادية والجسمانية لأتباعنا مـن البشر، في رأيي ذلك هو تعبـير المحبة، لأنك إن أحببت النـاس فستهتم باحتياجاتهم، لكني لا أعتقد بأننا قادرون على تسديد احتياجات البشرية جمعاء.

قضـت الكنيسـة ألفـي عـام والاحتياجـات لا تزال تـزداد على الأرضـ، واليـوم هي أعظم بكثير مما كانت عليـه في أي وقت مضى في تاريـخ الإنسانيـة. كل أسبوع، يموت خمس وعشـرون ألف طفلٍ تحت

سن الخامسة بسبب سوء التغذية والظروف غير الصحية التي يعيشون فيها. في الوقت الذي لـو توفرت فيه كل الأموال التـي تنفقها الدول الكبرى على التسليح العسكـري، فستكون كافية لإقامة المستشفيات والعيادات وتوفير موارد المياه في كل الدول على وجه الأرض.

ولكـن المشكلة ليست في إمكانية إتاحة المـوارد، بل في طمع البشر ووجود الخوف والكراهية، الأمر الذي يتسبب في إساءة توجيه الموارد.

والآن لا تسـء فهمـي، فتعتقد بأني أعظ عن نبـذ العنف وإحلال السـلام. أنا فقط أشـير إلى أنَّ أصل المشكلة الجوهـري هو في شكل الطبيعة البشرية.

أبدًا، لن يحل الإنسان بنفسه أو الكنيسة بذاتها مشكلة الاحتياجات المادية والعملية للبشرية. الحل الوحيد الذي يمكن أن يُنهي تلك المشكلة هو إقامة ملكوت الله على الأرض.

أدَّعي بأني شخص عملي، لذلك لا أريـد أن أكون مجرد شخص لديـه رؤية، أو حالم يقـول للناس بأنَ الروح القدسـ هو أكثر شخص عملـي على الأرض اليوم. ولكن تلك هـي الحقيقة، لأنَّه إن كان هناك أمرٌ ما غير عملي، إذن هو غير روحي.

إنَّ إقامـة ملكـوت الله هو الحـل العملي الوحيـد لتسديد احتياج البشـر. أما أولئـك الذين يعظون بما يُطلق عليـه «الإنجيل الاجتماعي» فهم يعرضون حلمًا. نعم قد تكون دوافعهم جيدة، ولكن إن كنت تعتقد بـأنَّ الحل النهائـي لمشكلة الإنسان هو تسديـد احتياجاته المادية فقط، فذلك ليس صحيحًا. إذ لا يوجد سوى رجاء واحد للبشرية.

لقـد سافـرت إلى مناطق بعيـدة وجلت أماكن كثيـرة، حيث أشد الناس فقـرًا يعيشون في عـوز وجهل. قد لا يملك الكثيـر من المؤمنين سوى صورة باهتة عن صرخـات الإنسانية التي تملأ العديد من الدول عبر أرجاء الأرض، فالاحتياجات لا تُسدد، وفي كثير من الحالات الفقر والحرمان والجوع يزداد.

وهنـاك حل، وهو الحل الذي يقدمه الله. فـالله هو الواقعي الأعظم، ومحبتـه للبشرية تجعل أولويته الأولى هي تسديـد احتياجات البشرية عبر إقامة ملكوت الله على الأرض.

كيف يأت الملكوت؟

والآن لدينا إيضـاح بسيط عن الطريقـة التي يأتي بها الملكوت، يُعـرِّف بولس الرسول الملكوت بطبيعتـه الأساسيـة، فيقول: «لأَنْ لَيْسَ

مَلَكُـوتُ اللهِ أَكْلاً وَشُرْبًـا، بَلْ هُوَ بِرٌّ وَسَـلاَمٌ وَفَرَحٌ فِي الـرُّوحِ الْقُدُسِ» (رومية ١٤: ١٧).

يأتي البر أولاً، فبدون بر حقيقي لن يكون هناك أبدًا سلام حقيقي، يتحدث العالم اليوم كثيرًا عن السلام، طوائف كثيرة في الكنيسة تصلي لأجل السلام، وهي صلاة جيدة، ولكن علينا أن نذكر بأنَّه بدون البر لن يحدث السلام أبدًا، يقول الله مرتين من خلال النبي أشعياء أنَّه لا يوجد سلام للأشرار، (أشعياء ٤٨: ٢٢ و ٥٧: ٢١).

قابلت الكثير من المؤمنين الذين يريدون السلام والفرح، ولكني تعوَّدت أن أراهم وقد حذفوا حقيقة أنَّ السلام والفرح لا يأتيان إلا كنتيجة للبر. البر هو أول تعبير عن وجود الملكوت، وأي محاولة لتحقيق السلام دون البر محكوم عليها بالفشل.

أفهم النبوة الكتابية وأعلم بأنَّه يجب أن يأتي «ضد المسيح» وهو ذلك الحاكم الذي يلهمه الشيطان، رجل يَعِدُ بالسلام، ويبدو للحظة أنَّه قد تحقق. ولكن يتنبأ بولس الرسول بذلك فيقول: **«لأَنَّهُ حِينَمَا يَقُولُونَ: «سَلاَمٌ وَأَمَانٌ»، حِينَئِذٍ يُفَاجِئُهُمْ هَلاَكٌ بَغْتَةً، كَالْمَخَاضِ لِلْحُبْلَى، فَلاَ يَنْجُونَ.»** (١تسالونيكي ٣:٥)، إنَّ قوة الروح القدس فقط، هي القادرة

على نقل البر والسلام والفرح الحقيقي.

فعندما يحل الملكوت هو يحل في الداخل أولاً، لقد أخبر الرب يسوع الفريسيين في أيامه بأنَّ الملكوت لا يأتي بمراقبته وانتظاره في الخارج، «لأنَّ ملكوت الله، هو في داخلك، في وسطك.» (لوقا ١٧ : ٢١).

لا يوجـد ملكوت بدون ملك، عندما يأتي أي ملك، يأت وملكوته معـه. كل مؤمن حقيقي جعل يسوع ملكًا علـى حياته يمكنه أن يختبر بشكل شخصي الملكوت.

ولكـي يحدث ذلك، عليه أن ينحِّي «نفسـه» عن عرش قلبه ويضع يسـوع على ذلك العرش. كل من يفعل ذلك يجد بأنَّ ملكوت الله قد جاء إليه بالبر والسلام والفرح.

ولكنـي اعتقـد بأنَّ هنـاك أيضًا إظهـار للملكوت، وهـو يتجلى في الشركة الحقيقيـة للمؤمنين معًا، ويطلق عليهـا الكنيسة، تلك الشركة لأولئـك الذين جعلوا يسوع ملكًا في قلوبهم وحياتهم وأخذوا يتعاملون مع بعضهم البعض على ذلك الأساس.

وضـع نموذج للملكـوت الله، هو مسئولية الكنيسـة في كل مكان. علينا أن نُظهـر ملكوت الله من خلال مواقفنا وعلاقاتنا والطريقة التي نحيا بها،

نتحـدى العالم حين نقدم لهم لمحة عن الملكـوت، حتى ينظر الناس إلى الكنيسة ويقولون: «إذن هكذا هو ملكوت الله». يجب أن يروا بر الكنيسة وسلامهـا وفرحها في الروح القدس، وهنا أريـد أن أخبرك بأنَّه حين تُظهر الكنيسة تلك الأمور، ستنفتح قلوب الرجال والناس على حقيقة الإنجيل، لأنَّه إن لم ير العالم الملكوت في الكنيسة فلن يؤمن برسالتنا.

دعنـي أقـترح عليـك طريقة هامة يمكننـا من خلالهـا تقديم نموذج لملكـوت الله، هذه الطريقة هـي محل جدال لأنَّ الحق اليوم صار محل جدال، وقد كتب أشعياء عن الوقت الذي سيقع الحق في الشارع وعند ذاك لا يمكـن للبر أن يدخل، ونحن لسنا بعيدين عن وقت مثل هذا في مناطق كثيرة من مجتمعنا الإنساني.

ولكـن مـع ذلك، سأقدم لكم فيمـا يلي طريقة يمكـن أن نصنع بها نموذجًـا لرسالتنـا، قال بولس هـذه الكلمـات لأزواج مؤمنـين: «**أَيُّهَا الرِّجَالُ، أَحِبُّـوا نِسَاءَكُمْ كَمَا أَحَبَّ الْمَسِيحُ أَيْضًـا الْكَنِيسَةَ وَأَسْلَمَ نَفْسَهُ لأَجْلِهَا**».

مـا أريد قوله للأزواج هنا، أنَّ تلك ليست وصية، بل أمر. الله يأمرك أن تحـب زوجتـك، لأنَّ الأمر سيعود عليـك بالنفع الكثـير إن فعلت ذلك، والجانب الآخر مـن ذلك الأمر هو: «**وَلكِنْ كَمَا تَخْضَعُ الْكَنِيسَةُ**

لِلْمَسِيحِ، كَذلِكَ النِّسَاءُ لِرِجَالِهِنَّ فِي كُلِّ شَيْءٍ.» (أفسس ٥: ٢٤).

عندما ينظر العالم إلى زوجين مؤمنين يجب أن يقول: «أفهم بأنَّ الطريقة التي يحب بها ذلك الرجل زوجته هي ذات الطريقة التي أحب بها المسيح الكنيسة، وأنَّ الطريقة التي تتعامل بها تلك المرأة مع زوجها هي ذات الطريقة التي تتعامل بها الكنيسة مع المسيح». الزوجان المؤمنان المكرسان يمكن أن يكنا رسالة للعالم، وهكذا يكون ملكوت الله.

فلو أنَّ مكانًا واحدًا يجب أن يظهر فيه الملكوت واضحًا وأولاً وقبل كل شيء، هو في عائلة المؤمن، ولو أنَّ مكانًا واحدًا يُصِرُّ الشيطان على مهاجمته اليوم فهو الأسرة.

الأسرة التي وضعها الله كي تمثل الملكوت، الشيطان يحاول دائمًا أن يشوهها ويزيل رسالة الملكوت عنها، لأنَّه خائف من الملكوت. فحين يؤسس الملكوت، تكون قوة الشيطان قد شارفت على الانتهاء.

ليأت ملكوتك

يمكن أن يأتي ملكوت الله بطريقة غير مرئية في قلب الأفراد وفي شركة أبناء الكنيسة الواحدة الحقيقية معًا، ولكن ذلك ليس الهدف الأسمى والأوحد.

فالهدف الأسمى هو أن يأتي ملكوت الله مرئيًا، وكما أنَّ ملكوت الله غير المرئي يحتاج ملكًا، هكذا أيضًا الملكوت المرئي لله، يحتاج إلى ملك، فحين يأتي الملك نفسه مرئيًا وبشخصه يمكن لملكوت الله أن يُقام على الأرض، وأنا شخصيًا أود القول بأني أشعر بأنه من السخف أن تقترح الكنيسة القيام بالعمل وانهائه بعيدًا عن يسوع وبدونه، فالكتاب المقدس يُخبرنا بأنَّه علينا أن نكون مشتاقين لظهوره.

كان لأحد أصدقائي الوعاظ أسلوب مضحك للتعبير عن نفسه، قال يومًا بأنَّه عند مجيء يسوع، على الكنيسة أن تفعل ما هو أكثر من مجرد القول: «يسعدنا مجيئُك».

صدقني يا صديقي، الأمور التي تحدث معنا في هذه الأيام على الأرض، والتي ستحدث فيما بعد، ستجعلنا شغوفين للغاية لمجيئه، والله سيرتب لذلك.

وذلك هو الغرض الأساسي من إنشاء الله لمملكته على الأرض بصورة مرئية وبملكٍ مرئي يحكم الأرض. وكل ما يفعله الله موجه نحو ذلك الأمر، علينا أن نجعل إقامة ملكوت الله على الأرض أولويتنا، مع أننا في الواقع لا نتماشى حقًا مع إرادة وهدف الله. وذلك هو السبب

وراء طلب يسوع منـــا أن نصلي لأجل ملكوت الله في المستقبل. ونحن مطالبون أن نؤيد قصده.

الصـــلاة ليست طريقة نستخدمها كــي نجعل الله يفعل لنا ما نريده، الكثير من المؤمنــين يظنون ذلك، قد ينجح الأمــر أحيانًا، ولكن ذلك ليـــس الهدف من وراء الصـــلاة، الصلاة هي الوسيلــة التي تخولنا أن نصـــير أدواتًا في يـــد لله كي يفعل هو بنا ما يريده. وعندما نتفق مع قصد الله لحياتنا، سنصلي صلواتٍ لا تقاوم. لن تكون هناك قوة، لا إنسانية أو شيطانية، من شأنها مقاومة العمل الناتج عن صلواتنا.

لتكن مشيئتك

ثم قال يسوع هذا في صلاته: «لِتَكُنْ مَشِيئَتُكَ كَمَا فِي السَّمَاءِ كَذَلِكَ عَلَى الأَرْضِ».

ذلــك لا يعني بأنَّ كل شيء على ما يرام على الأرض ولكنَّه يعني بأنَّه مهما كانت الظروف علــى الأرض، قصد الله وحلوله تنجح بطريقة رائعــة. فهل تؤمن بذلك؟ هل تراك ستصلــي بطريقة مختلفة لو آمنت بأنَّ ذلك صحيحًا؟

تذكر هذا: لو قلت للــرب لله: «لتكن مشيئتك» فأنت بذلك تقول

له: «لا تكن مشيئتي»، وهنا أريد أن أخبرك أمرًا، إرادة الله هي الأفضل لنا.

لقد ترك معظمنا للشيطان الفرصة بأن يجعلنا نخاف من إرادة الله لنا «لو أني خضعت لإرادة الله فذلك معناه معاناتي وإنكاري لذاتي وسيكون عليّ التخلي عن أشياء كثيرة». نعم يمكن أن يحدث الأمر بتلك الطريقة، لكن انظر معي إلى سفر الرؤيا ٤: ١١ «**لِأَنَّكَ أَنْتَ خَلَقْتَ كُلَّ الأَشْيَاءِ، وَهِيَ بِإِرَادَتِكَ كَائِنَةٌ وَخُلِقَتْ**».

لقد تأملت تلك الآية مرات ومرات وأدركت بأنَّه لا يمكن أن يكون هناك ما هو أفضل من إرادة الله، فإرادة الله هي الأمثل ليكون كل شيء موجودًا في كل وقت، علينا أن لا نخشى الخضوع لتلك الإرادة، وأن نفعل ذلك حتى دون أن نعرف ما ينطوي عليه الأمر.

في أحد الأيام كنت أنا وروث زوجتي نجهز أنفسنا لنعظ في إحدى الخدمات، ومع أننا كنا في فترة الراحة شكليًا، ونقضيها في هاواي، إلا أننا واقعيًا كنا نصارع قوى الشيطان. حتى وصلنا إلى المرحلة التي بتنا نقول فيها: «يا رب نريد إرادتك دون أي اعتراض، مهما كان شكلها، مهما كانت نحن نخضع لها».

أعتقـد بــأنَّ الله كان يعتصرنا ويثقل علينا كي يصــل بنا إلى مرحلة التسليـم الكامل لإرادته. ستجد ارتياحًا كبيرًا عند قيامك بذلك، فإن كنت لا تعرف بالتحديد ما تصلي لأجله، يكفيك أن تعلم بأنَّ لك أب يُحبك، قادر على كل شيء، يريد دائمًا الأفضل لك .

وأنــا أنظر إلى الــوراء، إلى السنوات التي ســرت فيها مع الرب، مرة بعـد مرة بعـد مرة، أشكر الله على الأوقات التــي لم يدعني فيها أفعل ما أريد .

اليــوم يمكننــي أن أرى المواقف التي لو كانت قــد حدثت بالطريقة التــي أردتها أنا. لكانت نتائجها كارثيــة، كذلك أرى الأوقات الأخرى التي قادني فيها الله كي أصلي تلك الصلوات التي تغير الأمم والمواقف والعائــلات، ويمكنني أن أقول لمجد الله أنني قادر الآن على رؤية العديد مــن النقاط التي تغيــر فيها التاريخ بسبب صلواتــي وصلوات المؤمنين المجتمعين معًا. أنت أيضًا يمكن أن تغير التاريخ بصلواتك، دعني أوضح لك الأمر بمثالين .

بعد نحو عام من دعوتي إلى الجيش البريطاني ولقائي مع الرب فيه، تم إرسـال وحدتي إلى شمال أفريقيا، حيث وَجدت هناك نفسي أخدم

كمــلازم في المستشفى وفي خضم تلك التجربة التي مررت بها، مُنحت امتيــازًا غــير مضمــون بالمشاركة في أطـول انسحـاب في تاريخ الجيش البريطـاني ـ أكـثر من سبعمائة ميـل من التقهقر المستمـر ـ من مكان يدعى «الجلاء» في ليبيا إلى حدود القاهرة. دعني أقول لك بأنَّ التقهقر لسبعمائة ميل خبرة مقلقة ومحبطة للمعنويات وخاصة في الصحراء.

عند تلك النقطة عُلِّق مصير الشرق الأوسط في الميزان. لأنَّه لو كانت قـد تمكنت قوات المحور من الضغط على القاهرة بحشودها والاستيلاء عليهـا، لاستأثـرت بقناة السويـس وقطعت شريان الحيـاة الرئيسي للإمبراطورية البريطانيــة، وبالتأكيد كانت إسرائيل ومنابع البترول في كل منطقة الشرق الأوسط ستكون تحت رحمتهم.

والآن، وبلا شـك عوامل عدة تسببت في تقهقرها وتراجعنا. ولكن العامل الذي أثَّـر بي بشكل أكبر، كان أولئك الضباط الذين لم تكن لديهم أي ثقة بالرجال الذين تحت إمرتهم.

فالضباط البريطانيون أنانيــون وعديمو المسئولية وغير منضبطين، وأنا ابـن ضابط سابــق في الجيش، وما أقولـه فكرت به مطــولاً كي أعنيه. سأقـدم لك أحد الأمثلـة على كلامي. لقد عشنا علـى كميات قليلة

من المياه. لم يكن مسموحًا للجنود سوى بزجاجة مياه واحدة لمدة يومين كي يستخدمها الجندي في كل احتياجاته من اغتسال وحلاقة وشرب وطبخ، ومع ذلك كان من السهل أن ترى أينما ذهبت الكثير من زجاجات المياة على موائد الضباط للشرب، إلى جانب الويسكي. كل مساء بكميات أكبر مما يمكن للإنسان العادي أن يستخدمها ليفعل بها كل شيء ليومين.

كنت هناك، وقد تعرفت لتوي على المسيح، لم تكن تسنح لي فرصة الذهاب إلى الكنيسة، ولم يكن لديّ سوى الكتاب المقدس والروح القدس. قلت لنفسي، يجب أن أكون قادرًا على الصلاة بشأن ذلك الموقف بذكاء، لكني كنت أعلم بأني لا أعرف ما الذي عليَّ أن أصلي لأجله، لذلك قلت بطريقتي الساذجة: «يا رب أظهر لي أنت كيف تريدني أن أصلي».

وقد أعطاني الرب إجابة محددة وهي الصلاة التالية: «يا رب أعطنا قائدًا لمجدك، كي تمنحنا النصرة من خلاله». قلت تلك الصلاة وأنا لم يكن قد مضى على علاقتي بالرب سنة واحدة فقط، ثم أخذت أردد صلاتي تلك طوال الوقت.

لم أكن أعرف ما كان يحدث. ولكن بدأ الله يتحرك بسرعة. عينت الحكومة البريطانية قائدًا جديدًا لقواتها في الشرق الأوسط في شمال أفريقيا، وحين كان في طريقه إلى القاهرة لتولي القيادة، تحطمت طائرته عند الهبوط وقتل، حدث كل ذلك في وقت هام في المسرح الأكثر نشاطًا في الحرب وتُركت القوات البريطانية بدون قائد.

أثناء ذلك الموقف. تصرف وينستون تشرشل الذي كان آنذاك رئيسًا للوزراء في بريطانيا، بمبادرة شخصية منه وعيَّن قائدًا غير معروف، وجاء به من بريطانيا، كان اسم القائد برنارد مونتجمري، وكان مؤمنًا بالمسيح، مكرسًا يخاف الله. كان قائدًا صالحًا للغاية وفي غاية التنظيم والتهذيب.

فعمل على إعادة تنظيم القوات البريطانية. استرد الانضباط ورفع الروح المعنوية، فتغير الاتجاه العام لسلوك الضباط، وهنا اندلعت معركة العلمين المعروفة، وكان أن تحقق أول نصر أساسي وكبير للحلفاء في مسرح الحرب، الأمر الذي قلب الحرب في شمال أفريقيا لصالح قوات التحالف.

يومها كنت أخدم مع قوات الإسعاف العسكرية في الصحراء؛ في

الطريق خلف القوات البريطانية المتقدمة، وكان في مقدمة الشاحنة التي كنا نجلس فيها، راديو صغير، استمتعت بالأخبار وبالوصف الذي كان يقدمه مذيع النشرة عن استعدادات المراكز الرئيسة الخاضعة للقائد مونتجمري قبل معركة العلمين. وصف كيف خرج مونتجمري وجمع ضباطه إلى المعركة وهو يقول: «دعونا نطلب من الرب الجبار في القتال أن يعطينا النصرة».

وبينما كنت استمع إلى تلك الكلمات التي أطلقتُ عليها اسم: «كهرباء السماء» لكونها اخترقتني من رأسي إلى أخمص قدمي. تحدَّث الله إلى روحي بهدوء وحزم وقال: تلك هي استجابة صلاتك.

وهكـذا، تعلمت وفي وقتٍ مبكرٍ من حياتي كمؤمن بالمسيح. أنَّ الصـلاة يمكـن أن تغيِّر مجرى التاريـخ. لقد قرأت فيما بعد مقالاً في إحـدى الصحف البريطانيـة في الذكرى المائة لميـلاد مونتجمري. ذكر ذلـك المقال أنَّه لم يكن هناك أي جنرال بريطاني في تاريخ البشرية قام بمثل تلك الحملة الذكية التي قام بها مونتجمري في شمال أفريقيا. تمامًا كما صليت وطلبت من الله. أقام الله رجلاً أعطى الله المجد. هل تصدق ذلك؟ هل يمكنك أن تؤمن بأنَّ صلواتك يمكن أن تغير التاريخ؟ وأنَّ الله سيفعل أمورًا كثيرة لأجلك بينما أنت تصلي؟

والآن قد يقول بعض الناس: «حسنٌ، ذلك كبرياء ونحن على يقين بوجـود آخرين كانوا يصلون أيضًا لأجل ما حدث». بالتأكيد كان هناك مؤمنون آخـرون يصلون في بريطانيا، ولكن ما حـدث أيضًا يصح، لأنَّه لو صلى فـرد واحد صلاة إيمان وحقق شـروط الله وخصص نفسه لله. بالتأكيد سيستجيب له الله.

هناك خيارين فقط عندما يتعلـق بموضوع الصلاة. إما أن يستجيب الله للصـلاة أو لا يستجيـب، فإن كان لا يستجيـب للصلاة إذن فمن الحماقة أن نصلي، ولو كان بالفعل يستجيب الصلاة، إذن فمن الحماقة أن لا نصلي.

أنا أؤمن بأنَّ الله يستجيب للصلاة، تلك هي قناعتي العميقة، ولكنَّ الدرسـ الـذي أود التأكيد عليه هنا هو أنَّ الله هـو من يعطينا ما يجب أن نصلـي لأجلـه، كما لو كان رمحًا تتلقاه، ثم تعـود وتلقيه إلى الله من جديد. وهكذا يبقى الرمح حيث رمي، ولا تعود لتسترده ثانية.

المثال الثاني للصلاة التي تغير التاريخ والذي أريد أن أسوقه إليكم، حـدث قصته معي عندما كنت أعمل مع الطلبة والمعلمين في كينيا عام ١٩٦٠. في ذلـك الوقت كان من المقرر أن تحصل كينيا على استقلالها

مـن الإمبراطورية البريطانيـة في غضون عامين، وكانـت قد مرت بأزمة سياسيـة هائلة تسببت في حالـة طوارئ خاصـة في العاصمة «ماو ماو» ناهيـك عن عداوة وشيكـة الحدوث. لا بين السـود والبيض وحسب ولكن بين القبائل الأفريقية المختلفة، ففي تلك الأثناء حصلت الكنغو البلقانية على استقلالها من البلقان وعلى الفور اندلعت فيها حرب أهلية مريـرة، وتنبأ كل الخبراء السياسييـن بأنَّ ما حدث في الكنغو سيحدث في كينيا، لا بل وأسوأ.

في أغسطـس من تلك السنـة كنت واحد مـن المتحدثين في مؤتمر للكتاب المقدس خاص بالشباب الأفريقي. استمر ذلك المؤتمر أسبوعًا حتـى وصلنا إلى ليلة الختام التي حـل فيها روح الله بطريقة فريدة وغير عاديـة. في لحظة معينة شعرت بأننا قمنا باستغلال مـوارد الله القدير، وأنَّهـا مسئوليتنا الآن أن نعود لنستخدمهـا بطريقة سليمة. لذا مضيت إلى المسرح بعد أن صمـت الشباب الذين كانوا يصلون، وطلبت منهم الصلاة لأجـل مستقبل أمتهم، ثم أخبرتهم بأن على المؤمنين مسئولية الصلاة لأجل حكوماتهم ولأجـل بلادهم التي تواجه مشاكل كبيرة، وأكـدتَّ لهم بأنَّ صلواتهم هي الوحيدة التي يمكن أن تنقذ بلادهم من تلك الكارثة.

وهكـذا اتحد الثلاثمائـة شاب، للصـلاة مدة عشر دقائـق، أخذوا يصلـون ويتمسكون بالله. كانت تلك واحدة مـن أكثر الخبرات المؤثرة التي شاركـت فيها، ثم عندما صمتوا، تحدث الشـاب الأفريقي الذي كان واقفًا إلى جانبي على المسرح بهدوء لزملائه الأفارقة.

قـال: «أود أن أخبركـم بأنَّه وفيما نحن نصلـي شاهدت رؤيا. رأيت رجـلاً بحصان أحمر، كان الحصان قاسيًا ومتوحشًا، آتيًا نحو كينيا من الشـرق، بعدها رأيت وراءه أحصنة حمراء أخـرى وكانت أيضًا قاسية ومتوحشـة. وقال: «ولكـن وفيما نحـن نصلي رأيت تلـك الأحصنة الحمراء تلف وتتجه بعيدًا عن كينيا نحو الشمال»».

ثـم تابـع: «كنت أتأمل في ذلـك الأمر، حين تحـدث الله لي وقال: «إنَّ القـوة الخارقـة للطبيعة لصلاة شعبي فقط هـي التي يمكن أن تُبعد المشكلات الآتية على كينيا»».

والآن لا يمكننـي أن أذكر بالتفصيل تاريـخ السنوات التالية، لكن عليَّ أن أقول بــأنَّ تلك الرؤية التي أعطاها الله لذلك الشاب الأفريقي قد تحققت تمامًا. فبعـد مضي ثلاث أو أربع سنوات كانت هناك محاولة شيوعيـة جادة لغزو كينيا من الشـرق والاستيلاء على الدولة. ولكنَّها

أحبطت بسبب الإدارة الحكيمة والعاقلة لجومو كينياتا أول رئيس لكينيا. ولم يتمكن الشيعيون من تحقيق أي تقدم ملموس في كينيا، فاتجهوا للشمال واحتلوا الصومال، التي أصبحت فيما بعد معسكرًا شيوعيًا مسلحًا.

ولكن منذ ذلك الوقت وما تلاه، غدت كينيا واحدة من أكثر الدول استقرارًا وتقدمًا، مقارنة بخمسين دولة أفريقية جديدة ظهرت في القارة منذ الحرب العالمية الثانية. وبالتأكيد لم يكن ذلك ما توقعه وتنبأ به الخبراء السياسيون، ولكنّه حدث بفضل الصلوات، الصلوات المركزة والمشتركة والمؤمنة في وقت الأزمة التي كانت تعاني منها الأمة.

تستحق المسألة أن تكون لك القدرة على الصلاة فهي أثمن من كل الثروات التي في العالم، الشخص الذي يصلي بتلك الطريقة هو مؤثر للغاية أكثر من الجنرال الذي يفوز منتصرًا أو الحكومة التي تتحكم به.

لم أكن أصلي دائمًا لأجل تحقيق إرادة الله على الأرض كما في السماء. في بعض الأحيان كنت أتعثر. تشغلني اهتماماتي وظروفي وأبدأ أصلي لأجل نفسي، ثم نفسي، ثم نفسي.

لا خطـأ في أن تطلـب مـن الله مساعدتـك، ولكن ذلـك لن يأت بالنتيجـة الإلهية حتى يتحد اتجاه قلبـك ودافعك مع أغراض الله التي تحدث على هذه الأرض.

لـن يتغير الله، حتى ولـو لـم نكن أنا والله علـى انسجام، عليك أن تخمن من الذي سيتغير؟ ثم يجب أن تعرف بأنَّ الحياة في عدم انسجام مـع الله ـ بالأخص إن كنت مؤمنًـا معمدًا بالروح القدسـ ـ أمر مؤلم للغاية.

كيف يمكننا أن نكون في انسجام؟ الإجابة هي بأن نتحد مع أهداف الله، أول المفاتيـح لمعرفـة إرادة الله هي في بداية الصـلاة الربانية، «أبانا الذي...»

معرفة إرادة الله

واحـد من المقاطـع المحببة لدي. الإصحاح الثـاني عشر من رسالة القديسـ بولس الرسول إلى أهل رومية. ذلـك الإصحاح يمنحنا المزيد مـن المفاتيح لاكتشاف إرادة الله. وكمـا أفهمها أنا، جميع تلك المفاتيح مذكور في الآيات الثماني الأُول من الإصحاح.

«فَأَطْلُبُ إِلَيْكُمْ أَيُّهَا الإِخْوَةُ بِرَأْفَةِ اللهِ أَنْ تُقَدِّمُوا أَجْسَادَكُمْ ذَبِيحَةً حَيَّةً مُقَدَّسَةً مَرْضِيَّةً عِنْدَ اللهِ، عِبَادَتَكُمُ الْعَقْلِيَّةَ. وَلاَ تُشَاكِلُوا هذَا الدَّهْرَ، بَلْ تَغَيَّرُوا عَنْ شَكْلِكُمْ بِتَجْدِيدِ أَذْهَانِكُمْ، لِتَخْتَبِرُوا مَا هِيَ إِرَادَةُ اللهِ: الصَّالِحَةُ الْمَرْضِيَّةُ الْكَامِلَةُ. فَإِنِّي أَقُولُ بِالنِّعْمَةِ الْمُعْطَاةِ لِي، لِكُلِّ مَنْ هُوَ بَيْنَكُمْ: أَنْ لاَ يَرْتَئِيَ فَوْقَ مَا يَنْبَغِي أَنْ يَرْتَئِيَ، بَلْ يَرْتَئِيَ إِلَى التَّعَقُّلِ، كَمَا قَسَمَ اللهُ لِكُلِّ وَاحِدٍ مِقْدَارًا مِنَ الإِيمَانِ. فَإِنَّهُ كَمَا فِي جَسَدٍ وَاحِدٍ لَنَا أَعْضَاءٌ كَثِيرَةٌ، وَلكِنْ لَيْسَ جَمِيعُ الأَعْضَاءِ لَهَا عَمَلٌ وَاحِدٌ، هكَذَا نَحْنُ الْكَثِيرِينَ: جَسَدٌ وَاحِدٌ فِي الْمَسِيحِ، وَأَعْضَاءٌ بَعْضًا لِبَعْضٍ، كُلُّ وَاحِدٍ لِلآخَرِ. وَلكِنْ لَنَا مَوَاهِبُ مُخْتَلِفَةٌ بِحَسَبِ النِّعْمَةِ الْمُعْطَاةِ لَنَا: أَنُبُوَّةٌ فَبِالنِّسْبَةِ إِلَى الإِيمَانِ، أَمْ خِدْمَةٌ فَفِي الْخِدْمَةِ، أَمِ الْمُعَلِّمُ فَفِي التَّعْلِيمِ، أَمِ الْوَاعِظُ فَفِي الْوَعْظِ، الْمُعْطِي فَبِسَخَاءٍ، الْمُدَبِّرُ فَبِاجْتِهَادٍ، الرَّاحِمُ فَبِسُرُورٍ» (رومية ١٢: ١ ـ ٨).

بدأ بولس الآية الأولى بحرف الفاء، والتي تعني «لأجل ذلك». وأنا اعتدت على القول بأنَّه عندما تجد حرف الفاء أو جملة لأجل ذلك في الكتاب المقدس عليك إذن أن تعرف سبب وجودها.

هنا هذه «الفاء»، لها علاقة بالإصحاحات الأحد عشر السابقة من

رسالة رومية والتي أشار فيها بولس الرسول إلى رسالة الله الكاملة بشأن رحمته ونعمته. ثم سأل: «في ضـوء كل ذلك، ماذا علينا أن نفعل؟ كيـف لنا أن نتجاوب مع الأمر» وكانت الإجابة التي قدمها هي: «أَنْ تُقَدِّمُوا أَجْسَادَكُمْ ذَبِيحَةً حَيَّةً مُقَدَّسَةً مَرْضِيَّةً عِنْدَ اللهِ».

تلك الكلمات كانت دائمًا سبب بركة لي، فالكتاب المقدس واقعي للغاية بشأن ذلك الأمر، قد يتوقع الكثير منا أمرًا روحيًا خارقًا، فبعد كل تلك النعمة المجيدة التي أعطاها الله لنا، نسأل: «يا الله ماذا تريد؟»

ويقـول: «أريد جسدك» هل تـرى! عندما يحصل الله على الجسد، يمتلك معه كل محتوياته.

يضيـف الرسول بولس بأنَّ ليس علينا فقط تقديم أجسادنا. لكن أن نقدمها كذبيحة حيـة أيضًا. «قَدِّموا أجسادكم ذبيحة حيّة». لماذا ذبيحة حية؟

لأنَّ الرسـول بولس كان يقـارن الأمر مع ذبائح العهد القديم التي كانـت تُقتل أولاً ثم توضع على المذبح، وهنا يقول: «لا تقتل جسدك، وتضعه على المذبح. بل ضع جسدك الحي على المذبح».

عندمـا توضع الذبيحة على المذبـح. لا تعود ملكًا لمن قدمها بل لله.

وهنا وكأنَّ لسان حال الله يقول: «ضـع جسدك على مذبحي كذبيحة حيـة، ومـن الآن فصاعدًا جسدك لن يكون ملكًا لـك؛ بل ملكًا لي. ليس عليك أن تتخـذ القرارات المتعلقة بشأن ما سيحدث لجسدك. أنا مـن سيتخذها، ليس عليك أن تقرر أين ستذهب، وماذا ستأكل. ليس عليـك أن تقرر مـا ستلبس، تلك القرارات هي منوطـة بي. أنا مسئول مسئولية كاملة عن جسدك».

فكّـر بذلك الأمر بعناية وكن حذرًا عندما قيامك بذلك التكريس. بمعنـى أنَّه عليك إن فعلت، أن تعني مـا تقوله. كذلك عليك أن تُدرك فوائد مثل ذلك التكريس. فالله له اتجاه مختلف نحو الملكية الخاصة به. وهو يقبل مسئولية صيانة ما يملكه. قد تجد في الواقع بأنَّ ذلك هو الجواب لمشكلتك. أن تُعطي جسدك لله. جسدك الذي عانيت معه الكثير.

الآية التالية تقول: «وَلاَ تُشَاكِلُوا هذَا الدَّهْرَ، بَلْ تَغَيَّرُوا عَنْ شَكْلِكُمْ بِتَجْدِيـدِ أَذْهَانِكُمْ، لِتَخْتَبِرُوا مَا هِيَ إِرَادَةُ اللهِ: الصَّالِحَةُ الْمَرْضِيَّةُ الْكَامِلَةُ» (روميــة ٢: ٢) لكي تكتشف إرادة الله عليك تغيير طريقة تفكيرك، لا بد بأن يتجدد ذهنك، يمكن لله فعل ذلك، ولكنه لن يفعل، حتى يمتلك جسدك.

ثـم، بعد أن تقدم جسدك لله. سيتجـدد لك ذهنك. وعندما يتجدد ذهنك. يمكنك اكتشاف إرادة الله. الكثيرون يخلُصون وفي رأيي هم ذاهبون إلى السماء في النهاية. لكنَّهم لم يكتشفوا أبدًا ما هي إرادة الله لهم في هذه الحياة. لأنَّ أذهانهم لم تتجدد أبدًا.

ثم يقول الرسول بولس في الآية التالية: «فَإِنِّي أَقُولُ بِالنِّعْمَة الْمُعْطَاة لِي لِكُلِّ مَنْ هُوَ بَيْنَكُمْ: أَنْ لاَ يَرْتَئِيَ فَوْقَ مَا يَنْبَغِي أَنْ يَرْتَئِيَ بَلْ يَرْتَئِيَ إِلَى التَّعَقُّلِ كَمَا قَسَمَ اللهُ لِكُلِّ وَاحِدٍ مِقْدَاراً مِنَ الإِيمَانِ» (رومية ٢: ٣) الذهـن المجدد غير متكبر ولا متغطرس ولا يدَّعي الثقة بالنفس. بل هو متضع ورزين وواقعي. افترض بأنَّك حصلت على وظيفة في أحد البنوك. بالتأكيـد أنت لا تتوقع أن تجلس على مكتـب المدير في أول يوم تذهب فيه إلى البنك وتبدأ عملك. وهكذا الأمر أيضًا، فيما يتعلق بملكوت الله. لا يمكـن لك بأن تتوقع أن تكون رسولاً من أول يوم. كن على استعداد أن تكـون ساعيًا في البداية، تفرغ القمامة من سلة المهملات. في الحياة الروحيـة الطريق للصعود يبـدأ من الأعلى إلى الأسفـل، وكلما بدأت بداية متضعة كلما ارتفعت في النهاية.

عـن الأمر يقول الرسول بولـس. بأننا لن نفعل ذلـك بمفردنا. لأنَّه علينا أن نكون جزءًا من جسد المسيح. فالله قد أعطانا مقدارًا من الإيمان

بما يناسب أماكننا في الجسـد. وعندما نجد أماكننا سنكتشف بأنَّه لدينا الإيمان الذي نحتاجه لأجل تلك الأماكن وتلك الوظائف.

أنـت تـرى، يدي تعمل بشـكل رائع بصفتها يد، لكـن لو حاولت المشـي على يدي ستكون لدي مشكلة. يـدي مصمَّمة لأن تكون يدًا وليس قدمًا.

الكثير من المؤمنين هم أقـدام يحاولون أن يكونوا يدًا أو أنفًا أو أذنًا. إن كان لديـك صراع مستمر مع الثقـة في مسيرتك الإيمانية وتحاول أن تكـون شيئًـا لم يصممك الله أن تكونه. بشـكل أساسي، حياة الإيمان فيها تجارب ومشاكل. لكنَّهـا تمضي قدمًا. فهي ليست صراعًا مستمرًا. عندما تجد مكانـك ووضعك في الجسـد، ستجد مقدار الإيمان اللازم، الذي أعطاك إياه الله كي يجعلك ناجحًا في ذلك المكان.

أخيرًا، يقول الرسول بولس ليُنهي تلك القائمة المختصرة والبسيطة، عندما تكون في مكانك في جسـد المسيح، سيعطيك الله المواهب التي تحتاجهـا لأجل ذلك المـكان. الكثير مـن المؤمنين يهتمـون بالمواهب الروحية وأنـا أتفق معهم، ولكن علينا أن لا نسعى للحصول على تلك المواهب بعيدًا عن الجسد. في الواقع أنت لن تكون قادرًا على معرفة ما هـي المواهب التي تحتاجها حتى تعرف مكانتك في الجسد. من خبرتي

أقـول لـك، حين أحصل على المكان المناسب، عندها فقط أحصل على المواهب المناسبة.

أتذكر عندما دفعني الله لخدمة التحرير ـ مساعدة الناس على التحرر مـن الأرواح الشريرة ـ صديق لي جاء ليـزورني أنا وليديا زوجتي وكنا مقيمـان في أحد الفنادق في مدينة كولورادو، كانت معه أخته المتزوجة، أتى بها كي تتحرر، يومها جلست تلك المرأة هناك وكانت صورة للبؤس، كان واضحًا وجود الكثير من المشاكل في حياتها. نظرت إليها وفتحت فمـي فسمعت نفسي أقول: «يجب أن تتحرري من...» وذكرت ثماني أرواح شريرة في الحال. ثم فكرت في نفسي، كيف عرفت ذلك؟

لكني أدركت بأنَّ الله أعطاني موهبة كلام العلم. لماذا؟ لأتزين بها؟ بالطبع لا. بل لأني في حاجـة إليهـا، كي أكون فعـالاً في المكان الذي وضعني فيه الله.

هـل ترى مدى أهمية تقديـم جسدك ذبيحة حيـة لله، إن كنت راغبًا في معرفـة ما هي إرادته لحياتـك؟ أريد أن أضع أمامك هذا التحدي، هل أعطيت الرب يسوع المسيح، السلطان على جسدك؟ هل قلت له: «يا رب جسـدي هو ملك لك، وهو تحـت تصرفك، أفعل به ما تشاء» إن لم تكن قد فعلت، فلا يوجد وقت أفضل من هذا كي تتخذ فيه ذلك القرار.

وهو قرار خطير، قرار لا يمكن لك أن تتخذه ثم تتراجع عنه. فمع أنَّ الله لا يتوقع منك أن تكون كاملاً منذ لحظة أخذك للقرار وصاعدًا. لكنَّه يتوقـع منك أن تكون مخلصًا. وأن تقدم له جسدك من كل قلبك. فإن أحببت وقررت فعلاً أنَّ هذا هو الوقت الذي ستضع وتقدم فيه جسدك على مذبح الله. اقترح عليك أن تصلي الصلاة البسيطة التالية:

«يا رب يسوع المسيـح، أشكرك لأنَّك على الصليب متَّ بدلاً مني كـي تخلصني من خطيتي وكي تجعلني ابنًا لله. أنا أتجاوب مع رحمتك وأقـدم جسدي لك وأضعه على مذبحك لخدمتك كذبيحة حية. ومن الآن وصاعدًا أنا لك يا رب ولست لذاتي وأشكرك لأنَّك قبلت ذبيحتي باسم يسوع. آمين.»

سنمـر بأيـام حين نـرى روح الله يتحرك على الأرضـ. أكثر وأكثر سيمتحـن تكريسنا كما لم يحدث من ذي قبل من جهة العدو المُدرِك بأنَّ وقته قصير. في الفصول التالية سنتعلم المزيد عن بناء الجسد في بيت الصلاة، لكن الآن دعونا نتناول موضوع الحرب الروحية والأسلحة التي سنحتاجها كي نصلي بفاعلية، تعالوا بنا لنفهم المزيد مما يتعلق بإرادة الله وننتقل إلى مكانة أعمق في الصلاة.

الفصل السادس

أسلحة روحية للحرب الروحية

«أَعْرِفُ إِنْسَانًا فِي الْمَسِيحِ قَبْلَ أَرْبَعَ عَشْرَةَ سَنَةً. أَفِي الْجَسَدِ؟ لَسْتُ أَعْلَمُ، أَمْ خَارِجَ الْجَسَدِ؟ لَسْتُ أَعْلَمُ. اللهُ يَعْلَمُ. اخْتُطِفَ هذَا إِلَى السَّمَاءِ الثَّالِثَةِ»

(٢كورنثوس ١٢: ٢)

تواجهنا تلك الآية بإعلان أنَّ هناك أكثر من سماء، يقول الرسول بولس أنَّه يعرف إنسانًا، وأود أن أذكر أني لم اعتقد أبدًا بأنّه بولس. ذلك الإنسان اختُطف إلى السماء الثالثة حيث «**وَسَمِعَ كَلِمَاتٍ لاَ يُنْطَقُ بِهَا، وَلاَ يَسُوغُ لإِنْسَانٍ أَنْ يَتَكَلَّمَ بِهَا**» (٢كورنثوس ١٢: ٤).

أظن بأنَّنا قادرون على افتراض وجود سماء أولى وثانية. طالما أنَّ هناك سماء ثالثة. وهنا أود البحث لبرهة في مكان وسكان كل من تلك السموات. معرفتنا لذلك الأمر هامة. لو أردنا الصلاة منتصرين.

في تلك الآيات أشار الرسول بولس إلى أنَّ السماء الثالثة هي الفردوس، وهي المكان الذي تتجه إليه أرواح الأبرار. ولكن ذلك لم يكن الحال دائمًا، فهناك وقت سكن فيه الموتى من الأبرار في الهاوية في حجرة خاصة في الجزء السفلي من الأرض، تذكر بأنَّه بموجب العهد القديم ذهب إبراهيم وكل القديسين إلى مكان خاص منفصل عن أرواح الموتى الأشرار يفصله عنهم هوة عظيمة وبعد موت المسيح وقيامته انتقلوا إلى الفردوس. ومن ذلك الوقت فصاعدًا صار الفردوس في السماء الثالثة في حضرة الله القدير.

الكتاب المقدس يتحدثنا كذلك عن مكان ما. يمكننا أن نطلق عليه السماء الوسطى أو السماء الثانية. تلك الكلمة مأخوذة من سفر الرؤيا. قال الرسول يوحنا: «**ثُمَّ رَأَيْتُ مَلاَكًا آخَرَ طَائِرًا فِي (وَسَطِ السَّمَاءِ)**» (سفر الرؤيا ١٤: ٦).

جملة «وسط السماء» هي في الواقع كلمة واحدة مركبة يمكن أن تترجم إلى «السماء الوسطى». تلك السماء الثانية أو الوسطى هي مقر الشيطان. إذن من ذلك الموقع يمكن لإبليس وملائكته فعل كل ما يريدون كي يأتوا بالدمار والخراب على هذه الأرض ويقاوموا أهداف نعمة الله وبركته، ورحمته. بعد لحظة ستعرف المزيد عن ذلك الأمر.

السماء الأولى هـي ما نراه عندمـا نخرج ليلاً لنراقـب النجوم أي السماء المرئية التي يمكننا تسميتها، بسقف مكان سكنى الإنسان.

وعلى ذلك، يمكننا أن ندرك بأنَّ الله يقيم في السماء الثالثة والإنسان يقيـم قرب السماء الأولى، وفيما بين الاثنتين، تكمن السماء الوسطى، حيث تسكن مملكة الشيطان المتمرد وجنوده الساقطين.

والآن مـا علاقة ذلك الأمر مع أن نصلـي صلوات يستمع إليها الله ويجيبها؟ للأمر علاقة كبيرة، لأنَّه يعطينا صورة واضحة للصراع الروحي وللمعارضة التي نواجهها حينما نصلي.

رؤية السماوات

لفهـم الحـرب الروحيـة، نحن في حاجـة إلى فهم ما نحـن نحارب ضده. الكتـاب المقدس يكشف لنا بأنَّ مقر إبليس في الوقت الحاضر هـو في السماويـات. بولس يعطينا صورة واضحة عـن ذلك في رسالته إلى أهـل أفسس: «فَإِنَّ مُصَارَعَتَنَا لَيْسَتْ مَعَ دَم وَلَحْم، بَلْ مَعَ الرُّؤَسَاءِ، مَعَ السَّلاَطِـينِ، مَعَ وُلاَةِ الْعَالَمِ عَلَى ظُلْمَةِ هذَا الدَّهْرِ، مَعَ أَجْنَادِ الشَّرِّ الرُّوحِيَّـةِ فِي السَّمَاوِيَّـاتِ» (أفسـس ٦: ١٢). بحسـب ترجمـة كينغ جيمس. وبرغم أنَّ ترجمة كينغ جيمس مألوفة للغاية، إلا أنَّها لا تعطينا

تفسيرًا دقيقًا للمعنى، لذلك دعونا نقسّم تلك الآية إلى مقاطع، لنصل معًا إلى ترجمة حرفية بالعودة إلى النسخة اليونانية.

«لأننا لا نصارع مع جسد ودم، ولكن ضد الرياسات والقوات..»

في الرسالة إلى أفسس وفي أجزاء أخرى من الكتاب المقدس نجد أنَّ كلمتا الرياسات والقوات عادة ما تتصاحبا معًا، فكلمة رياسة مأخوذة مباشرة من الكلمة اليونانية «حاكم» وكلمة قوة تعني «السلطان» لذلك أفضّل أن أقرأ الآية على الشكل التالي، (إنَّ مصارعاتنا كمؤمنين ليس ضد جسد ودم وليست ضد البشر ولكنّها ضد الحكّام ومجال سلطانهم)، وهي أيضًا «ضد ولاة العالم على ظلمة هذا الدهر...» إنَّ الصياغة الحرفية لذلك الجزء هي: (ضد حكّام العالم الذين لديهم السلطان على هذه الظلمة الحاضرة أو الحالية). الظلمة الحالية أو ظلمة هذا الدهر لها مركز عالمي يتم التحكم بها من خلاله. والمركز هو السماء الوسطى والحاكم هو الشيطان.

في رسالته إلى أهل أفسس ٢:٢. يطلق الرسول بولس على الشيطان اسم: «رئيس سلطان الهواء». إذن هو حاكم يباشر سلطانه من مكان معروف في الهواء، مع أنَّ الكثيرون يرون بأنَّ الشيطان يعيش داخل

الأرض، لكنّه ليس هناك، لأنّه في السماويات. من الواضح بأنّه ليس موجودًا في السماويات التي يسكن فيها الله، فقد طُرد من هناك. وهو ليس موجودًا على الأرض أيضًا.

يخبرنا سفر الرؤيا ١٢ : ٩. بأنّه سيأتي الوقت الذي سيطرح إبليس من السماويـات إلى الأرض، وعندها يقول الرسول يوحنا، بأنَّه سيفعل كل ما يمكنه من مشـاكل في الوقت القصير المتبقي له (سنبحث عن ذلك الأمر بتعمق أكبر في الفصل ٧) ولكنّه ـ أي إبليس ـ في الوقت الحالي وحتى إتمام هذا الجزء المذكور في رؤيا ١٢، مقره في السماء الوسطى.

ونحن نصارع أيضًا، ضد أجناد الشـر الروحيـة في (المرتفعات) بحسب ترجمة الكينغ جيمس. الكلمة التي تستخدمها ترجمة الكينغ جيمس هنا مضلة تمامًا. نفس الكلمة اليونانية التـي استخدمت عدة مرات في أفسس أثناء الحديث عن تلك الأماكن، كانت ترجمة سليمة «السماويات» كما في الترجمة السبعينية العربية.

والآن دعونا ننظر إلى ترجمتنا الحرفية لرسالة أفسس ٦ : ١٢.

فمصارعتنـا ليسـت ضد جسـد ودم ولكـن ضد الحـكام ومناطق سلطانهـم، وضـد حكام العـالم في الظلمة الحالية، وضد قـوى الشر

الروحيـة في السماويات «ذلك هو صراعنا الروحيـط، وفي سفر دانيال يعطينا الكتاب المقدس صورة واضحة للصراع الدائر، تعالوا بنا لننتقل لنرى ذلك السفر.

الصراع في السماويات

استمـر دانيال الذي سُبي من إسرائيـل إلى بابل وهو لا يزال شابًا، يدرس أدب شعبه، لذلك علم بأنَّ زمن النبوءة الخاص بالسبي البابلي قـد أوشك على الانتهاء. «**فِي السَّنَةِ الأُولَى مِـنْ مُلْكِهِ، أَنَا دَانِيآلَ فَهِمْتُ مِـنَ الْكُتُبِ عَـدَدَ السِّنِينَ الَّتِي كَانَتْ عَنْهَا كَلِمَةُ الـرَّبِّ إِلَى إِرْمِيَا النَّبِيِّ، لِكَمَالَةِ سَبْعِينَ سَنَةً عَلَى خَرَابِ أُورُشَلِيمَ**» (دانيال ٩: ٢).

بـدأ دانيـال يصلي ويصـوم من أجل ذلـك الاحتمـال الوشيك الحـدوث: «**فِي تِلْـكَ الأَيَّام أَنَا دَانِيآلَ كُنْـتُ نَائِحًا ثَلاَثَـةَ أَسَابِيعِ أَيَّام. لَمْ آكُلْ طَعَامًا شَهِيًّا وَلَمْ يَدْخُلْ فِي فَمِي لَحْمٌ وَلاَ خَمْرٌ، وَلَمْ أَدَّهِنْ حَتَّى تَمَّتْ ثَلاَثَةُ أَسَابِيعِ أَيَّامٍ.**» (دانيال ١٠: ٢ ـ ٣).

رأى دانيـال ما كان الله قد التزم بعمله، فأخذ على عاتقه الرد، وكان لسـان حاله يقـول: «يا رب أنا معـك في هذا الأمر، اعتمـد عليّ، وأنا بـدوري سأعطي نفسي للصلاة والصوم كما لم أفعل من ذي قبل، إلى

أن أرى إتمام وعدك». في الفصل الثامن سنبحث معًا موضوع الصوم كمكوِّن فعَّال لصلواتنا، وبشكل خاص عندما يتعلق الأمر بكنيسة الأيام الأخيرة.

والآن نلاحظ بأنَّ الصوم هو نوع من الحزن الروحي. وقد قال الله بأنَّه سيعطي دهن الفرح للذين ينوحون في صهيون إشعياء ٦١: ٣. فحزنهم هذا ليس حزنًا عاديًا كحزن الجسد لكنَّه حزن روحي لأولئك المهتمين بدمار بيت الرب وشعب الرب.

قال يسوع في الموعظة على الجبل: «**طُوبَى لِلْحَزَانَى، لأَنَّهُمْ يَتَعَزَّوْنَ**» (متى ٥: ٤). دعني أعلِّق على هذا. علينا أن نكون حساسين للغاية للروح القدس بشأن ذلك الأمر. كأن لا نحاول على سبيل المثال أن نحزن عندما يعزينا الروح القدس، ولا نحاول أن نُخلق انفعالاً وحماسة عندما يدعونا الروح القدس إلى الحزن.

أمضى دانيال واحدًا وعشرين يومًا في الحداد، كان يصلي وينتظر الله. لم يصم تمامًا، لكنَّه امتنع عن كل شيء ما عدا أبسط أنواع الطعام والشراب، ثم في نهاية الأسابيع الثلاثة، أُرسل جبرائيل رئيس الملائكة إلى دانيال بإعلان واضح عن هدف الله لإسرائيل في الأيام الأخيرة.

تصــف بقية الإصحاح العاشر مــع الإصحاحين التاليين من دانيال مجــيء الملاك وظهــوره والإعلان الــذي أتى به. ولكــي نفهم الحرب الروحيــة علينــا أن ننظر إلى التوقيت الذي ظهر فيــه الملاك: «**فَقَالَ لِي: «لاَ تَخَـفْ يَا دَانِيَالُ، لأَنَّهُ مِنَ الْيَـوْمِ الأَوَّلِ الَّذِي فِيه جَعَلْتَ قَلْبَكَ لِلْفَهْمِ وَلإِذْلاَلِ نَفْسِكَ قُدَّامَ إِلهِكَ، سُمِـعَ كَلاَمُكَ، وَأَنَا أَتَيْتُ لأَجْلِ كَلاَمِكَ»** (دانيــال ١٠: ١٢). لقــد سُمعت صلاة دانيال مــن اليوم الأول الذي صلــى فيه، لكنَّ المــلاك لم يصل إلا بعد ثلاثة أسابيــع، تُرى ما الذي حدث في تلك الأثناء؟

تخبرنــا الآية التاليــة: «**وَرَئِيسُـ مَمْلَكَةِ فَارِسَ وَقَفَ مُقَابِلِـي وَاحِدًا وَعِشْرِيـنَ يَوْمًـا، وَهُـوَذَا مِيخَائِيـلُ وَاحِـدٌ مِـنَ الرُّؤَسَـاءِ الأَوَّلِـينَ جَاءَ لإِعَانَتِي، وَأَنَا أُبْقِيتُ هُنَاكَ عِنْدَ مُلُوكِ فَارِسَ.**» (الآية ١٣). عندما تحدث رئيســ الملائكة جبرائيل عن «رئيس مملكة فارســ» لم يكن يتكلم عن إنســان. كان يتكلم عن أحد ملائكة الظلمــة في السماء الوسطى. بدأ جبرائيــل رحلته في أول يوم من صلاة دانيــال، ولكنَّ الحرب الملائكية في السماويــات عطَّلت وصوله. فقد عارضت ملائكة الشيطان وقاومت الملائكة المقدسين الصالحين. ولكن لاحظ، صلوات دانيال على الأرض هي التي جعلت رئيس الملائكة يصل. فهل ترى مدى أهمية صلواتنا؟ اعتمد رئيس الملائكة على دانيال وصلواته كي ينتصر.

لاحـظ أيضًا بأنَّ المبادرة بدأت مــن الأرض لا من السماء، لقد بدأ دانيال الأمر برمته بحركة منه، يمكننا القول بأنَّه في أحوال معينة لا يزال ذلـك صحيحًا حتى اليـوم، أن ننتظر الله والله ينتظرنـا وعندما نتحرك تتحـرك السماء وعندمـا يحدث الصراع، صلواتنا على الأرض تحسم الأمـر. نحن المؤمنون الذين يعرفون كيف يصلون مهمون للغاية أكثر مما يعتقد معظمُنا.

يُظهر لنـا الكتاب المقدس أيضًا أمورًا أخـرى. يظهر لنا لمَ علينا أن نصلـي لأجل أمر هو في مشيئة الله ولا يمكننا الحصول على إجابة الله عنه فورًا.

فلنتصـور الأمر على الشـكل التالي. السموات ثـلاث مستويات مختلفة. إحداها فوق الأخرى. عندما تصعد صلوات المؤمن من الأرض، ينـزل الملاك الذي يحمل الاستجابة بكلمـة الله، تاركًا السماء الثالثة، وفيما هو بين الاثنتين، تصارع رياسة الشر في السماء الوسطى لتعطل الاستجابة. وعندما «يصلـي» المؤمن أثناء ذلك الصراع. تأتي الإجابة. لذلك صـلاة المؤمن هي كسر لحاجز الصـراع، أو بمعنى آخر اختراق، لذلك قال يسوع: «يَنْبَغِي أَنْ يُصَلَّى كُلَّ حِينٍ وَلاَ يُمَلَّ» (لوقا ١٨: ١).

في كثير من الأحيان، نحتاج أن نصلي إلى أن نحصل على ذلك الاختراق الذي يريده الله لنا (سنتعلم المزيد عن ذلك الأمر في الفصل الثامن من هذا الكتاب، وهو يتحدث عن الصوم.)

لكن لاحظ الفرق، نحن لا نصلي باستمرار بسبب تردد الله أو تراخيه في الاستجابة لصلواتنا كما يفترض البعض. لا. نحن نصلي باستمرار كي نخترق مقاومة الشيطان الساكن في مملكة الشر في السماء الوسطى. السماء الموضوعة لتكون في معارضة مباشرة مع كل الخير الذي يريد الله أن يفعله لأجلنا. إن كنت حساسًا للروح القدس فستعرف متى سيحدث الاختراق. كانت هناك أوقات في حياتي الروحية عرفت فيها أنَّ الأمر قد تم.

صارت لنا النصرة. الآن يمكننا الرقص. الآن يمكننا الغناء انتهى الصراع. كل ما تبقى لنا هو جمع الغنائم. في المثال القادم بعد لحظة سنرى توضيحًا لما أقوله والمثال هو من قصة يهوشفاط.

تلك هي الصورة الأساسية للصراع الروحي تمامًا كما هي موصوفة في الكتاب المقدس. فعندما غادر الملاك دانيال ترك له بصيرة أكبر. قـال: «فَالآنَ أَرْجِعُ وَأُحَارِبُ رَئِيسَ فَارِسَ. فَإِذَا خَرَجْتُ هُوَذَا رَئِيسُ الْيُونَانِ يَأْتِي» (دانيال ١٠: ٢٠).

كان رئيـس فارس مــلاكًا شيطانيًا يسيطر على مملكــة فارس. وكان لذلـك الأمـر أهمية خاصة عند دانيـال لأنَّ فارس كانت تحكم على شعب الله، إسرائيل.

ثم عندما هُزمت إمبراطورية فارس، حلت محلها إمبراطورية اليونان. وكان وراء إمبراطورية اليونان ملاك شيطاني يدعى رئيس اليونان.

ذلـك يبين لنا بأنَّه توجد لامبراطوريات الأرض نظيراتها في مملكة الشيطان. بعبارة أخرى. يسعـى الشيطان للسيطرة على ممالك الأرض مـن خلال حكامها. يريد جعل قادتها وحكوماتها أدواتٍ لعمل إرادته. لذلـك علينا أن نصلـي لأجل حكوماتنـا كي نحبط الشيطـان ونأتي بحكوماتنا لتكون تحت سيطرة السماء.

وعن هذا قال الرسول بولس. أول كل شيء. أي قبلما تصلي لأجل المرضى والمرسلـين والمبشرين أو أفراد عائلتك. عليك أن تصلي لأجل الحكومـة. وكما رأينا فإنَّ أي شخص ينتقد الحكومة يخبر العالم بأنَّه قد فشـل في صلواته. ولم يقم بدوره. لأنَّه سمح لملائكة الظلمة بالاجتماع في المبـاني حيث تؤخذ القرارات الأساسية التي لا تؤثر علينا وحسب. بل وعلى مملكة الله بأسرها. إذن علينا أن لا نتهاون مع غزو الشيطان.

مكانتنا في السماويات

العامل الحاسم في الحرب العظيمة مع الشيطان هو أمر واحد فقط. هو صلوات المؤمنين. فنحن المؤمنون من يرجح كفة الميزان لتحقيق النصر لله، وتلك حقيقة مذهلة. لكنَّ الكتاب المقدس يخبرنا بوضوح بـأنَّ هذا هو الواقع. بـأنَّ صلواتنا ليست بلا أهمية أو أمرًا ثانويًا. بل هي حاسمة في إنهاء المشكلة في الصراع الروحي بأكمله.

شكل صلاتنـا، سيحدد شكل الطريـق التي سيسير عليهـا الكـون

لا أعتقد بأنَّ ذلك مبالغ فيه. بل هو حقيقة حرفية، ولا شيء يحزنني أكـثر من سماع بعض المؤمنين يتحدثـون عن أنفسهم، كما لو كانوا بلا أهميـة، يرددون: «ما أقوله ليـس مهمًا، ما أفعله ليـس مهمًا، أنا لست مهمًا».

نعم، حسنٌ أنت لست مهمًا، تلك هي النقطة المهمة، أنك غير مهم، لذلك اختارك الله كـي يُظهر من خلالك حكمته ونعمته وقوته للكون بأكمله.

إذن هـل يعنـي ذلـك أنَّـك لم تعـد مهمًـا؟ في الواقـع أنت مهم

للغايــة. فالكــون كلــه يدور حولــك. هكذا يقــول الرســول بولس في ٢كورنثوســ ٤: ١٥: «**لأَنَّ جَمِيعَ الأَشْيَاءِ هِيَ مِنْ أَجْلِكُمْ**» كل شيء هو لأجلنــا بسبب علاقتنا بيسوع المسيح وبسبب مــا قرر الله أن يفعله من خلالنا للعالم كله.

يساعدنــا الرسول بولس على فهم مكانتنــا في الصراع الروحي حين يقول: «**مُبَارَكٌ اللهُ أَبُو رَبِّنَا يَسُوعَ الْمَسِيحِ، الَّذِي بَارَكَنَا بِكُلِّ بَرَكَةٍ رُوحِيَّةٍ فِي السَّمَاوِيَّاتِ فِي الْمَسِيحِ**» (أفسس ١: ٣). كذلك يقول: «**الَّذِي عَمِلَهُ فِي الْمَسِيحِ، إِذْ أَقَامَهُ مِنَ الأَمْوَاتِ، وَأَجْلَسَهُ عَنْ يَمِينِهِ فِي السَّمَاوِيَّاتِ، فَوْقَ كُلِّ رِيَاسَةٍ وَسُلْطَانٍ وَقُوَّةٍ وَسِيَادَةٍ، وَكُلِّ اسْمٍ يُسَمَّى لَيْسَ فِي هذَا الدَّهْرِ فَقَطْ بَلْ فِي الْمُسْتَقْبَلِ أَيْضًا**» (أفســس ١: ٢٠ ـ ٢١). ثم يقول: «**وَأَقَامَنَا مَعَهُ، وَأَجْلَسَنَا مَعَهُ فِي السَّمَاوِيَّاتِ فِي الْمَسِيحِ يَسُوعَ**» (أفسس ٢: ٦).

لقد رُفــع يسوع فوق المجال الــذي يقع فيه مركــز الشيطان، ونحن نقبــل بالإيمان في الروح، أننا ـ أنت وأنــا ـ جالسين مع المسيح في العالم الذي هو فوق الشيطان ومجاله. من الناحية الملموسة نحن على الأرض ولكن روحيًا وبسبب علاقتنا بالمسيح نحن معه: «**لِكَيْ يُعَرَّفَ الآنَ عِنْدَ الرُّؤَسَــاءِ وَالسَّلاَطِــينِ فِي السَّمَاوِيَّــاتِ، بِوَاسِطَةِ الْكَنِيسَــةِ، بِحِكْمَةِ اللهِ الْمُتَنَوِّعَةِ**» (أفسس ٣: ١٠).

يا لها من مقولة رائعة! الكنيسة أي نحن المؤمنون بيسوع المسيح، هم من يظهرون حكمة الله المتعددة الجوانب للعالم بأسره.

أتـرى الأرض. هي ليست محور الكون لكنَّها مرحلة فيه. عن ذلك يقول كاتـب الرسالـة إلى العبرانيين إننا محاطـون بسحابة عظيمة من الشهـود. (عبرانيين ١٢: ١). تراقبنا السمـاء الثالثة من خلال أولئك الذيـن يفرحون بنا. وتراقبنا السمـاء الثانية التي تتربص بنا. ونحن من يشهد على ذلـك الأمر. كما يقول الرسول بولس للإنسان، للملائكة، للعـالم كله، للكون بأكملـه. الله يُظهر من خلالنا نحـن الضعفاء وغير المستحقين والمرفوضين. كل غنى نعمته ومجده وحكمته. هل تعرف لماذا اختارنا الله؟ لأنَّه لا فضل فينا. كل المجد سيرجع لله «**وَاخْتَارَ اللهُ أَدْنِيَاءَ الْعَالَمِ وَالْمُزْدَرَى وَغَيْرَ الْمَوْجُودِ لِيُبْطِلَ الْمَوْجُودَ**» (١كورنثوس ١: ٢٨).

أسلحتنا الروحية

لو أننـا مشاركون في حـرب روحية ضد عدو روحـي، من الواضح أن نمتلـك أسلحة روحيـة، فالأسلحة الجسدية هي بلا جدوى في الحـرب الروحية. لا يمكنك تفجير معاقل الملائكـة المتمردين والأرواح الشريرة بذات الطريقة التي تفجر بها دبابة.

هـذا ما يقوله بولس الرسول: «ل**أَنَّنَا وَإِنْ كنَّا نَسْلُكُ فِي الْجَسَدِ، لَسْنَا حَسَبَ الْجَسَدِ نُحَارِبُ. إِذْ أَسْلِحَةُ مُحَارَبَتِنَا لَيْسَتْ جَسَدِيَّةً، بَلْ قَادِرَةٌ بِاللهِ عَلَى هَدْمِ حُصُونٍ.**» (٢كورنثوس ١٠: ٣ ـ ٤).

أي حصون؟ حصون الشيطان.

أين يقيم الشيطان حصونه؟

ربما في المكاتب الرئيسية لحكومتك. وقد يكون هناك الكثير من الرجال والنساء في المناصب الإدارية الهامة في تلك المكاتب، حيث يقيم الشيطان حصونه، وكل ما على الشيطان هو جذبهم إلى الأسفل؟

لقد أُعطينا أسلحة للحرب، أسلحة محاربتنا هي «**هَادِمِينَ ظُنُونًا وَكُلَّ عُلْوٍ يَرْتَفِعُ ضِدَّ مَعْرِفَةِ اللهِ، وَمُسْتَأْسِرِينَ كُلَّ فِكْرٍ إِلَى طَاعَةِ الْمَسِيحِ**» (الآية ٥).

الكائن القوي الذي يرفع نفسه ضد معرفة الله. هو مملكة الشيطان في السماويات. لكن الله أعطانا الأسلحة اللازمة كي نهدم تلك المملكة. ونحن من سيستخدمها. لأنَّه وضع تلك الأسلحة في أيدينا وليس في أيدي الملائكة، برغم أنَّ للملائكة بلا شك أسلحتها.

لقد قدم الله لنا ثلاث أسلحة روحية أساسية. هي: كلمة الله واسم

يسوع ودم يسوع. ونحن سنستخدم تلك الأسلحة بثلاث وسائل الصلاة والتسبيح والكرازة والشهادة. تعالوا لنتأملها باختصار. (الفصل التالي سيقدم لنا المزيد من الدراسة بشأن دم يسوع).

كلمة الله

يذكر الرسول بولس في رسالته إلى أهل أفسس ٦: ١٤ ـ ١٧ قائمة بالأسلحة الروحية الذي يحتاجها الجندي المؤمن للصراع الروحي.

الأسلحة الخمسة الأولى كلها دفاعية. أن نمنطق أحقاءنا بالحق ونرتدي درع البر ونحذي أقدامنا باستعداد إنجيل السلام ونحمل ترس الإيمان وخوذة الخلاص. كل تلك الأسلحة هي دروع تحمي المؤمن. لا يوجد في تلك القائمة سوى سلاح هجومي واحد وهو السادس، سيف الروح الذي هو كلمة الله.

ذلك هو السلاح العظيم للهجوم، فحتى وإن كنت لا تستخدم كلمة الله، فلا زال بإمكانك أن تحمي نفسك. إلا أنَّه، لن تكون لديك القدرة على مهاجمة الشيطان. لكن لو أردت أن يهرب الشيطان منك ويبتعد عن طريقك وعن منزلك وعن عائلتك وعن عملك. وإن لم ترغب في التسامح معه وتقييده، فالسلاح الذي عليك استخدامه هو

سلاح الهجوم. سيف الروح الذي هو كلمة الله.

تترجم «كلمة الله» بـ rhema وهي في العادة تشير إلى الكلمة المنطوقة. بعبارة أخرى. الكتاب المقدس الموضوع على رف الكتب ليس سلاحًا فعالاً. لكن عندما نأخذ الكلمة بأفواهنا ونطلقها بكل مجاهرة تصبح سلاحًا ذو حدين. لاحظ أيضًا بأنَّ كلمة الله هي سيف الروح القدس. إذن يمكننا أخذ كلمة الله في أفواهنا، واستخدامها. إلا أنَّها لن تحقق تأثيرها الكامل إلا لو استخدمها الروح القدس الذي في داخلنا.

النموذج المثالي لكيفة استخدام سيف الروح نراه في لقاء يسوع مع الشيطان وقت التجربة في البرية. لقد اقترب الشيطان من يسوع ثلاث مرات وفي كل مرة لديه إغراء. وفي كل مرة يصده يسوع بذات العبارة: «مكتوب» متى ٤. في هذه التجربة لم يستخدم يسوع سلاحًا آخر سوى rhema «كلمة الله المنطوقة.»

لقد أتاح الله نفس السلاح لكل مؤمن. لكن من المهم مع ذلك أن نضع في اعتبارنا أمرين. الأول هو أنَّ يسوع كان بالفعل مملوءًا بالروح القدس. لوقا ٤ : ١. والروح القدس الذي في يسوع كان من يوجهه لاستخدام السيف.

الأمر الثاني. هو أنَّ يسوع كان يحفظ أجزاءً طويلة من الكتاب المقدس، شأنه شأن أي صبي يهودي في أيامه، لذلك عند مواجهته للشيطان، لم يكن في حاجة للعودة إلى فهرس الكتاب المقدس أو الذهاب إلى مكتبة، لأنه فعليًا كان يحتفظ بالكتاب المقدس في ذاكرته. وذلك ما علينا فعله نحن أيضًا اليوم. بلا شك يجب أن نفعل نفس ما فعله يسوع!

اسم يسوع

سلاح آخر فيه كل القوة. يمكننا استخدامه هو اسم يسوع. الآيتان المذكورتان في المزمور الثامن تقدم لنا فهمًا فريدًا من نوعه: «**أَيُّهَا الرَّبُّ سَيِّدُنَا، مَا أَمْجَدَ اسْمَكَ فِي كُلِّ الأَرْضِ! حَيْثُ جَعَلْتَ جَلاَلَكَ فَوْقَ السَّمَاوَاتِ. مِنْ أَفْوَاهِ الأَطْفَالِ وَالرُّضَّعِ أَسَّسْتَ حَمْدًا بِسَبَبِ أَضْدَادِكَ، لِتَسْكِيتِ عَدُوٍّ وَمُنْتَقِمٍ.**» (مزمور ٨: ١ ـ ٢).

العدو المنتقم هو الشيطان. والله قد أعطانا اسمه لتسكيت ذلك العدو المنتقم. يا له من خبر مفرح! ما هو السلاح؟ إنَّه اسم الرب: «**أَيُّهَا الرَّبُّ سَيِّدُنَا، مَا أَمْجَدَ اسْمَكَ فِي كُلِّ الأَرْضِ**»، والقناة التي ستيطق منها اسم الرب هي الفم البشري: «**مِنْ أَفْوَاهِ الأَطْفَالِ وَالرُّضَّعِ أَسَّسْتَ حَمْدًا.**»

يعدُ الفم مصدر التعبير المنطوق عن الأمور الروحية. والأمر ينطبق على الخير وعلى الشر. لاحظ سفر الرؤيا ١٦: ١٣ على سبيل المثال. رأى الرسول يوحنا ثلاث أرواح نجسة شبه الضفادع تخرج من فم التنين والوحش والنبي الكذاب.

لماذا يشير كاتب المزامير إلى فم الأطفال والرضع؟ كي يرينا بأنَّه ليس علينا أن نكون عمالقة روحيين. لقد اختار الله الضعيف والأحمق والمزدرى كي يجهض كل مملكة الشيطان في السماويات.

في إنجيل متى نقرأ بأنَّ يسوع اقتبس تلك الآية المذكورة في مزمور ٨: ٢. ثم قدَّم لنا التفسير، وذلك حين أتى الفريسيون وقادة الهيكل إليه وهم يشتكون من وجود ضوضاء كثيرة في الهيكل. فقد كان الناس يرقصون ويصفقون بأيديهم ويرنمون أوصنا، أوصنا. وذلك ما ضايق القادة الدينيون. لذلك قالوا ليسوع: «ألا تسمع تلك الضوضاء؟ هل من اللائق أن يحدث ذلك في الهيكل؟ ألا يمكن أن تطلب منهم النظام؟»

أجابهم يسوع، «أَمَا قَرَأْتُمْ قَطُّ: مِنْ أَفْوَاهِ الأَطْفَالِ وَالرُّضَّعِ هَيَّأْتَ تَسْبِيحًا؟» (متى ٢١: ١٦). كتب داود النبي في مزموره «أسست

حمدًا» ويسوع شـرح تلك الكلمتين حين قال «هيـأت تسبيحًا». بماذا يخبرنا ذلـك الأمر؟ يخبرنا بأنَّ قوة شعب الله هي في التسبيح الكامل. فعندما نسبح اسم الرب، نحن بذلك نغلق الباب على الشيطان.

هـل تستطيع أن ترى يا صديقي. لمَ الشيطانُ منهمك جدًا بمحاولة إبعـادك عن تسبيح الرب؟ عندما تسبِّح الله بالفعل من كل قلبك في إنسجام وتعلن اسم الرب يسوع. فإنَّ ذلك يغلق فم الشيطان. ولو كان هنـاك شيء واحـد لا يحبه الشيطـان فهو أن تغلق فمـه. وهو سيفعل كل مـا بوسعه، يضغط عليك دينيًا واجتماعيًا ويخيفك من الناس كي يُبعدك عـن التسبيح. وأنت بتصديقك له تفقـد صلواتك وتسبيحك لاسم يسوع.

أعطـاني الله رؤية، رأيت فيهـا شكلاً يشبه شاشـة تلفاز غير مرئية. يمكنني أن أرى عبرها من وقت إلى آخر مجموعات من المؤمنين في كل أرجـاء الأرض مجتمعة تقف بقلب واحـد. أذرعتها متجهة نحو الهواء لتسبح وتعلي اسم الرب.

وقـد أراني الله بأنَّه عندما يحدث ذلك، تنهار قوى الظلمة المتسلطة علـى مدينـة أو على أمة ما وتنكسر. تلك هـي الطريقة التي يمكننا من

خلالهـا طرد إبليس وملائكته المتسللـة وأرواحه الشريرة. فينقى الهواء فوق مدننا وكنائسنا وبيوتنا بالتسبيح.

دم يسوع

هناك الكثير مما أريد قوله عن علاقة دم يسوع بالصلاة. ذلك سيكون موضـوع فصلنا التالي، أما الآن. أنا فقط أريـد الإشارة إلى نقطة واحدة فيه. وهي الضمير هم:

يخبرنـا سفـر الرؤيا ١٢: ١١ «وَهُـمْ غَلَبُوهُ بِـدَمِ الْخَـرُوفِ وَبِكَلِمَةِ شَهَادَتِهِمْ».

على من يعود الضمير «هم»؟

يعود على المؤمنين الموجودين هنا على هذه الأرض، وعلى من يعود الضمير «ه» ضمير الغائـب في كلمة «غلبوه»؟ يعود على الشيطان. عن ذلك الأمر أود التأكيد على أنَّ النصرة الأخيرة لا تأتي من ملائكة الله. بل من المؤمنين.

يصف لنا ذلك سفر الرؤيا، فيقول الحرب قائمة في السماء. ميخائيل وملائكته يحاربون والشيطان وملائكته يحاربون، ولكن المؤمنون هم من

سيهزمون الشيطان وملائكته بدم الخروف وبكلمة شهادتهم.

عندما نشهد باستمرار عن دم يسوع. يُطرد الشيطان من السماويات. أليس ذلك إعلانًا مذهلاً؟

هل يمكنك أن ترى صديقي لمَ سيفعل الشيطان كل ما في وسعه كي يُغلق فمك؟ إلا في حال كنت تستخدم ذلك الفم كي تثرثر وتنم على جارك. هل تعلم لمَ سيضع الشيطان حاجزًا أمام شفتيك عندما يجد لديك الرغبة في تسبيح يسوع أو النطق بكلمة الله أو الشهادة عما عمله الرب لأجلك. كيلا تفعل؟ لأنَّك إن فعلت، ستسقط حصونه.

لدينا مثال آخر عن المعركة الروحية. نجده في قصة يهوشافاط المذكورة في العهد القديم. في المعركة الروحية التي ذكرتها تلك القصة، حصل شعب الله على نصرة كاملة. هزموا عدوهم تمامًا وكل ما كان عليهم فعله هو جمع الغنائم.

أريد أن ننظر معًا، بايجاز إلى استراتيجية يهوشافاط والأسلحة التي استخدمها في الحرب وكيف حصل ذلك النصر. اعتقد بأنَّ كل مبدأ من تلك المبادئ وكل سلاح من تلك الأسلحة التي استخدمها، ينطبق بالضبط علينا اليوم.

النصرة الروحية

كان يهوشافاط ملكًا ليهوذا. وكان قد أعاد الشعب لله وأقام من جديد النظام الذي وضعه موسى، النظام الخاص بالهيكل والناموس والكهنوت والقضاة، وما فعله كان عظيمًا.

ثم تلقى تهديدًا بالغزو من مجموعات كبيرة من المؤابيين والأدوميين وبني عمون وغيرهم، كانت تلك المجموعات تسعى للاقتراب من مملكته من ناحية الشرق، أي في اتجاه البحر الميت.

أدرك يهوشافاط وشعبه بأنَّ عدد الأعداء يفوق عدد الشعب وأنَّ قدرتهم العسكرية تفوق قدرته. فهو وشعبه لم يكنا قادرين على التواجه معهم حتى وإن في ظروف عادية. لذلك نقل يهوشافاط وبنو يهوذا صراعهم مع تلك الجيوش من العالم الطبيعي إلى العالم الروحي.

أولاً، صام شعب الله: «**فَخَافَ يَهُوشَافَاطُ وَجَعَلَ وَجْهَهُ لِيَطْلُبَ الرَّبَّ، وَنَادَى بِصَوْمٍ فِي كُلِّ يَهُوذَا.**» (٢أخبار الأيام ٢٠ : ٣). بسبب ذلك الغزو، واجه شعب الله مسألة حياة أو موت، فتوقفوا عن لعب وتمثيل دور «كنيسة» وفرَّغوا أنفسهم لطلب وجه الرب. ولم يكن صيامهم صومًا فرديًا خاصًا، بل كان صومًا جماعيًا لكل الشعب الذي

واجــه خطر الهزيمة العسكرية والإبادة. كانـوا يعلمون بأنَّ الملاذ الأخير والأعظم لشعب الله هو الصوم الجماعي.

ثانيًا اجتمعوا معًا: «اجْتَمَعَ يَهُوذَا لِيَسْأَلُوا الرَّبَّ. جَاءُوا أَيْضًا مِنْ كُلِّ مُدُنِ يَهُوذَا لِيَسْأَلُوا الرَّبَّ» (الآية ٤). في كل أزمة في تاريخ إسرائيل كان ينسى شعب الله خلافاته ويجتمع معًا.

ثم تلا ذلك الصلاة:

«وَقَفَ يَهُوشَافَاطُ في جَمَاعَةِ يَهُوذَا وَأُورُشَلِيمَ في بَيْتِ الرَّبِّ أَمَامَ الدَّارِ الْجَدِيدَة وَقَالَ: «يَا رَبَّ إِلٰهَ آبَائِنَا، أَمَا أَنْتَ هُوَ اللهُ في السَّمَاء، وَأَنْتَ الْمُتَسَلِّطُ عَلَى جَمِيعِ مَمَالِكِ الأُمَم، وَبِيَدِكَ قُوَّةٌ وَجَبَرُوتٌ وَلَيْسَ مَنْ يَقِفُ مَعَكَ؟ أَلَسْتَ أَنْتَ إِلٰهَنَا الَّذِي طَرَدْتَ سُكَّانَ هٰذِهِ الأَرْضِ مِنْ أَمَامِ شَعْبِكَ إِسْرَائِيلَ وَأَعْطَيْتَهَا لِنَسْلِ إِبْرَاهِيمَ خَلِيلِكَ إِلَى الأَبَدِ؟» (٢ أخبار ٢٠: ٥ ـ ٧).

لاحــظ بأنَّ يهوشافاط لم يصل عشوائيًـا، ولكنَّه صلى على أساس كلمة الله المكتوبة كما يعرفها. اقتبس كلمـة الله واستخدمها ثم أعادها إلى الله ثانية.

ذلــك هو مثال جيد للصلاة بحسب إرادة الله. أن تعود الكلمة ثانية إلى الله وإلى مـا التزم بأن يفعله. يهوشافـاط صلى بالضبط، ذلك النوع

من الصــلاة. أخذ الله إلى تاريخ شعبه وسجلات العهد القديم وناموس موســى والقضاة والأنبيــاء. قال يهوشافاط: «يــا الله أنت وعدت بكذا وكذا، والآن افعل ذلك، افعل كما قلت».

وما أن أنهى يهوشافاط صلاته، حتى جاءت للشعب نبوءة من الله:

«وَإِنَّ يَحْزَئِيــلَ بْنَ زَكَرِيَّا بْنِ بَنَايَا بْــنِ يَعِيئِيلَ بْنِ مَتَّنِيَّا اللاَّوِيِّ مِنْ بَنِي آسَــافَ، كَانَ عَلَيْهِ رُوحُ الرَّبِّ فِي وَسَطِ الْجَمَاعَةِ، فَقَالَ: «اصْغَوْا يَا جَمِيعَ يَهُوذَا وَسُــكَّانَ أُورُشَلِيمَ، وَأَيُّهَا الْمَلِكُ يَهُوشَافَاطُ. هكَذَا قَالَ الرَّبُّ لَكُمْ: لاَ تَخَافُــوا وَلاَ تَرْتَاعُــوا بِسَبَبِ هذَا الْجُمْهُورِ الْكَثِــيرِ، لأَنَّ الْحَرْبَ لَيْسَتْ لَكُمْ بَلْ للهِ.» (الأيتان ١٤ ـ ١٥).

أينما جاء شعــب الله ليصم ويجتمع بالتسبيــح. هناك دائمًا إعلان نبــوي. فالخدمــة النبوية في اعتقــادي تأتي من الشركة مــع شعب الله الساعــي بجديــة لطلب وجــه الله في مكان لا مجال فيــه لممارسة لعبة التدين، ولا الخداع ولا حفلات الكوكتيل الروحية. فقط قلوب مشتاقة لتقف أمام الرب.

جاء ذلك الرجــل ببنوءة وكلام حكمة فقــال: «لا تخافوا. الحرب ليســت لكم بل هي للــرب، لن تكنــوا في حاجة لأن تحاربــوا، كل ما

عليكـم فعله هو النزول غدًا إلى مكان معين يدعى «عقبة صيص» هناك ستجدون بأنَّ الله قد تعامل مع أعدائكم».

ثـم استخدموا سلاحًا آخر. هـو التسبيح: «**فَقَامَ اللاَّوِيُّـونَ مِنْ بَنِي الْقَهَاتِيِّينَ وَمِنْ بَنِي الْقُورَحِيِّينَ لِيُسَبِّحُوا الرَّبَّ إِلهَ إِسْرَائِيلَ بِصَوْتٍ عَظِيمٍ جِدًّا**» (الآية ١٩). وقد استمر ذلك التسبيح حتى اليوم التالي:

ولما استشار يهوشافاط الشعب. أقام مغنيين للرب ومسبحين في زينة مقدسة. عند خروجهم أمام الجيش أخذوا يقولون: «**احْمَدُوا الرَّبَّ لأَنَّ إِلَى الأَبَدِ رَحْمَتَهُ**» (الآية ٢١).

جاءت في مقدمة ذلك الجيش مجموعـة الكهنة المسبحين لتنشد. اعتقـد بأنَّهـا كانت ترقص أيضًـا. فلو أني أعرف أمـرًا واحدًا فقط عن اليهود فهـو أنَّه لا يمكن لهم الاستمرار في التسبيـح والغناء دون البدء في الرقصـ. «**وَلَمَّا ابْتَدَأُوا فِي الْغِنَاءِ وَالتَّسْبِيحِ جَعَلَ الرَّبُّ أَكْمِنَةً عَلَى بَنِي عَمُّونَ وَمُوآبَ وَجَبَلِ سِعِيرَ الآتِينَ عَلَى يَهُوذَا فَانْكَسَرُوا**». (الآية ٢٢).

أثنـاء تسبيـح الشعب تعامل الله مع أعدائه. يـا له من إعلان! أنت تخدم الـرب بتسبيحك، والرب يخدم حياتك بحل مشكلاتك. آه لو تمكن شعب الله من رؤية ذلك.، أسلحتنا قديرة بسبب الله. نحن قادرون

على الوصول لله وقسم السماء الثانية المظلمة الحائلة بيننا. كي يهبط الله إلينا ويلمس مشكلاتنا كأمم وكأفراد. عندما نستخدم الأسلحة الروحية التـي أعطانا إياها الله، لن يخزلنا الله. فهو أمين نحونا اليوم كما كان مع يهوشافاط وبني يهوذا.

لقـد تدَّمـر كل عدو أتى ضدهـم في المعركة. استغـرق الأمر ثلاثة أيام حتـى استطاعوا جمع الغنائم، ثم عادوا إلى أورشليم مع يهوشافاط ينشـدون أمام الرب. في ذلك اليوم، سقط خوف الله على كل الممالك التي حولهم، ولم تعد لديهم أي مشكلات مع الغزوات العسكرية منذ ذلك اليوم فصاعدًا الآيات من ٢٥ ـ ٣٠.

هـل تؤمن بأنَّ ذلك يمكن أن يحـدث اليوم؟ هل تؤمن بأنَّ المؤمنين قـادرون على فعـل ذلك حول العـالم؟ لعل الله يقدم لنـا مجرد لمحة روحية بسيطة عن عظمته ومجده. ربما علينا نصلي حتى نقيد كل قوات السماء. نربطها ونطرحها.

الفصل السابع

سلاح الله النووي

دم يسوع

«وَحَدَثَتْ حَرْبٌ فِي السَّمَاءِ: مِيخَائِيلُ وَمَلاَئِكَتُهُ حَارَبُوا التِّنِّينَ، وَحَارَبَ التِّنِّينُ وَمَلاَئِكَتُهُ، وَلَمْ يَقْوَوْا، فَلَمْ يُوجَدْ مَكَانُهُمْ بَعْدَ ذلِكَ فِي السَّمَاءِ. فَطُرِحَ التِّنِّينُ الْعَظِيمُ، الْحَيَّةُ الْقَدِيمَةُ الْمَدْعُوُّ إِبْلِيسَ وَالشَّيْطَانَ، الَّذِي يُضِلُّ الْعَالَمَ كُلَّهُ، طُرِحَ إِلَى الأَرْضِ، وَطُرِحَتْ مَعَهُ مَلاَئِكَتُهُ.»

(سفر الرؤيا ١٢: ٧ ـ ٩)

يصف لنا سفر الرؤيا حربًا حدثت في السماء. حارب ميخائيلُ وملائكته الشيطانَ وملائكته، هُزم الشيطان «الحية القديمة» في تلك الحرب، وطُرح من السماء إلى الأرض وملائكته معه.

والآن. أنـا أدرك بأنَّ هناك طرق مختلفة لتفسـير سفر الرؤيا. لكني شخصيًا مقتنع بأنَّ الأحداث التي تصفها الآيات السابقة ستحدث في المستقبـل. كنت قد درست تفسيرات لسفر الرؤيا مما يطلق عليه اسم «المدرسـة التاريخية» التي تسعى إلى أن تظهـر بأنَّ الأحداث التاريخية منذ بدء المسيحية وحتى الآن قد كتبت على شكل رموز. لكني لا أرى ذلك، إذ على قدر معرفتي، تفسيرات تلك الرموز لا تبدو منصفة عادة فيمـا يتعلق بحقائق التاريخ، وهي كذلك غير منصفة بالحقائق المذكورة في سفر الرؤيا.

تذَّكـر بأنَّ كلمة شيطان تعني حرفيًـا: «المقاوم» وهذا هو اسمه. لأنَّ تلك هي طبيعته. الشيطان يقاوم عن عمد وبإصرار كل هدف لنعمة الله ورحمته وبركته. وهو لا يقاوم الله فقط بل وشعب الله أيضًا.

في اللحظـة التي نعلن فيها الإيمـان بيسوع المسيح نجـد أنفسنا وقد سقطنـا في تلك الحـرب. ذلك الإعلان الخاص بالأحـداث المستقبلية لـه أثره في معرفة الكيفية التي علينا أن نصلي بها كمملكة كهنة تسعى لتميز إرادة الله.

لقـد قلت، ويجدر بـي التذكير، بأنَّ الأرض ليست محورًا للكون،

بــل مسرحًـا لأحداث هذا الكون، كما يقول الرسول بولس بأنَّها مسرح للأحداث لله وللإنسان وللملائكة. في الوقت الحالي يحدِّق فينا العالم غير المرئي.

في هــذا المســرح الصغير. القائم علــى أرض كوكبنــا المتواضع يتم عرض أحداث دراما عظيمة في عصرنا الحاضر. وحدث واحد سيساعد على إنهاء تلـك الدراما على الانتهاء هو طـرح الشيطان وملائكته من السماويات إلى الأرض.

بعبــارة أخرى، ما زالـت الآيات في رسالة بولس الرسول إلى أهل أفسس ٦: ١٢ صحيحة وحقيقية. نحن ماضون في مباراة مصارعتنا مع القوات الشيطانية وقوى الشر الروحية المتمردة في السماويات.

والآن دعونــا ننظر إلى ما سيقودنا إلى ذلـك السيناريو الأخير، لكن عن كثب كي نتمكن من فهم موقعنا الحالي ومكاننا في الصلاة.

وظيفة الشيطان الحالية

يقدم لنا سفـر الرؤيا الإصحاح الثاني عشر، لمحة عن العمل الحالي لعدونــا، وهو الأمر الــذي يجـب أن يتذكره الجميـع: «لأَنَّهُ قَـدْ طُرِحَ

الْمُشْتَكِي عَلَى إِخْوَتِنَا، الَّذِي كَانَ يَشْتَكِي عَلَيْهِمْ أَمَامَ إِلهِنَا نَهَارًا وَلَيْلاً.» (الآية ١٠).

للشيطان مهمة عظيمة في الوقت الحالي وهو مشغول بها للغاية ألا وهي الشكاية عليّ وعليك أمام عرش الله ليلاً ونهارًا، كلمة إخوة هنا تشير إلى المؤمنين. يجد الشيطان كل خطأ وضعف وعيب ونقص في شخصياتنا ودوافعنا وسلوكنا، ويرسل بها تقارير إلى الله.

الكتاب المقدس يشير بوضوح إلى أنَّه قبل سقوط الشيطان كان كبير الملائكة، وكان اسمه الشائع هو لوسيفير والـذي يعني «حامل النور». وذلك في الوقت الذي كان فيه الشيطان في علاقة سليمة مع الله. وكان عمله الإتيان بتقارير من ذلك الجزء من الكون.

لكـن عندما سقط وأصبـح متمردًا. شأنه شـأن متمردين آخرين أعرفهـم. حـاول الاستمـرار كمـا لـو أنَّ أمرًا ما لم يحـدث. بقي يأتي بتقاريره التي تحمل الكثير من المرارة والانتقاد والسخرية. بقي يمزقنا إلى أشلاء بوصفه لدوافعنا وسلوكنا.

ولتسجيل وكتابة تقاريره، لا يحتاج الشيطان لمساعدتنا. وليس علينا أن نكـون منتقديـن لأولاد الله، لأنَّ الشيطان يبلي بـلاءً حسنًا بدوننا،

وفوق كل شيء لا تنتقد نفسك، فإن كنت تلجأ في بعض الأوقات إلى إدانة ذاتك. فأنت تقوم بعمل الشيطان بالنيابة عنه في حياتك. ولو كنت وأنت خليقة جديدة في المسيح تنتقد نفسك، إذن أنت تنتقد عمل يدي الله. وذلك ليس دورك، فلا تقم به.

استجابتنا هي في يسوع

مسألة معركتنا ضد مراكز الشر. تدور برمتها حول موضوع واحد هو: «البر». فبسبب بر المسيح لم يعد من حق الشيطان الاشتكاء ضدنا في السماء «**لأَنَّهُ** (أي الله) **جَعَلَ الَّذِي لَمْ يَعْرِفْ خَطِيَّةً** (أي يسوع) **خَطِيَّةً لأَجْلِنَا، لِنَصِيرَ نَحْنُ بِرَّ اللهِ فِيهِ**» رسالة بولس الرسول الثانية إلى أهل كورنثوس ٥: ٢١.

يمكنك تقديم أجود نمط حياة كمعمداني وتبني أفضل المبادئ المنهجية. كذلك يمكنك إظهار أحسن تقوى كاثوليكية. ومع ذلك. الشيطان قادر على دحض كل ما تفعل. لكن عندما تأتي إلى الله ببر يسوع المسيح يصمت الشيطان. لأنَّه لا يملك ما يمكن أن يقوله.

ستجد أنَّه بإمكانك قياس نموك الروحي، عند قياس مقدار إيمانك ببر يسوع المسيح. وقبوله ليكون أمامك بالنيابة عنك. ذلك درس عظيم

يمكننــا تعلمه كأولاد لله، وهو أننا قُبلنا في المحبــوب ليس لما نحن عليه، لكن بسبب طبيعة يسوع.

كلمــات يســوع في إنجيل متى ٦: ٣٣ كثيرًا ما يســاء فهمها «**اطْلُبُوا أَوَّلاً مَلَكُوتَ اللهِ وَبِرَّهُ**» بعبارة أخرى «ليس ببرك». كتب الرسول بولس في رسالتــه إلى أهل رومية ١٠: ٣ بأنَّ الأمة اليهودية كانت تحاول إنشاء البر الخاص بها. لذلك لم يُخضع اليهود أنفسهم لبر الله بالإيمان بيسوع المسيح.

الأمــر يحتــاج إلى اتضاع لقبول بر يسوع لأنَّــه يعني أولاً وقبل كل شــيء. أن نرفض وننبذ كل جزء من برنا الذاتــي القديم «**وَكَثَوْبِ عِدَّةٍ كُلُّ أَعْمَالِ بِرِّنَا**» (إشعياء ٦٤: ٦). لاحظ بأنَّ إشعيا لم يقل بأنَّ خطايانا هــي كثوب عدة أي «كخرق قذرة» بل قال بــأنَّ كل أعمال برنا هي في نظر الله كثوب عدة. أي «كخرق قذرة».

وما دمنا نتفاخر بـثوب عدتنا «بخِرقنا القذرة» بعضويتنا في الكنيسة وأعمالنــا الصالحة وسيرنا حسب شريعــة الله. سيمزقنا الشيطان إربًا في محضر الله. ولكن مــا أن نصل إلى المرحلة التي لا يُمكننا فيها الاعتماد علــى أي شيء في الحياة سوى دم يسوع المسيح وبره. لن يوجد فينا ما يمكن للشيطان الإشارة إليه بإصبعه واتهامنا به أمام الله.

كيف يُغلب الشيطان

عند نقطـة أو مرحلة معينــة سيُطرح الشيطان مـن السماء. وسيتم تطيهر السماء

«مِـنْ أَجْل هـذَا، افْرَحِي أَيَّتُهَا السَّمَاوَاتُ وَالسَّاكِنُـونَ فِيهَا. وَيْلٌ لِسَاكِنـي الْأَرْضِ وَالْبَحْرِ، لِأَنَّ إِبْلِيسَ نَزَلَ إِلَيْكُمْ وَبِه غَضَبٌ عَظِيمٌ ! عَالِمًا أَنَّ لَـهُ زَمَانًا قَلِيلاً». وَلَمَّا رَأَى التِّنِّينُ أَنَّهُ طُرِحَ إِلَى الْأَرْضِ، اضْطَهَدَ الْمَرْأَةَ الَّتِي وَلَدَتِ الِابْنَ الذَّكَرَ» (رؤيا ١٢ : ١٢ ـ ١٣) .

افرحي يا سماء، ولكن انظري يا أرض.

عندمـا يُطرح الشيطان على الأرض. يدرك بأنّه لم تعـد أمامه إلا سنوات قليلة ويغادر. وحسب فهمـي أنا. الأمر واضح بأننا نناقش فترة محددة من الوقت والشيطان الدارس للنبؤة والفاهم لها، يعرف ذلك جيـدًا. يعلم عندما يطرح هنا على أرضنا بـأنّ له «زمانًا وزمانين ونصف زمـان» (سفـر الرؤيا ١٢ : ١٤). ومـن المسلم به عمومـا أن ذلك يعني ثـلاث سنوات ونصف السنة. وقد قال يسوع بأنّ تلك الأيام ستقصر. (متى ٢٤ : ٢٢). لذلك لن يكون هنا إلا لبضع من الوقت، لأيام قليلة تسبق النهاية. بعدها سيُقيد الشيطان ويُسجن في الهاوية.

الآن ومع تلك الخلفية، سنتعلم المزيد عن مهمة الصلاة الموكلة إلينا. كي نحقق هزيمة الشيطان ونتمم عقابه الأخير.

«وَسَمِعْتُ صَوْتًا عَظِيمًا قَائِلاً فِي السَّمَاءِ: «الآنَ صَارَ خَلاَصُ إِلهِنَا وَقُدْرَتُهُ وَمُلْكُهُ وَسُلْطَانُ مَسِيحِهِ، لأَنَّهُ قَدْ طُرِحَ الْمُشْتَكِي عَلَى إِخْوَتِنَا، الَّذِي كَانَ يَشْتَكِي عَلَيْهِمْ أَمَامَ إِلهِنَا نَهَارًا وَلَيْلاً. وَهُمْ غَلَبُوهُ بِدَمِ الْخَرُوفِ وَبِكَلِمَةِ شَهَادَتِهِمْ، وَلَمْ يُحِبُّوا حَيَاتَهُمْ حَتَّى الْمَوْتِ.» (رؤيا ١٢: ١٠ ـ ١١). الملائكة لها دور. عليها أن تضطلع به، تمامًا كما فعلت مع دانيال. ولكـن في نهاية المطاف، المؤمنون هـم الذين طرحوا الشيطان على الأرض وأنزلوه من مكانه في السماويات.

سفـر الرؤيـا ١٢: ١١ لم يخبرنـا بـأنَّ المؤمنين سيهزمـوا الشيطان فحسب، بل وشاركنا أيضًا بالطريقة التي سيفعلوا بها ذلك.

انظـر إلى تلـك الآية مـرة أخـرى، إنَّها تصـف المشهـد الفعلي لما سيحـدث. وهم أي «المؤمنون على الأرض» غلبـوه أي «الشيطان» بدم الخروف وبكلمة شهادتهم، ولم يحبوا حياتهم حتى الموت.

أولئك، هم أناس ملتزمون بالكامل لله، لا يهمهم إن عاشوا أو ماتوا. كل مـا يهمهم هو تتميـم المهمة المعينة لهم من قبـل الله. كي يطرحوا

الشيطان ويطيحوا به، وهم سيفعلون ذلك باستخدام «سلاح الله الذري» الذي هو: دم الخروف وكلمة شهادتهم.

قـد تكون واعيًا بما اعتدنا أن نشير إليه دائمًا، بـ «دم يتكلم (يترافع أو يتشفـع)» لكني أعتقد بأنَّ غالبية المؤمنين لم يفكروا بجدية وبطريقة كتابيـة مـا يعنيه حقًا استخـدام دم الحمل بكلمة شهادتنـا. معناه «أن أشهد شخصيًا عما تقوله كلمة الرب، عما فعل دم يسوع لنا».

الكلمات المفتاحية هي الشهـادة، الكلمة والدم. أنت تشهد بصفة شخصيـة عما تقوله الكلمة أي الكتـاب المقدس، عن دم المسيح وعما يفعله لك. ولكي تجعل الأمر فعالاً، عليك أن تجعله شخصيًا.

لمن ستشهد؟ للشيطان.

فهذا ليس اجتماعًا لشهـادة المؤمن! إنَّه المكان الذي سنقف فيه أنا وأنت، ونتواجه وجهًا لوجه مع عدو نفوسنا. نتكلم معه مباشرة، في اسم الـرب يسوع وبسلطانـه ونخبره بما تقوله كلمة الله عمـا يفعله دم يسوع لنا.

عـن الـدم

في الجـزء التالي سنرى ما جاء في كلمـة الله عن الدم، لأنَّنا إن أردنا

أن نكــون قادرين علــى تطبيق كلمة الله. واضح بــأن علينا أن نعرف ما تقوله تلك الكلمة. في الواقع، ما دام الإنسان جاهلاً بكلمة الله، في نهاية المطاف سيصبح عرضة وفريســة للشيطان. وكما سبق ورأينا، كلمة الله تقول، إنَّها مسئوليتكم، أن تستخدموا «**سَيْفَ الرُّوحِ الَّذِي هُوَ كَلِمَةُ اللهِ**» (أفسس ٦: ١٧). لكن قبل الانتقال إلى ذلك الجزء، أود ذكر مثال مميز جدًا من العهد القديم عن تطبيق الدم في التحرير.

يصــف لنا سفر الخــروج الإصحاح الثاني عشر. عيــد الفصح عند اليهــود. ولعلكم تذكــرون بأنَّ حــدث الفصح كان الوسيلــة التي من خلالهــا ضمن الله خروج بني إسرائيل مــن العبودية، والظلام ومعاناة الاستعبــاد في مصــر. وهو ما أشير إليــه في كل فصول الكتاب المقدس وطوال الوقــت، على أنَّه المثال الأكثر وضوحًــا، عن تحريرنا من الظلام والعبودية ومعاناة الاستعباد للشيطان والخطية.

تمركــز تحرير إسرائيــل وخروجه من مصر حول خــروف الفصح، في اليــوم العاشر من الشهر الأول كان على كل بيت أن يختار حملاً. وفي اليــوم الرابع عشر في المســاء كان عليهم أن يذبحوا الحملان. في النهاية لم تكــن الحماية ستأتــي إلا بدم الحمــل الذي سيوضــع على الباب

الخارجـي لبيت كل إسرائيلي في مصر. قال الله بأنَّه عندما سيرى الدم على البـاب سيعبـر عـن ذلك البيت. ولن يسمـح بدخول المهلك إلى تلك البيوت.

عندما تذبح الحملان. يجمع دمها قطرة قطرة في وعاء. لكن المعضلة الآن ـ إن جــاز لي استخـدام تلك الكلمة ـ هـو توصيل دم الحمل من الوعـاء إلى مدخل البيت. إلى الباب. فالدم الذي في الوعاء لن يحمي أحـدًا. لو جمعـت إسرائيل الـدم واحتفظت به، لا يمكـن لإسرائيلي واحد التمتع بالحماية. كان عليهم نقل الدم من الوعاء إلى العتبة العليا والقائمتين.

الله أعطاهـم طريقـة واحدة فقط للقيام بذلك. قـال أن يأخذوا باقة زوفـا وهي أعشاب صغيرة تنمو بكثرة في الشرق الأوسط ويغمسوها في الدم. ومع وجود الدم على الزوفا، كان عليهم مس عتبات أبواب بيوتهم العليـا والقوائم بالدم. والزوفا، رغم كونه نباتًا بسيطًا وتافهًا إلا أنَّه كان جـزءًا أساسيًا من الخطة الإجمالية للتحرير والخلاص. لاحظ أيضًا بأنَّ الدم كان سيسيل من الزوفا على القائمتين وليس على العتبة السفلى. فالدم مقدس للغاية. لذلك، يجب أن لا تدوسه أقدامنا.

تتحدث الرسالة إلى العبرانيين عن أولئك الذين داسوا دم يسوع. حيث تشير إلى إساءة استخدام دم يسوع ووضعه حيث لا ينبغي أن يكون. (عبرانيين ١٠: ٢٩).

تعتبر قصة العهد القديم عن وضع الدم على العتبة العليا والقائمتين مشابهة لقصة خلاصنا في المسيح. كتب الرسول بولس: «**إِذًا نَقُّوا مِنْكُمُ الْخَمِيرَةَ الْعَتِيقَةَ، لِكَيْ تَكُونُوا عَجِينًا جَدِيدًا كَمَا أَنْتُمْ فَطِيرٌ. لأَنَّ فِصْحَنَا أَيْضًا الْمَسِيحَ قَدْ ذُبِحَ لأَجْلِنَا**» (١كورنثوس٥: ٧).

لقد ذُبح يسوع وتم سفك دمه. وفي مقارنة مع دم الحمل الموضوع في الوعاء. لن يفعل لنا دم يسوع شيئًا طالما هو في مكانه، الدم في الوعاء لم يكن يفعل أي شيء. إذن علينا نقل الدم من الوعاء إلى مكان احتياجنا الشخصي، الروحي أو الجسدي أو العائلي أو إلى مجال العمل. وأيًا كانت صلاتنا واحتياجاتنا، علينا أخذ دم يسوع من الوعاء ووضعه على ذلك الاحتياج. والرب سبق وقدم لنا الوسيلة لفعل ذلك.

لكن الوسيلة بالتأكيد، لا علاقة لها بنبات الزوفا، بل بشهادتنا، فنحن من خلال شهادتنا ننقل الدم من الوعاء إلى باب حياتنا واحتياجاتنا الشخصية. ولأنَّ المسيح قد ذبح وسفك دمه، صارت الحماية متاحة لنا.

عندما أشهد عما تقوله كلمة الله فيما يتعلق بما يفعله دم يسوع معي، فكأني آخـذ الزوفا وأغمسها في الدم وأرشها على نفسي. عندها تكون لي حماية كاملة وحقـوق قانونية لأنَّ دم يسوع رش عليّ وعلى ظروفي. على جسدي وبيتي وحياتي وأيًـا كانت الصلاة التي احتاجها. عندما نرشـ دم يسوع على حياتنا، يفقد الشيطان فرصة إلحاق الأذى والضرر بنا، أو غزو بيوتنا، لأنَّه لا يمكنه المرور من خلال الدم.

كلمة شهادتنا

الآن دعونا ننظر إلى ما تقوله كلمة الله عما يفعله دم يسوع لنا. سوف نلقـي نظرة على بعضـ البيانات على التوالي. وأنـا سأوضح لك كيف يمكن أن تطبقها في الصلاة مع «زوفا شهادتك الشخصية.»

قـد ترغب في حفظ هذه الآيـات في ذاكرتك، كي تكون قادرًا على استخدامهـا دون أي مشكلة، حتى وإن كنت واقفًا رأسًا على عقب في غرفة مظلمة. أنا أحيا بتلك الآيات المقدسة. أُبقي زوفتي في يدي، ونادرًا ما يمر يوم دون أن استخدمها.

الغفران في المسيح

رسالـة بولس الرسـول إلى أهـل أفسس ١ : ٧، تخبرنـا عن أمرين

سنحصـــل عليهما عندما نكون في المسيح: «**الَّذِي فِيهِ لَنَــا الْفِدَاءُ بِدَمِهِ، غُفْرَانُ الْخَطَايَا، حَسَبَ غِنَى نِعْمَتِهِ.**»

تذكَّر بأنَّك إن كنت خارج المسيح، فدمه سيكون بلا جدوى بالنسبة لك، ففي عيـد الفصح في مصر، لم يحم الدم أولئك الذين لم يكونوا داخل المنـازل. هنا نرى، بأنَّه لنا ضمن علاقتنا بالمسيح، الفداء وغفران الخطايا.

الفـداء يعني: «أن تشتري مرة أخرى (بفديـة) ما سبق وأن دفعت ثمنه» دعونا ننظر إلى آية أخرى تخبرنا ممن افتدينا: «**لِيَقُلْ مَفْدِيُّو الرَّبِّ، الَّذِيــنَ فَدَاهُمْ مِنْ يَدِ الْعَـدُوِّ**» (مزمور ١٠٧ : ٢). الجدير بالذكر، أنَّ الآية السابقـة، هي واحدة من أقـوى الآيات الكتابية التـي تُعلمنا قيمة أن نشهد عن عمل الله معنا «ليقل مفديو الرب هكذا» تعني أن نأخذ زوفا شهادتنا الشخصية ونستخدمها.

أما فيما يختص بشأن فدائنا. فقد كنا سابقًا رهائن في يد العدو. هل تعلـم؟ أنا ليس لدي أدنى مشكلة، أن أعرف بأني كنت سابقًا رهينة في يد العـدو. لكني لست بعدُ في يد العدو، لأني قد اُفتديت، إلا أني إن أردت أن تكـون هناك فاعليـة للفداء من خلال دم يسوع، إذن عليّ أن أقول ذلك.

وعلـى هذا، هذه هي شهادتي استنادًا إلى أفسس ١ : ٧ «بدم يسوع أنـا مفدي من يد العدو.» كذلك تخـبرني نفس الآية بأنَّ كل خطاياي قد غُفـرت، لذلك فإنَّ شهادتـي هي التالية: «بدم يسـوع غُفرت كل خطاياي.»

وفاء الشروط

وبعـد ذلـك. ١يوحنا ١ : ٧ «**وَلكِـنْ إِنْ سَلَكْنَـا فِي النُّورِ كَمَـا هُوَ فِي النُّـورِ، فَلَنَا شَرِكَةٌ بَعْضِنَـا مَعَ بَعْضٍ، وَدَمُ يَسُوعَ الْمَسِيـحِ ابْنِهِ يُطَهِّرُنَا مِنْ كُلِّ خَطِيَّةٍ**».

كل الأفعال التي في الآية السابقة. جاءت في صيغة الزمن المضارع المستمر، الأمر الذي يشير إلى كونها عملية مستمرة. إن سلكنا في النور باستمرار، ستكون لنـا شركة دائمة باستمرار وسيطهرنا الدم باستمرار. التطهير بـدم يسوع ليس اختبارًا وحيـدًا منفردًا. لكنَّـه اختبار دائم ومستمر.

إن وفيت بالشروط ـ أسلك في النور، في الشركة مع رفاقي المؤمنين ـ عندها ستكون شهادتي هي: دم يسوع المسيح، ابن الله يطهرني باستمرار من كل خطية.

يجعلني بارًا

تخبرنا رومية ٥: ٩ بأننا مبررون بدمه. كلمة مبررين لا يفهمها الكثير من مؤمني هذه الأيام. كلمة بار وعادل مصطلحات تتكرر بالتبادل في العبرية واليونانية وفي العهد القديم وفي العهد الجديد، إذن أن تكون مبررًا معناه أن تكون صالحًا.

ما معنى أن تبرر؟ هذا هو تعريفي المفضل: أن أكون صالحًا، كما لو أني لم أخطئ من ذي قبل. وعندما أُجعل صالحًا ببر يسوع المسيح، أبدو وكأني لم أخطئ أبدًا.

وفيما يلي شهادتنا التالية: بدم يسوع أنا مبرر، وقد جعلت صالحًا، كما لو أني لم أخطئ أبدًا من ذي قبل.

أن تكون مكرسًا

تخبرنا الرسالة إلى العبرانيين ١٣: ١٢، بأننا بدم يسوع نحن مقدسون: «**لِذلِكَ يَسُوعُ أَيْضًا، لِكَيْ يُقَدِّسَ الشَّعْبَ بِدَمِ نَفْسِهِ، تَأَلَّمَ خَارِجَ الْبَابِ**».

كلمة يقدس تتشابه في شكلها مع كلمة يبرر. لكي يبرر معناها، لكي يجعله «صالحًا» ومعنى يقدس، أن يجعله «طاهرًا أو مخصصًا».

فالشخص الذي يتقدس هو شخص يتخصص لله. بعبارة أخرى، عندما فُصلت لأكون مخصصًا لله، أنا لست بعدُ في مملكة الشيطان. أنا فصلت عن الشيطان بدم يسوع.

أخبر الله فرعون في مصر بأنَّه سيصنع فرق فيما بين شعب مصر وبني إسرائيل. فالوبـاء الذي سيأتي على مصر لن يأتـي على إسرائيل، مع كونهــم يعيشون في أرض مصر، لأنَّه يوجد فرق بسبب الفداء وبالنسبة لنا دم يسوع هو الذي يصنع ذلك الفرق.

لم تكـن إرادة الله أنَّ يقع الحكم الذي أصـدره ضد الأشرار، على الأبــرار. فلو أننـي مخصص لله بدم يسوع عندها فـإنَّ أحكام الله على الأشـرار يجب ألا تقع أبدًا علي، لأني لسـت في المكان الذي يقع فيه قضاء الله وحكمه.

وفيما يلي شهادتنا التالية: بدم يسوع، أنا مكرس وقد جعلت قديسًا ومخصصًا لله.

اشترينا بثمن

ذروة شهادتنـا، وُجدت في رسالة بولـس الرسول الأولى إلى كنيسة كورنثوسـ ٦: ١٩ ـ ٢٠. لكن أود النظر أولاً في آيتين آخرتين، من هذا

الإصحاح في كورنثوس الأولى. فيما يلي أول آية: «**وَلكِنَّ الْجَسَدَ لَيْسَ لِلزِّنَا بَلْ لِلرَّبِّ، وَالرَّبُّ لِلْجَسَدِ**» (الآية ١٣) ثم نقرأ الثانية: «**أَلَسْتُمْ تَعْلَمُونَ أَنَّ أَجْسَادَكُمْ هِيَ أَعْضَاءُ الْمَسِيحِ؟**» (الآية ١٥).

جسدك هو للرب، والرب هو لجسدك، فيما لو كنت تسيء استخدام جسدك بسبب النجاسة أو الزنا أو الشراهة أو شرب الخمر أو السجائر أو أيًا من تلك الأمور الكريهة التي تدمر الأنسجة والخلايا. إن كنت قد خصصت جسدك للرب، وقررت أن تقول: «جسدي هو للرب، والرب لجسدي.» عليك التأكد أولاً من أنَّ جسدك هو للرب. على ذلك أن يشمل أيضًا، العضو الصغير الجامح المسمى «اللسان.»

والآن نأتي إلى الذروة:

«**أَمْ لَسْتُمْ تَعْلَمُونَ أَنَّ جَسَدَكُمْ هُوَ هَيْكَلٌ لِلرُّوحِ الْقُدُسِ الَّذِي فِيكُمُ، الَّذِي لَكُمْ مِنَ اللهِ، وَأَنَّكُمْ لَسْتُمْ لأَنْفُسِكُمْ؟ لأَنَّكُمْ قَدِ اشْتُرِيتُمْ بِثَمَنٍ. فَمَجِّدُوا اللهَ فِي أَجْسَادِكُمْ وَفِي أَرْوَاحِكُمُ الَّتِي هِيَ للهِ.**» (١كورنثوس ٦: ١٩ ـ ٢٠).

الرب يريدك لنفسه؛ لأنَّه دفع الثمن. دفع دمه الغالي. فإن كنت راغبًا بالتمسك بحياتك يمكنك ذلك. لكن تذكَّر بأنَّك في هذه الحال

لم تُشتر. لا يُمكنك الحصول على الاثنين معًا. إن كنت تنتمي لله أنت لا تنتمي إلى نفسك، وإن كنت تنتمي إلى نفسك أنت لا تنتمي لله.

عندما مات يسوع على الصليب دفع الثمن الكامل للفداء الكامل. هو لم يفد جزءًا منك، بل فداك كلك. وأنت إن قبلت الفداء بدمه، إذن روحك، نفسك وجسدك صاروا مُلكًا لله لأنَّ يسوع دفع الثمن بدمه ليقتنيك.

وهذه هي شهادتنا التالية: جسدي هو هيكل للروح القدس، مفدي وطاهر ومقدس بدم يسوع، لذا ليس للشيطان مكان فيّ، ولا قوة عليّ بسبب دم يسوع.

الآن يمكننا أخذ كل تلك الآيات وجمعها معًا في شهادة قوية. يمكنك أن تعتبرها «كحزام الأمان» الخاص بك! أقول لك من خبرتي الشخصية. تلك هي الطريقة الوحيدة الفعالة للتعامل مع قوة الشيطان، فإن بنيت اعترافك على إيمان صحيح. سأندهش كثيرًا لو استطاع العدو الصمود أمامه.

في الواقع واحدة من الخدمات الكبرى للروح القدس من خلال كلمة الله هي زعزعة الشيطان. الكثير من الناس قالوا لي بأنَّهم تمتعوا

بفترات سلام أكبر من تلك التي تمتعوا بها بعد معمودية الروح القدس. وهـذا ليس مثـار دهشة بالنسبة لي لأنَّ الـروح القدس سيفضح العدو حتى يمكنك طرده.

الآن، إذن شهادتنـا التـي من خلالهـا نعلن ونطبق بهـا الدم على حياتنا. الشواهد ستسبق كل اعتراف.

أفسس ١ : ٧ بدم يسوع أنا مفدي من يد العدو.

أفسس ١ : ٧ بدم يسوع كل خطاياي غُفرت.

١يوحنـا ١ : ٧ دم يسوع المسيح، ابن الله، يطهرني باستمرار من كل خطية.

روميـة ٥ : ٩ بدم يسوع أنا مبرر وقد أصبحت صالحًا، كما لو أني لم ارتكب أي خطية.

عبرانيين ١٣ : ١٢ بدم يسوع أنا مقدس، طُهرت وخصصت لله.

١كورنثوسـ ٦ : ١٩ ـ ٢٠ جسـدي هيكل للـروح القدس. مفدي، طاهـر، مقدس بدم يسوع. بالتالي لا مـكان للشيطان فيَّ، ولا قوة عليّ، بدم يسوع.

إن كنت تثق حقًا بتلك الكلمات. الأمر التالي الذي عليك فعله هو أن تسبح بحمد الله لأجل ذلك، إليك كلمات تسبيح يمكنك استخدامها:

أشكرك يا الله، بسبب دم يسوع الثمين. أشكرك على دم المسيح الفادي. أشكرك على التبرير والتقديس وعلى دم حمل الله الثمين. مبارك اسم الرب. أحمدك يا يسوع لأنك دفعت ثمن فدائي. فقد سفكت دمك الغالي على الصليب. أنت الحمل الذي ذُبح منذ تأسيس العالم. والآن، يا رب قد أخذت الدم من الوعاء ونقلته ووضعته على احتياجاتي الشخصية بزوفا شهادتي. آمين.

ثلاثة شهود

دعني أوجه انتباهك إلى جزء آخر من الكتاب المقدس له علاقة بتلك النوعية من الصلاة. وهو يتحدث عن يسوع، تقول كلمة الله فيه:

«هـذا هُوَ الَّذِي أَتَى بِمَاء وَدَم، يَسُوعُ الْمَسِيحُ. لاَ بِالْمَاء فَقَطْ، بَلْ بِالْمَاء وَالدَّم. وَالرُّوحُ هُوَ الَّذِي يَشْهَدُ، لأَنَّ الرُّوحَ هُوَ الْحَقُّ.. وَالَّذِينَ يَشْهَدُونَ فِي الأَرْضِ هُمْ ثَلاَثَةٌ: الرُّوحُ، وَالْمَاءُ، وَالدَّمُ. وَالثَّلاَثَةُ هُمْ فِي الْوَاحِدِ.» (١يوحنا ٥: ٦، ٨).

ذلك المقطع يتحدث عن ثلاثة شهود. شاهدان اثنان كانا كافيين في أيام الرسول يوحنا. الشاهد الثالث هو تأكيد أقوى. الشهود الثلاث هم الماء، الدم والروح القدس.

أتى يسوع بالماء والدم. الماء هنا هو التطهير بالكلمة. يسوع أخبر أتباعه: «أَنْتُمُ الآنَ أَنْقِيَاءُ لِسَبَبِ الْكَلاَمِ الَّذِي كَلَّمْتُكُمْ بِهِ» (يوحنا ١٥: ٣).

بعدما سفك دمه، أصبح هدف المسيح الأسمى هو تطهير عروسه وتنقيتها. يخبرنا الرسول بولس في رسالته إلى كنيسة أفسس ٥: ٢٥ ـ ٢٧ بأنَّ المسيح افتدى الكنيسة بدمه كي يطهرها وينقيها بغسل الماء بالكلمة، وقد جعل عروسه مقبولة بتلك الطريقة.

الذي يشهد هو الـروح القدس. الروح القدس يشهد لأنَّ الروح هو الحق. لذلك فإن الروح، ماء الكلمة والدم المسفوك على الصليب يتفق جميعهم على أمر واحد.

عندما نصل إلى تلك المرحلة من الاتفاق الإلهي فيما بين أولئك الشهود الثلاثة في حياتنا. إذن فقد هزمنا الشيطان. الشهادة التي أعلمها لكم هي صحيحة، لأنَّها تستخدم الكلمة كي تشهد للدم، وعندما يشهد الروح يحدث التأثير الحقيقي.

بعبارة أخرى، لا يوجد شيء في الحياة المسيحية تحدده مجموعة من القواعـد. فالشفاء لا تقنية معينة له. والتحرير مــن الأرواح الشريرة لا تقنية له.

أي شخص يحاول تحجيم تلك الأمـور ليختصرها في مجموعة من القواعـد يفقد الغاية. الغرض من كل ذلك هو: أنَّه عندما نستخدم ماء الكلمـة. وعندما نستخدم الدم في شهادتنـا. وعندما يشهد الروح القدس، يسقط سقف السماء وتأتي السماء على الأرض.

ذلك هو المكان الذي يجب أن نأتي إليه إن أردنا اختبار نتائج الصلاة التي نحتاج إليها أنت وأنا.

انظـر مرة أخرى إلى الشهادة، لكن دون شواهد هذه المرة. مع صلاة الأمر التي تنتهي بها، ودع الروح القدس يحمل الشهادة:

بــدم يسوع. أنـا مفدي من يد الشيطان. وبــدم يسوع كل خطاياي غفـرت. بدم يسوع المسيح ابن الله أتطهر باستمرار من كل خطية. بدم يسـوع أنا مبرر وقد صرت صالحًا كما لــو أني لم أرتكب أي خطية من قبل. بدم يسوع أنا قُدست. وقد أصبحت طاهرًا، مخصصًا لله. جسدي هو هيكل الروح القدس، مفدي، نقي، مقدس بدم يسوع. وبالتالي ليس

للشيطـان مكان فيَّ، ولا قوة عليَّ. بدم يسوع أنا أطرده، أحرر نفسي منه وآمره أن يتركني باسم يسوع. آمين.

الفصل الثامن

الصــوم

هو استجابتنا لمقاصد الله

«قَدِّسُوا صَوْمًا نَادُوا بِاعْتِكَافٍ..
وَاصْرُخُوا إِلَى الرَّبِّ»

(يوئيل ١: ١٤)

عــبر هذا الكتاب تعلمنا بأنَّ الله يريد أن يجيب صلواتنا. فطالما نحن نسـأل في إطار إرادة الله ونلبي الشـروط المختلفة، صلواتنا ستستجاب. كذلـك صرنـا مدركين بـأنَّ العـدو يحاول عرقلتنـا، وعلينـا مسئولية الاستمرار في الصلاة حتى تأتي الاستجابة.

افترضـ مثلاً، بأنَّ الله قد أعلن لك، بأنَّ إرادته هي أن يشفيك. فإن كنت قد أُعطيت وعدًا بالشفاء، فهذا ليس بالوقت المناسب للاسترخاء والقـول: «أنـا تارك الأمـر لله. إن كانـت إرادته فهـو سيفعلها على أي حـال.» قولك ذلك لا يتماشى مـع فكر الله. الرد المناسب هو: «يا الله،

لقد وعدت. أشكرك، وسأطلبك بكل قلبي لأجل اتمام ما وعدت به».

تلك هي الصلاة التي يريد منا الله أن نصليها عندما يتحرك لإتمام وعـود نعمته بالنيابة عن شعبـه. هو يريدنا أن نسعـى إليه حتى عندما يخبرنـا بما يعتزم القيام بـه، وهذا صحيحًا ليس فقـط بالنسبة للطلبات الفردية، ولكن أيضًا للوعود المتعلقة بالأمم والعالم.

في هـذا الفصل ننظر في وعـد الله المؤثر على المؤمنيـن، مع التركيز بصفـة خاصة على: ما يريده الله لشعبه في هذه الأيام الأخيرة؟ وكيف يجب أن تكون استجابتنا؟ الكتاب المقدس يجيب عن كلا السؤالين.

استجابة مناسبة

دعونا نبـدأ بالآيات النبوية الخاصة بإسرائيل كي تساعدنا على فهم موضـوع الاستجابـة المناسبـة لأهداف الله المعلنة. النبـوءة في حزقيال تتعلق باسترداد إسرائيل، ولكن ذلك يمكن أن يطبق أيضًا على مقاصد الله من نحو الكنيسة.

في الواقـع، أمور كثيرة متعلقة باسترداد إسرائيل ـ شجرة التين ـ هي نماذج وأمثلة للاسترداد الروحي في الكنيسة «الكرمة».

الجزء الأخير من حزقيال ٣٦ هو وعد من الله باستعادة شعب إسرائيل

واستردادهم لأرضهم وميراثهم. ربما أكبر دليل على أنَّ الكتاب المقدس معاصر للحدث ويمكن الوثوق به. هو حقيقة إعادة الله لشعب إسرائيل إلى أرضه، فإن كانت لا توجد أي استعادة لإسرائيل، فسيكون علينا أخذ كتبنا المقدسة وطرحها بعيدًا كما لو كانت بلا قيمة، لأنَّ الكتاب المقدس كله يتحدث عن تلك الحقيقة.

بدءًا من الآية ٢٤ وحتى الآية ٣٠. نجد بأنَّ الله يكرر قوله أكثر من اثنتي عشر مرة في سبع آيات بأنَّه سيفعل أمورًا معينة لبيت إسرائيل لأجل اسمه القدوس، الآية ٢٢. بعبارة أخرى، تدخّل الله ليس بسبب مزايا إسرائيل، لكن أمانة الله تجاه مواعيده والحرص على مجد اسمه، هما من يحركانه ليتدخل بتلك الطريقة. انظر إلى أول آيتين فقط من هذا الجزء:

«وَآخُذُكُمْ مِنْ بَيْنِ الأُمَمِ وَأَجْمَعُكُمْ مِنْ جَمِيعِ الأَرَاضِي وَآتِي بِكُمْ إِلَى أَرْضِكُمْ. وَأَرُشُّ عَلَيْكُمْ مَاءً طَاهِرًا فَتُطَهَّرُونَ. مِنْ كُلِّ نَجَاسَتِكُمْ وَمِنْ كُلِّ أَصْنَامِكُمْ أُطَهِّرُكُمْ.» (حزقيال ٣٦: ٢٤ ـ ٢٥).

يتحدث الله هنا عن أمور معينة سيفعلها، أربع مرات يقول: «آخذكم.. أجمعكم.. آتي بكم.. أرش عليكم» ثم فيما بعد، انظر إلى كلماته في

ختام تلك النبوة العظيمة: «**وهكَذَا قَالَ السَّيِّدُ الـرَّبّ: بَعْدَ هذِهِ أُطْلَبُ مِنْ بَيْتِ إِسْرَائِيلَ لأَفْعَلَ لَهُمْ. أُكَثِّرُهُمْ كَغَنَمِ أُنَاسٍ.**» (الآية ٣٧).

الكلمة العبرية التي تُرجمت «أطلب» تعني «أطلب الله بكل جدية»، فبرغم أنَّ الله قد أعلن ما سيفعله، لكنَه لا يزال راغبًا بأنَّ يسأله شعبه وأن يطلب منه بكل جدية فعل ذلك الأمر.

أرى في الآية السابقة، مبدًا في علاقة الله وتعاملاته مع شعبه المصلي: «إنَّ هدف الله المعد مسبقًا يحثُّ استجابة الإنسان الحر، وفقًا لمعرفة الله المسبقة».

في الحقيقة، هو يقول: «عندما تروني أتدخل بالنيابة عنكم بهذه الطريقة، عندما ترون وعودي تقترب من التحقق، أتوقع استجابتكم، بإرادة حرة منكم، أتوقع أن تلجأوا إليّ بكل اتضاع، وتطلبونني بجدية عبر صلواتكم، كي أتمم ما وعدتكم به، وما رأيتموه يحدث بالفعل».

بعبارة أخرى، عندما يتحرك الله بنعمته السيادية نيابة عن شعبه، ويتمم نبوءاته وإعلانات كلمته وعندما يرى شعب الله تلك المواعيد تتحقق، عندها لن نجلس ونقول: «أليس ذلك رائعًا! انظروا ما يفعله الله!» فهذا ليس رد الفعل المناسب.

رد الفعــل المناسب، أن نقول : «الله يتحــرك بالنيابة عنا، دعونا نطلبه بكل قلوبنا كي يتمم كلمته الرائعة التي وعدنا بها».

وكما تعلمنا في الفصل السادس سيأتي وقت للرقص : عندما ينتهي الصــراع، ذلــك الوقت هو وقت جمع الغنائــم. لكن حتى يحين ذلك الوقــت، على معرفتنا بإرادة الله أن تحفِّزنا نحــو قياس جديد من الجديَّة الروحية.

قصد الله لكنيسته

والآن، دعونا نطرح سؤالاً هامًا : ما هو قصد الله لنا، نحن جسد يسوع المسيح؟ ما الذي كشف الله عنه وأعلن بأنه سيفعله؟ ما الذي نراه يفعله في هذا الوقت؟

أيتــان تقدمان لنا الإجابة عن تلك الأسئلة، الأولى نجدها في أعمال الرســل ٢ : ١٧ وهي تقدم لنــا إعلانًا إلهيًا عمَّــا سيفعله الله لشعبه في الأيــام الأخيرة. وهي تقول : «وَيَكُونُ فِي الأَيَّام الأَخِيرَة أَنِّي أَسْكُبُ مِنْ رُوحِي عَلَى كُلِّ بَشَر، فَيَتَنَبَّأُ بَنُوكُمْ وَبَنَاتُكُمْ، وَيَرَى شَبَابُكُمْ رُؤًى وَيَحْلُمُ شُيُوخُكُمْ أَحْلاَمًا».

شكــرًا لله أنَّه لم يقل : «أني سأسكب روحــي لو اتحدت الكنائس»

أو «لـو اتفق اللاهوتيون»، أو «لـو سمح الأساقفة» لأنَّ ذلك لن يحدث أبدًا.

فالله يقول: «بغض النظر عما يحدث، سأفعل هذا، تلك هي نعمتي، ذلك هو تدخلي المعد مسبقًا نيابة عن شعبي. سأسكب روحي على كل بشر. سيتنبـأ بنوكم وبناتكم. سيرى شبابكم رؤى. وسيحلم شيوخكم أحلامًا».

عندما اقتبس بطرس تلك الآيـة يوم الخمسين، ربطها مباشرة بنبوة سفر يوئيل التي تتنـاول استرداد شعب الله في الأيام الأخيرة. وأعتقد بأننـا لو نظرنا إلى يوئيـل ٢: ٢٥ سنجد الكلمـة الأساسية التي تصف مـا يفعله الله في سكبه للروح القدس: «**وَأُعَوِّضُ لَكُـمْ عَنِ السِّنِينَ الَّتِي أَكَلَهَـا الْجَرَادُ، الْغَوْغَاءُ وَالطَّيَّارُ وَالْقَمَصُ، جَيْشِـي الْعَظِيمُ الَّذِي أَرْسَلْتُهُ عَلَيْكُمْ.**»

والكلمـة المفتاحيـة هنا هـي الاسـترداد؛ اسـترداد إسرائيل كأمة واسـترداد الكنيسـة روحيًا. هدف الله في هذا الزمـان كما هو معلن في الكتاب المقدس، استرداد شعبه من خلال سكب الروح القدس. سفر الأعمال ٢: ١٧، يقول: «**أَنِّي أَسْكُبُ مِنْ رُوحِي**» كذلك يوئيل ٢: ٢٥ يقول: «**وأُعَوِضُ**».

لقد رأينا ذلك يحدث منذ عقود في كل أرجاء العالم. ليس بسبب وجود وعاظ رائعين أو معلمين متميزين للكتاب المقدس رأينا كل تلك النتائج. لا يمكن لإنسان أن يكون وراء ذلك. إنَّه إخلاص الله لكلمته، أنَّه سيسكب روحه على كل بشر. فكل قطاع من الجنس البشري دونما استثناء، سيختبر ذلك الانسكاب الخاص بالأيام الأخيرة للروح القدس.

قال الله لإسرائيل: «سآخذك من الوثنية، سأضعك في أرضك، سأرش عليك مياه طاهرة، سأطهرك من كل خطاياك ومن كل أصنامك ومن أقذارك.» الله يقول للكنيسة: «سأسكب روحي على كل جزء في الكنيسة، وستأتيكم زيارة هائلة فوق طبيعية.»

نرى ذلك يتحقق، وهنا يظهر السؤال التالي: ما هو رد فعلنا على التحرك العظيم الذي من الله؟

نتجه إليه بكل قلوبنا

دعونا ننظر مرة أخرى إلى سفر يوئيل. الخطوط العريضة لذلك السفر النبوي القصير بسيطة: الخراب، التعويض، القضاء. وهنا يذكر الله ما يريده من شعبه كي يتحرر من الخراب ويدخل في زمن التعويض. يقول

الرب: **«قَدِّسُوا صَوْمًا. نَادُوا بِاعْتِكَافٍ. اجْمَعُوا الشُّيُوخَ، جَمِيعَ سُكَّانِ الأَرْضِ إِلَى بَيْتِ الرَّبِّ إِلَهِكُمْ وَاصْرُخُوا إِلَى الرَّبِّ.»** (يوئيل ١: ١٤).

عبارة اصرخوا إلى الرب، تشير إلى صلاة شفاعية يائسة. اجمعوا شعب الله إلى بيت الله واصرخوا إلى الرب. المزيد من الصوم مع الصلاة. ليس على المستوى الفردي، ولكن علنًا، وكجماعة.

يكرر يوئيل ٢: ١٢ الأمر مرة أخرى: **«الآنَ، يَقُولُ الرَّبُّ، ارْجِعُوا إِلَيَّ بِكُلِّ قُلُوبِكُمْ، وَبِالصَّوْمِ وَالْبُكَاءِ وَالنَّوْحِ.» ثم في الآية ١٥ «اضْرِبُوا بِالْبُوقِ فِي صِهْيَوْنَ. قَدِّسُوا صَوْمًا. نَادُوا بِاعْتِكَافٍ. اجْمَعُوا الشَّعْبَ. قَدِّسُوا الْجَمَاعَةَ. احْشُدُوا الشُّيُوخَ. اجْمَعُوا الأَطْفَالَ وَرَاضِعِي الثُّدِيِّ. لِيَخْرُجِ الْعَرِيسُ مِنْ مِخْدَعِهِ وَالْعَرُوسُ مِنْ حَجَلَتِهَا. لِيَبْكِ الْكَهَنَةُ خُدَّامُ الرَّبِّ بَيْنَ الرِّوَاقِ وَالْمَذْبَحِ»** (الآيات ١٥ ـ ١٧).

تشير عبارة اضربوا بالبوق إلى كونه إعلانًا عامًا، فالبوق دائمًا علامة تحذير ودعوة كي يجتمع شعب الله معًا، ونحن جميعنًا مدعوون، لاحظ التأكيد بصفة خاصة على القادة «الشيوخ والخدام والكهنة.»

في المجالات التي سبق ذكرها «المناصب القيادية في الكنيسة» على كل واحد يريد القيادة فيها أن يؤدي دوره بأفضل ما يمكن. قال لي

واحـد من القادة الروحيين الذين أعرفهم: «أنا أهرول وأهرول لأواكب سرعة شعبي الذي من المفترض أني أقوده».

أود أن أتحـدى كل قائد، إن كنت قائدًا، فمن الأفضل لك أن تقود. والقيادة تعني أن «تتقدم إلى الأمام»، وإلا فسينطلق الأشخاص العاديون المتلهفون قدمًا، وسيسبقون قيادتهم الرسمية. وعندما تأتي تلك الدعوة الخاصـة بالصيام مـن كلمة الله، على الكهنة والخـدام والقادة الالتزام بأخذ زمام المبادرة وإظهار القيادة الحقيقية.

يتحدث يوئيل ٢ : ٢٨ عن وعد الله بالتعويض ـ الاسترداد ـ «**وَيَكُونُ بَعْدَ ذلِكَ أَنِّي أَسْكُبُ رُوحِي عَلَى كُلِّ بَشَرٍ**» يستخدم يوئيل تعبير «بعد ذلـك» بينما يستخدم بطرس الرسول تعبير «ويكون في الأيام الأخيرة» والأمر لا مشكلة فيه. فالروح القدس هو من أعطاه تلك الكلمات. وهنا أود أن أخـبرك بأنَّ كلمات بطرسـ «ويكون في الأيام الأخيرة» لا تلغي كلمات يوئيل «ويكون بعد ذلك».

يُستخـدم تعبير «بعد ذلك» والذي يشبـه في معناه تعبير «وبالتالي» كي يدعونا لإلقاء نظرة ثانية. في أي وقت نفكر فيه في تعبير «بعد ذلك» علينـا أن نسأل: «بعد ماذا؟» والإجابة هـي: بعدما نفعل ما يخبرنا الله أن نفعلـه. ما الذي يخبرنا الله أن نفعله؟ نكرس صومًا. ندعو للاجتماع

معًـا. نلجأ إليه بكل قلوبنا بصـوم وبكاء ونواح. وبعد ذلك يقول الله أن سيسكب روحه على كل جسد.

كل مـا رأيناه هنا من سكب لروح الله هو مجرد قطرات ندى بسيطة لهـا علاقة بما أعلن الله بأن يفعله. وقد رأيناه يتحرك، ونعرف بأنَّ هذا هو الوقـت. والآن، الأمر متروك لنا، نتجـاوب، نتحرك، نوحِّد أنفسنا مع ما سيفعله حتى تتحقق أهدافه.

كيـف نتحرك؟ كنت قد أشرت إليكم، بـأنَّ الله يدعو شعبه ويؤكِّد من جديد علـى الصلاة والصوم، وقد تناولنـا موضوع الصوم في عدة أماكـن في هذا الكتاب. نحن نعلم بأنَّ الصوم معناه الامتناع عمدًا عن الطعام لأجـل أغراض روحية. الصوم هو واحـد من الأدوات اللازمة لتسديـد احتياج شعـب الله المؤمن، وهو جزء مـن انضباطنا الروحي، الصوم ليس معلنًا في إرادة الله لأجل كل مؤمن وحسب، ولكنَّه بصفة خاصة إرادة الله لنا في وقت انسكاب روح الله.

والآن دعونا نلقي نظرة على موضوع الصوم وعلاقته بالتعويض.

نوعان من الصوم

للصـوم علاقة خاصة بعمل التعويضـ «الاسترداد». أكبر فصل في

العهــد القديم اهتم بموضوع الصوم هــو الإصحاح ٥٨ من سفر إشعياء، وقد حدد نوعين من الصوم، الأول لا يحرك ذراع الله والثاني يحركه.

الآيــات من ٣ ـ ٥ تصــف الصوم غير المقبــول بالنسبة لله. وسبب ذلك، مواقف الشعب من الصــوم وصلتهم الخاطئة به. فهم مستاؤون، جشعون، طامعــون، شهوانيون، ناقدون، ينتقدون الآخرين بشدة. يقول الله إن صمنــا مع ذلك الموقف وتلك الروح، علينا توقع أن يستمع لنا أو يستجيب لصلواتنا.

تضع الآيات مــن ٦ ـ ١٢ الخطوط العريضة للصوم المقبول من الله، ونحــن إذ نتأمل في كل آية لفــترة وجيزة، يمكننا أن نلاحظ عدد الوعود التي تصاحب ذلك النوع من الصوم المقبول من الله.

أنــا لا أعرف جــزءًا آخر في الكتاب المقدس يحــوي قائمة مختصرة فيها كل تلك الوعود الهائلة، في الآية السادسة، نقرأ: «**أَلَيْسَ هذَا صَوْمًا أَخْتَــارُهُ: حَلَّ قُيُودِ الشَّرِّ. فَكَّ عُقَدِ النِّيرِ، وَإِطْــلاَقَ الْمَسْحُوقِينَ أَحْرَارًا، وَقَطْعَ كُلِّ نِيرٍ**».

لاحظ بأنَّ الدافع للصوم عليه أن يكون دافعًا سليمًا، أما فيما يتعلق بحل قيود الشر فسأخبرك بأنَّه في خدمة التحرير، هناك أناس لن يتحرروا

إلى أن يرغب شعب الله ـ أولاً ـ في دفع الثمن من الصلاة والصوم.

ثم في الآية ٧. تقول كلمة الرب: **«أَلَيْسَ أَنْ تَكْسِرَ لِلْجَائِعِ خُبْزَكَ، وَأَنْ تُدْخِلَ الْمَسَاكِينَ التَّائِهِينَ إِلَى بَيْتِكَ؟ إِذَا رَأَيْتَ عُرْيَانًا أَنْ تَكْسُوهُ، وَأَنْ لاَ تَتَغَاضَى عَنْ لَحْمِكَ»**.

يجب أن يكون الصوم مصحوبًا باتجاه حقيقي لممارسة أعمال الخير مع من هم في أمس الحاجة إليها. بعض الإنجيليين، هم إنجيليون للدرجة التي نسوا معها أنَّ الإنجيل يتضمن أن تحب قريبك كنفسك، ذلك هو نموذج عملي للغاية يعبر عن المحبة التي يطلبها الله. يقول الله، إن كانت دوافعنا سليمة، واتجاهات قلبنا وعلاقاتنا سليمة، عندها سيخبرنا عن الصوم الذي اختاره وعما سيفعله لنا.

تقول الآية ٨: **«حِينَئِذٍ يَنْفَجِرُ مِثْلَ الصُّبْحِ نُورُكَ، وَتَنْبُتُ صِحَّتُكَ سَرِيعًا، وَيَسِيرُ بِرُّكَ أَمَامَكَ، وَمَجْدُ الرَّبِّ يَجْمَعُ سَاقَتَكَ»**.

الوعود المذكورة في تلك الآية قريبة من الوعد المذكور في ملاخي ٤: ٢ **«وَلَكُمْ أَيُّهَا الْمُتَّقُونَ اسْمِي تُشْرِقُ شَمْسُ الْبِرِّ، وَالشِّفَاءُ...»**. ذلك الوعد له علاقة بنفس الفترة الزمنية «الأيام الأخيرة». بالنسبة لنا نحن الذين نخاف اسم الله، شمس البر تشرق الآن والشفاء في أجنحتها.

جوهر وعد الله لنا في إشعياء ٥٨ : ٨ هو النور، البر والشفاء. وقد أتى يسوع، شمس البر، ليأتي بالبر إلى نفوسنا ويأتي بالشفاء إلى أجسادنا. وعدنا الله، ما أن نبدأ نصوم ونطلبه بطريقة صحيحة وبدوافع حقيقية، حتى يأتي النور، البر والشفاء.

ثم نواصل حديثنا في الآية ٩ : «**حِينَئِذٍ تَدْعُو فَيُجِيبُ الرَّبُّ. تَسْتَغِيثُ فَيَقُولُ: هأَنَذَا**». الله سيكون مباشرة إلى جانبك حيث أنت جاثي تصلي إليه، كي يجيب صلاتك، وتكون إجابته في التو تحت تصرفك.

بعد ذلك، وفي النصف الثاني من الآية ٩. يحذرنا مرة أخرى من اتجاه القلب الخاطئ الذي يمكن أن يفسد الأمر. فيقول: «**إِنْ نَزَعْتَ مِنْ وَسَطِكَ النِّيرَ وَالإِيمَاءَ بِالأَصْبُعِ وَكَلاَمَ الإِثْمِ**».

وعلى ذلك، يمكننا تلخيص تلك العبارات في ثلاث جمل. النير، هو التدين، الإيماء بالإصبع هو انتقاد الآخرين، أما كلام الإثم فهو النفاق.

الآية ١٠ تقول: «**وَأَنْفَقْتَ نَفْسَكَ لِلْجَائِعِ، وَأَشْبَعْتَ النَّفْسَ الذَّلِيلَةَ، يُشْرِقُ فِي الظُّلْمَةِ نُورُكَ، وَيَكُونُ ظَلاَمُكَ الدَّامِسُ مِثْلَ الظُّهْرِ**» عندما نرى الاحتياج لأعمال المحبة العملية، سيأخذ النور مكانه بدل الظلام.

الآية ١١ : «**وَيَقُودُكَ الرَّبُّ عَلَى الدَّوَامِ، وَيُشْبِعُ فِي الْجُدُوبِ نَفْسَكَ،**

وَيُنَشِّطُ عِظَامَكَ فَتَصِيرُ كَجَنَّةٍ رَيًّا وَكَنَبْعِ مِيَاهٍ لاَ تَنْقَطِعُ مِيَاهُهُ.»

كلما قرأت تلك الآية، كنت أرغب في معرفة الكيفية التي سأحصل فيها على ما وُعدتُ به. شيء في داخلي كان يقول: «يا رب أظهر لي الطريق إلى ذلك الأمر.»

الطريق إلى ذلك الأمر معلن في الآية ٦ «**أَلَيْسَ هذَا صَوْمًا أَخْتَارُهُ؟**» عندما نصوم بتلك الطريقة يمكننا توقع الحصول على إرشاد وتوجيه وتأكيد واضح وإيجابي لحضور الله وقيادته لنا في كل موقف. لا يهم مدى الجفاف المحيط بك، لأنَّه سيكون لديك في داخلك نبع مياه.

لبعض من الوقت، عشت في أماكن جافة. وكان سهلاً أن ألاحظ الناس الذين يقومون بري حدائقهم، من أولئك الذين لا يفعلون. الفرق هائل، وهكذا حال الذين يوفون شروط الله، حتى وإن كان كل المحيط بهم جافًا وذابلاً وعطشًا، سيكونوا هم كحديقة مروية.

ثم نأتي إلى الوعد الذي يتوج وعود الله. الآية ١٢ هي وعد بالتعويض: «**وَمِنْكَ تُبْنَى الْخِرَبُ الْقَدِيمَةُ**» هل تعلم بأنَّ هناك الكثير من الأماكن الخربة في الكنيسة وهي محتاجة للبناء؟ «**تُقِيمُ أَسَاسَاتِ دَوْرٍ فَدَوْرٍ**».

لقد قمت بعمل دراسة سريعة على الأشخاص الذين حرَّكوا بالفعل الله والإنسان في تاريخ الكنيسة. أولئك وضعوا الأساس لأجيال عديدة، بسبب خدمتهم التي استمرت حتى بعد وفاتهم. لو نظرت بتمعن إلى الإنجيليين العظماء في العصر الحديث أمثال جون نوكس، جون كالفن، مارتن لوثر، جون وسيلي، تشارلز فيني، كل واحد فيهم - حسب شهادته عن نفسه - كان يمارس الصوم. إن كنت راغبًا في وضع حجر الأساس لعديد من الأجيال، ذلك ما عليك أن تجوز فيه.

والآن نصل إلى آخر وعد في الآية ١٢: «**فَيُسَمُّونَكَ: مُرَمِّمَ الثُّغْرَةِ، مُرْجِعَ الْمَسَالِكِ لِلسُّكْنَى**». هناك الكثير، الكثير من الثغرات في ميراث شعب الله وهي محتاجة إلى بناء. لنتذكر بأنَّ الله قال في حزقيال الإصحاح ٢٢ «**وَطَلَبْتُ مِنْ بَيْنِهِمْ رَجُلاً يَبْنِي جِدَارًا وَيَقِفُ فِي الثَّغْرِ أَمَامِي عَنِ الأَرْضِ لِكَيْلاَ أَخْرِبَهَا، فَلَمْ أَجِدْ**» (الآية ٣٠). الصلاة الشفاعة مع الصوم تبني جدارًا «سورًا» وتُوقف صاحبها في الثغر. الأمر الذي يجعلنا مرممين للثغر.

هناك نموذج عظيم للتعويض «الاسترداد» مسجل في تاريخ العهد القديم: هو رجوع شعب الله من السبي في بابل إلى أرضهم وإعادة بناء هيكل الله في أورشليم، لقد رأينا ذلك وارتباطه بحياة دانيال، دعونا ننظر

في حياة رجلين وامرأة قدموا مثالاً على ذلك الأمر، وحسب ترتيبهم الزمني هم عزرا، ونحميا وأستير، إذ مارس كل منهم الصوم.

عــزرا

عندما نتجه إلى سفر عزرا، نعود إلى الوراء في كتابنا المقدس، لكن إلى الأمام فيما يتعلق بالزمن. كان عزرا يقود فريق المسبيين العائدين من بابل إلى مدينة أورشليم. كانوا قد قد وصلوا إلى النقطة التي كان عليهم فيها القيام برحلة لعدة شهور من دولة كانت موبوءة بقطّاع الطرق والقبائل المعادية. وقد أخذوا معهم زوجاتهم، أولادهم وما كان أكثر أهمية بالنسبة لليهود التقليديين؛ وهو كل الأواني المقدسة للهيكل التي تمت سرقتها وأخذها إلى بابل.

نتيجة واحدة تتعلق بشهادتك أمام الناس هي أن تحيا وترقى إلى مستوى تلك الشهادة، وهي أحد الأسباب المنطقية للإدلاء بالشهادة. كان عزرا قد قدّم شهادة جريئة لملك فارس: «إلهنا يبحث عن عابديه، وهو يضاهي أي موقف، أي خطر، أي أمور طارئة». والآن وبعد أن كانوا على وشك البدء بتلك الرحلة الخطرة، فكّر عزرا، لا يُمكنني العودة مرة أخرى إلى الملك لأخبره بأننا خائفون والطلب منه إرسال الجنود

والفرسان لمرافقتنا، فذلك من شأنه أن يفسد شهادتي، فماذا نفعل؟

واجه عـزرا ضرورة اختيـار طريقين لعمل الأمـور: الأول جسدي والثاني روحي، الأسلوب الجسدي يعتمد على الجنود والفرسان، لكنَّه استبعـد القيام بذلك الاختيار. وبالتـالي لم يبق له سوى بديل واحد وهو البديل الروحـي: ما الشكل الذي اتخذه الحل الروحي؟ الصلاة والصوم.

«وَنَادَيْتُ هُنَاكَ بِصَوْمٍ عَلَى نَهْرِ أَهْوَا لِكَيْ نَتَذَلَّلَ أَمَامَ إِلهِنَا لِنَطْلُبَ مِنْهُ طَرِيقًا مُسْتَقِيمَةً لَنَا وَلأَطْفَالِنَا وَلِكُلِّ مَالِنَا. أَنِّي خَجِلْتُ مِنْ أَنْ أَطْلُبَ مِنَ الْمَلِكِ جَيْشًا وَفُرْسَانًا لِيُنْجِدُونَا عَلَى الْعَدُوِّ فِي الطَّرِيقِ، لأَنَّنَا كَلَّمْنَا الْمَلِكَ قَائِلِينَ: إِنَّ يَدَ إِلهِنَا عَلَى كُلِّ طَالِبِيهِ لِلْخَيْرِ، وَصَوْلَتَهُ وَغَضَبَهُ عَلَى كُلِّ مَنْ يَتْرُكُهُ. فَصُمْنَا وَطَلَبْنَا ذلِكَ مِنْ إِلهِنَا فَاسْتَجَابَ لَنَا.» (عزرا ٨: ٢١ ـ ٢٣).

سمـع الله صلاتهم. قوة الصلاة والصوم تقيد كل سارق، كل قاطع طريـق، كل قبيلة معادية، كل أنواع الوباء والأمراض التي قد تواجههم في الطريق. وهم وصلوا بسلام وأمان دون أن يفقدوا شخصًا واحدًا من فريقهم، كذلك حافظوا على أوعية الهيكل الجميلة.

ذلك واحد من أعظم الدروس في الكتاب المقدس. إذا نلت النصرة

في المجال الروحي، ستنال النصرة الزمنية. لأجل ذلك السبب الكتاب المقدس هو كتاب إعلانات. الجميع يسعى للحصول على إجابات للمشكلات السياسية والاجتماعية والاقتصادية. لو استطاعت أي أمة نيل النصرة في العالم الروحي بالصلاة والصوم، سيتبع ذلك نصر في كل المجالات الإنسانية. اكسب الحرب في المجال الروحي على العاصمة واشنطن على سبيل المثال. ثم عد للخلف وراقب المشكلات الاقتصادية والسياسية والاجتماعية وهي تنتهي تباعًا.

نحميا

الرجل التالي في عملية التعويض «الاسترداد» هو نحميا، الذي سميَّ باسمه أحد أسفار الكتاب المقدس. نحميا سمع من بعض إخوته: «**إِنَّ الْبَاقِينَ الَّذِينَ بَقُوا مِنَ السَّبْيِ هُنَاكَ فِي الْبِلاَدِ، هُمْ فِي شَرّ عَظِيم وَعَارٍ. وَسُورُ أُورُشَلِيمَ مُنْهَدِمٌ، وَأَبْوَابُهَا مَحْرُوقَةٌ بِالنَّارِ.**» (نحميا ١ : ٣).

استجابة نحميا نجدها في الآية التالية: «**فَلَمَّا سَمِعْتُ هذَا الْكَلاَمَ جَلَسْتُ وَبَكَيْتُ وَنُحْتُ أَيَّامًا، وَصُمْتُ وَصَلَّيْتُ أَمَامَ إِلهِ السَّمَاءِ**» (الآية ٤).

وكان نحميا قد تعلَّم السر. كان قد أُغلق الطريق، فالموقف كان

ميئوسًا منه. صام وصلى ففتح الله الطريق. لم يفتح الله الطريق لنحميا فحسب. بل ومنحه سلطان الملك الكامل وتدعيمه لإعادة بناء أورشليم. جاء كل ذلك من خلال الصلاة والصوم.

أستير

انتقل الآن إلى الإصحاح الرابع مـن سفر أستير. تلك كانت أعظم أزمــة واجهت اليهود في كل تاريخهــم حتى الوقت الحالي، أعظم حتى من أزمة أدولف هتلر. فهتلر كان قد أوقع ثلثي اليهود فقط تحت رحمته، في حين خضعت كل الأمة اليهودية لسلطان الإمبراطور الفارسي.

الرجال الأشرار تحت قيادة هامان، الذي كان الشيطان يحرضه ضد اليهود وضد رجال المملكة، استطاعوا الوصول إلى الملك والحصول منه علـى مرسوم يقضي بموجبه علـى إبادة كل اليهـود في كل مدن مملكة فارس في يوم محدد.

سفر أستير دفع اليهود للاحتفال بعيد البوريم وهو كلمة عبرية تعني «الكثيرين» وقـد سمي العيد بذلك الاسـم لأنَّ هامان كان قد صلب الكثيريـن طوال عام كامل حتى يجـد اليوم المناسب الذي سيقوم فيه بإبادة جميـع اليهود، والحقيقة في كونه تخلص من كثيرين تشير إلى أنَّه

كان يتعامل مع الأمر على أنَّه أمر روحي. فقد كان يسعى للوصول إلى توجيه خارق. كان لديه حكماء، أو سحرة ينصحوه. ذلك في العادة هو الأسلوب المتبع من قبل الفجار عندما يدركون بأنَّهم في حاجة إلى ما هو أكثر من الحكمة الطبيعية. فيلجأون إلى القوة الشيطانية الخارقة للطبيعة كي يستشيروها.

ذلك كان صراعًا روحيًا بين قوى النور وقوى الظلام، بين قوة الروح القدس وقوة الشيطان. وكان لكل منهما وكلاء وممثلين في المكان المناسب. الاستجابة كانت بقوة خارقة للطبيعة وهي ما سعى إليه هامان عبر طلبه المساعدة من الشيطان. أستير كذلك سعت إلى قوة خارقة للطبيعة بطلب المساعدة من الله. عند سماعها بخبر مرسوم الإبادة، قالت أستير لمردخاي: «**اذْهَبِ اجْمَعْ جَمِيعَ الْيَهُودِ الْمَوْجُودِينَ فِي شُوشَنَ وَصُومُوا مِنْ جِهَتِي وَلاَ تَأْكُلُوا وَلاَ تَشْرَبُوا ثَلاَثَةَ أَيَّامٍ لَيْلاً وَنَهَارًا. وَأَنَا أَيْضًا وَجَوَارِيَّ نَصُومُ كَذلِكَ. وَهكَذَا أَدْخُلُ إِلَى الْمَلِكِ خِلاَفَ السُّنَّةِ. فَإِذَا هَلَكْتُ، هَلَكْتُ**» (أستير ٤: ١٦).

في اليوم الرابع ارتدت أستير ملابسها الملكية وذهبت إلى قاعة الملك. ووجدت نعمة في عينيه، فمد لها الصولجان الذهبي وقال: «ماذا تريدين أيتها الملكة أستير؟»

تحولت إبادة شعب الله التي سبق التخطيط لها، إلى أعظم وأمجد نجاح في تاريخ الإمبراطورية الفارسية. أُنقذ شعب إسرائيل، وشُنق هامان. ما الذي غيَّر الوضع برمته عسكريًا وسياسيًا؟ صلاة وصوم أستير وجواريها واليهود.

أربعة مبادئ للصوم

كلمة الله تُظهر الكثير من المبادئ الأساسية المتعلقة بالصوم. فيما يلي أربع منها: إنكار الذات، اتضاع الذات، الأولويات الصحيحة والاعتماد على الله. دعونا نبحث في كل منها باختصار

إنكار الذات

قال يسوع في متى ١٦ : ٢٤ «**إِنْ أَرَادَ أَحَدٌ أَنْ يَأْتِيَ وَرَائِي، فَلْيُنْكِرْ نَفْسَهُ وَيَحْمِلْ صَلِيبَهُ كُلَّ يَوْمٍ، وَيَتْبَعْنِي**» يعدُّ الصوم إنكارًا لذاتك القديمة المتمردة، أن تنكر تعني بكلمة واحدة بسيطة، أن تقول «لا». معدتك تقول: «أريد» وأنت تقول لمعدتك: «لا، لا تملي عليّ ما تريدين».

بولس الرسول في ١ كورنثوس ٩: ٢٧، يقول: «**بَلْ أَقْمَعُ جَسَدِي وَأَسْتَعْبِدُهُ، حَتَّى بَعْدَ مَا كَرَزْتُ لِلآخَرِينَ لاَ أَصِيرُ أَنَا نَفْسِي مَرْفُوضًا**»

قــال : إن أولئـك الذيـن يجاهــدون لتحقيـق مكاسـب في المسابقـات الرياضيــة يتسمون بالاعتدال وضبط النفـس في كل شيء، الآية ٢٥. فكـم بالحري نحن، مـن علينـا أن نسعى للحصول علـى مكاسب في المسابقـات الروحيـة؟ الرياضـي المتمرس يهتم بما يــأكل وبمقدار النوم الـذي يحصل عليه، وهو يراقب حتى مواقفـة النفسية، لأنَّها تؤثر على نجاحـه، فكم بالحري نحـن المؤمنون، نحتاج أن نكـون متأكدين من أنَّ أجسادنا هي تحت السيطرة.

منـذ عـدة سنوات أخبرني اللّٰه : لـو أردت التقدم للأمـام، هناك شرطيـن. الأول، كل تقـدم يحدث هو بالإيمان. إذا كنت لا ترغب في المضـي قدمًـا بالإيمان، لا يمكنك التقـدم نحو الأمـام. الشرط الثاني، لـو كنت راغبًا في تتميم خدمتك التـي أعددتُها لك. عليك أن تكون قويًـا، وجسـدك صحيحًا. لذا مـن الأفضل أن تراقب ذلـك الأمر. بالفعـل، اللّٰه تحدث إليَّ بتلك الطريقة تحديـدًا. صدقوني، في السنوات التـي انقضـت بعد ذلك الحـين، رأيت أني فعلاً في حاجـة إلى جسد قوي وسليم. أخذت أفعل كل ما بوسعي كي أحافظ على نفسي روحيًا وذهنيًـا وجسديًا. لأنَّ كل مـا يهمني أكثر من أي أمـر آخر هو أن أتمم دعوة اللّٰه في حياتي.

الاتضـــاع

الصوم هــو اتضاع النفس، وقد تحدثنا عــن الاتضاع من وجهة نظر ٢أخبار الأيام ٧: ١٤ «**فَإِذَا تَوَاضَعَ شَعْبِي الَّذِينَ دُعِيَ اسْمِي عَلَيْهِمْ...**» كيف تضــع نفسك؟ كتب داود عن ذلك الأمــر في اثنين من المزامير، في المزمــور ٣٥: ١٣، والمزمور ٦٩: ١٠. وفي كل منهمــا يقول: «**أَذْلَلْتُ بِالصَّــوْمِ نَفْسِي**». يصلــي بعض الناس قائلين: يــا الله اجعلني متضعًا، ولكــن تلك ليست صلاة كتابية. فالله يقــول: «تواضعوا» وهو يمكنه أن يضعــك وربما يكون عليه أن يفعل ذلك، ولكن الشخص الوحيد الذي يمكنــه أن يجعلك متضعًا هــو أنت نفسك. والصوم هــو وسيلة جيدة، تجعل من نفسك متضعة.

الأولويات السليمة

الصوم يؤكد على الأولويات الصحيحة. كنا قد بحثنا في وقت سابق توجيه يسوع بأن: «**اطْلُبُوا أَوَّلاً مَلَكُوتَ اللهِ وَبِرَّهُ**» (متى ٦: ٣٣).

الكثــير من الناس يطلبون ملكــوت الله، ليس أولاً. لكن ربما ثانيًا أو ثالثًــا أو رابعًا. إلا أنَّ الوعود لن تنطبق على هذه الحالة. يجب أن يكون لدينــا ترتيب سليم للأولويات. الصوم هــو وسيلة لأعطاء حق الأولوية للأمور الروحية أولاً، مؤكدًا على صدارتها.

الاعتماد على الله

الصوم يشير أيضًا إلى اعتمادنا على الله، فالصوم يقول لله: «يا الله أنا لم أحصـل على تلك الإجابـة بعد، ولا يمكنني فعل شيء، لكني أنظر إليك .» هو يعترف بالاتكال على الله، ويقود إلى التدخل الإلهي، يمكن أن نقـدم الكثير من الأمثلة الكتابية لكي نثبـت أنَّه عندما يفي الناس بشروط الله فالله يستجيب بتدخل نيابة عنهم.

متى، وليس إذا!

في منتصـف الموعظـة علـى الجبل قـال يسـوع: «ومتـى صمتم» (متى ٦: ١٦).

يسـوع لم يقل «إذا صمتم» فتلـك الكلمة تفتح الباب لاحتمالات الصـوم من عدمه. لقد قال «متى .» معتـبرًا موضوع صومنا أمرًا مسلمًا بـه. وهو تقريبًا استخدم بالضبط نفس اللغة في ذلك المقطع بشأن ثلاثة أمور: تتحدث عن الصدقة الآية ٣، والصلاة الآية ٥، والصوم. وفي كل مرة، استخدم كلمة «متى» ولم يستخدم «إذا.» فهل هو أمر واجب على المؤمن قيامه بأعمال الصدقة؟ هل هو أمر واجب على المؤمن أن يصلي؟ إذن لا بد وأنَّه أمر واجب على المؤمن أن يصم.

يقتبــس بعـض النـاس كلمـات يسـوع في مرقـس ٢: ١٨. كدليل علـى أنّـه ليـس علينا أن نصم. في ذلـك الجزء، أتى النـاس إلى يسـوع يسألونه لماذا يصوم الفريسيون، وتلاميذ يوحنا في حين أنَّ تلاميذ يسوع لا يصومـون، فأجاب يسـوع بهذا النحـو: «هَلْ يَسْتَطِيعُ بَنُـو الْعُرْسِ أَنْ يَصُومُوا وَالْعَرِيسُ مَعَهُمْ؟ مَا دَامَ الْعَرِيسُ مَعَهُمْ لاَ يَسْتَطِيعُونَ أَنْ يَصُومُوا. وَلَكِنْ سَتَأْتِي أَيَّامٌ حِينَ يُرْفَعُ الْعَرِيسُ عَنْهُمْ فَحِينَئِذٍ يَصُومُونَ فِي تِلْكَ الأَيَّام» (مرقس ٢: ١٩ ـ ٢٠).

وفيمـا يلي مـا قـد فهمتـه من ذلك المثـل، أنَّ بنو العرس هم أتباع المسيح، والعريس هو الرب يسوع المسيح. عندما يكون العريس حاضرًا بشخصه على الأرض، لا يصـم تلاميذه. ولكن يسـوع قال بأنَّه سيأتي الوقت عندما سيؤخذ العريس منهم وأنَّهم في تلك الأيام سيصومون.

علينا أن نسأل أنفسنا هذا السؤال: هل العريس حاضر الآن جسديًا معنـا أم غائب ونحن ننتظر مجيئه؟ إجابتي هـي أننا ننتظر مجيئه، فقد أُخـذ بعيدًا عنا، وسنصم لو أننا تلاميذه، فـإن كنا لا نصم نفقد علامة أننا تلاميذه.

النمط الذي نتبعه

مارس يسوع الصوم، (متى ٤: ١ ـ ٢). صام خمس أنبياء ومعلمين

من كنيسة إنطاكية وانتظروا أمام الرب علانية معًا، (أعمال ١٣: ١ ـ ٢).
وتحدث الله لهم وقال أن يرسلوا بولس وبرنابا. صاموا وصلوا للمرة الثانية
وأرسلهـم. (الآية ٣). تقابل بولس وبرنابا في أول رحلة تبشيرية لهم مع
المؤمنـين الذين تركوهم وراءهم يصلون مع الصوم، (أعمال ١٤: ٢٣).
كل الكنائـس التي في العهد الجديد ظهـرت للوجود بالصلاة العلانية
والصوم. كان بولس يصوم كثيرًا، وتلك واحدة من الأمور التي أكَّد من
خلالها على أنَّه خادم للمسيح (٢كورنثوس ٦: ٤ ـ ٥، ١١: ٢٧).

لقـد أظهر الله لنا قوة الصوم، إن كنا نريد أن نرى إجابات لصلواتنا؛
وليس أقلهـا صلواتنا لكنيسته في هذه الأيام الأخـيرة. فنعمته وأمانته
تبرهن على إرادتنا الحرة كي نعود إليه ونطلبه. دعونا نأتي بثقة وحماس
وإيمان متجدد كي نرى أغراضه تتحقق.

الفصل التاسع

الكنيسـة المجيـدة

«كَمَا أَحَبَّ الْمَسِيحُ أَيْضًا الْكَنِيسَةَ
وَأَسْلَمَ نَفْسَهُ لأَجْلِهَا، لِكَيْ يُقَدِّسَهَا،
مُطَهِّرًا إِيَّاهَا بِغَسْلِ الْمَاءِ بِالْكَلِمَةِ»

(أفسس ٥: ٢٥ ـ ٢٦)

نحـن ملكوت كهنـة، لذلك نحن مدعوون للصـلاة. ما هو الهدف
النهائي من صلواتنا؟ أن تقف الكنيسة الحقيقية منتصرة، كاملة، وعلى
استعداد لعودة يسوع. تلك هي توجيهات الله لنا في كلمته، أن يكتمل
كل الشوق لمجيئه في قلوبنا.

الكثيـر من النـاس ممن يرتبطــون بالكنيسة اليوم ليـس لديهم أي
مفهوم عما يعنيه أن نصلي أو حتى نتحدث عن الكنيسة المجيدة. مع
أنَّ الكتــاب المقدس يقول عن الكنيسـة ـ عروس يسوع القادم لأجلها
ـ بأنَّهـا ستكون مجيدة. الكلمة اليونانية التي تعني المجد هي «doxo»

وهـي التـي اشتققنا منهـا الكلمـة الإنجليزيـة doxology والتي تعني «التي تعطي المجد لله».

قـرأت العهـد الجديـد اليونانـي معتمـدًا علـى الطريقة اليونانية الكلاسيكيـة «التقليدية» وهي شكل يفـوق اليونانية قدمًا. لقد ذكرت بأني كنت تلميذًا ومدرِّسًا لفلسفة أفلاطون. إنَّ أحد المفاهيم الأساسية لفلسفة أفلاطون يمكن تلخيصه في هذه كلمة «doxo». لكن كان هناك فرق في مدلول تلـك الكلمة وطالما كان يحيرني، ففي أعمال أفلاطون، كلمة doxo لم تكن تشير إلى «المجد» بل إلى «ما يبدو بأنَّه ظاهر، أو إلى الرأي».

وبما أنني أميل إلى الثورية قليلاً، قررت أثناء دراستي للفلسفة، قراءة إنجيل يوحنا باليونانية، وذلك في إحدى إجازاتي الصيفية وأنا في جامعة كامبردج. أبلغت معلم اليونانية أننـي سأفعل ذلك، وهو حاول بجدية أن يثنينـي عـن الأمر وقال لي بأنَّ قراءتي تلك مـن شأنها إفساد لغتي اليونانيـة الكلاسيكيـة «التقليديـة». وكل ما كنت في حاجة إليه، هو محاولة مدرسي إقناعي بعدم القيام بذلك، ليجعلني أكثر تصميمًا على فعله! لذلك وفي أثناء تلك الإجازة قرأت إنجيل يوحنا باللغة اليونانية.

كنـت آنذاك بعيـدًا عن الله. لم تكن لـديَّ أي ميـول لأن أصبح

مسيحيًا مؤمنًا. فقد كنت امتهن الفلسفة. لكن بطريقة ما اجتذبتني تلك الرسالة، أذكر بأني ركبت قطار البلاد الغربية، من «سومرت» عائدًا إلى لندن إلى محطة «بيدنجتون» وهناك قابلت زميلاً لي كان طالبًا معي وصديقًا. قلت له: «أتعرف، لقد حللت لغز إنجيل يوحنا». هكذا ببساطة، نسيت كيف حللته لكني حللته.

ما صفعني فعلاً في إنجيل يوحنا، وجعلني متحيرًا هو: استخدام يوحنا لكلمة doxo التي تترجم في الإنجليزية «مجد» كنت على ما أذكر أتساءل، كيف يمكن أن يكون ذلك؟ أنَّه ومنذ ذلك الحين، أقدم لغة يونانية كلاسيكية «تقليدية» قادرة على استخدام كلمة بمعنى مختلف.

بعد بضع سنوات قابلني الرب في غرفة ثكنة ذلك الجيش في منتصف الليل، حيث ولدت مرة أخرى ولادة رائعة من روح الله. بعد أقل من أسبوعين في وقت لاحق عُمِّدتُ بالروح القدس في نفس الغرفة. في ذلك الوقت حل عليَّ طوفان من نور والكثير، الكثير من الأمور التي كنت قد قرأتها في وقت سابق من الكتاب المقدس أخذت تتدفق مرة ثانية في داخلي ـ كما لو أني كنت قد قرأتها فقط من خمس دقائق مضت. وفجأة أدركت الهدف من وراء استخدام كلمة doxo التي كانت تحيرني.

في الأدب الكلاسيكي «التقليدي» اليوناني تعني تلك الكلمة «ذلك الذي يُرى، ذاك الذي يظهر.» في العهد الجديد اليوناني معناها «المجد» وذلك لأنَّ مجد الله هو الذي يظهر. فظهوره وحضوره الملموس واضح وجلي لحواس الإنسان.

استفانوس، في حديثه للمجمع اليهودي، كما هو مسجل في أعمال ٧، قال هذا: «**ظَهَرَ إِلهُ الْمَجْدِ لأَبِينَا إِبْرَاهِيمَ وَهُوَ فِي مَا بَيْنَ النَّهْرَيْنِ، قَبْلَمَا سَكَنَ فِي حَارَانَ**» (الآية ٢). أقول لك إنَّ ابراهيم قد عرف الله بسبب مجده. تلك هي العلامة التي ظهر بها، لقد ظهر في مجدٍ مرئي لإبراهيم عندما سكن في بلاد ما بين النهرين «بلاد الرافدين» وقد غيَّر ذلك حياة إبراهيم، ودوافعه وطموحاته، لدرجة أنَّه ترك كل شيء كي يخرج إلى أرض الميعاد.

ذلك يأتي بنا إلى الكنيسة؛ فعندما يتحدث الكتاب المقدس عن الكنيسة المجيدة، هذا معناه أنَّ الكنيسة مليئة بمجد الله، الكنيسة التي في داخلها بشكل واضح، وملموس ومرئي، حضور شخصي لله القدير. الكنيسة لا تحيا بالإيمان فقط دون أي إعلانات وهي ليست الكنيسة التي تعيش على إيمان عارٍ دون أي تجلي، لكنَّها الكنيسة التي، دخلت في علاقة مع الله صاحب الشخصية المرئية، والذي له وجود ملموس مع

شعبـه. الكتاب المقدس يحكي عن الكنيسة التي من هذا النوع والتي إليها سيجيء يسوع، ولأجل تلك الكنيسة نحن نصلي.

سبع علامات لكنيسة المسيح

كنا قد أعطينا في الرسالة إلى أفسس سبع علامات تميز كنيسة يسوع المسيح الحقيقية كما ستكون في يوم مجيء الـرب لها: «كَمَـا أَحَبّ الْمَسِيحُ أَيْضًا الْكَنِيسَةَ وَأَسْلَمَ نَفْسَـهُ لأَجْلِهَا، لِكَيْ يُقَدِّسَهَا، مُطَهِّرًا إِيَّاهَا بِغَسْلِ الْمَاءِ بِالْكَلِمَةِ» (أفسس ٥: ٢٥ ـ ٢٦).

رأينا في الفصل السابع بأنَّ يسوع افتدى الكنيسة بدمه كي يقدسها بماء كلمته النقية، الدم وماء الكلمة كلاهما تحتاجـه الكنيسة لتكون مستعدة لمجيء الرب.

أنـا لا أعتقـد بأنَّ أي مسيحـي سيكون جاهزًا لملاقاة الرب، ما لم يمر بمراحـل التقديس والتطهير التـي علمتنا إياها ودربتنـا عليها كلمة الله. دم يسـوع هـو ثمـن الفداء الـذي بـه تم شراؤنا وإعادتنا من يد الشيطان. وبعدما فدانا بالدم، قدسنا وغسلنا بماء الكلمة. وهدف يسوع مـن ذلك أن يُحضر الكنيسـة إلى نفسه، كـ«كَنِيسَةً مَجِيـدَةً، لاَ دَنَسَ فِيهَا وَلاَ غَضْنَ أَوْ شَيْءٌ مِنْ مِثْـلِ ذلِكَ، بَلْ تَكُونُ مُقَدَّسَـةً وَبِلاَ عَيْبٍ» (الآية ٢٧).

أول ثـلاث علامات للكنيسة الحقيقية الكنيسـة التي سيأتي إليها يسوع، مذكورة هنا. أن تكون:

(١) مجيدة؛ أي أنَّ وجود الله واضح في وسطها،

(٢) مقدسة،

(٣) بلا عيب.

إن كان لنا أن نعود إلى الرسالة إلى أهل أفسس الإصحاح ٤، فسنجد الطريقة التي ستُعدُّ من خلالها الكنيسة لمجيء الرب. الآية ١١ تتحدث عن خمس خدمات رئيسية لبناء الجسد في الكنيسة: «**وَهُوَ - أي المسيح نفسه - أَعْطَى الْبَعْضَ أَنْ يَكُونُوا رُسُلاً، وَالْبَعْضَ أَنْبِيَاءَ، وَالْبَعْضَ مُبَشِّرِينَ، وَالْبَعْضَ رُعَاةً وَمُعَلِّمِينَ**»، وقد أُعطيت تلك الخدمات «**لأَجْلِ تَكْمِيلِ الْقِدِّيسِينَ لِعَمَلِ الْخِدْمَةِ، لِبُنْيَانِ جَسَدِ الْمَسِيحِ**» (الآية ١٢).

على الخمس خدمات الأساسية تجهيز القديسين للقيام بعمل خدمة بنيان أو بناء جسد المسيح. الآية التالية توضح الهدف: «**إِلَى أَنْ نَنْتَهِيَ جَمِيعُنَا إِلَى وَحْدَانِيَّةِ الإِيمَانِ**»، في اليونانية تقول الآية: «في وحدانية الإيمان» فالمحطة التالية التي نتحرك إليها هي الوصول إلى «**مَعْرِفَةِ ابْنِ اللهِ**» (الآية ١٣). والكلمة اليونانية لا تعني مجرد «معرفة» بل «اعتراف» أو الاعتراف بيسوع، ابن الله.

الطريقة التي سنصل بها إلى وحدانية الإيمان هي من خلال الاعتراف بيسوع المسيح. وليس من خلال الجلوس ومناقشة العقيدة، فإن كان هناك أمر واحد أكيد فهو أنَّ مناقشة العقيدة لن يوحِّد المسيحيين. الطريقة الوحيدة التي سنكون متحدين فيها هي حول رئاسة الرب يسوع المسيح. عندما نعترف بالمسيح كصاحب الرئاسة والسلطة العليا على كل جانب من جوانب الكنيسة، عندها سنصل إلى وحدانية الإيمان.

أنت ترى، عقيدة الخلاص لا معنى لها من دون شخص المخلص، وعقيدة الشفاء لا معنى لها دون الشافي، وعقيدة التحرير لا معنى لها دون المحرر، والمعمودية بالروح القدس لا معنى لها دون المُعمد. عندما نعترف بالمخلص نحن نؤمن بعقيدة الخلاص، وعندما نعترف بالشافي نحن نؤمن بعقيدة الشفاء، وعندما نعترف بالمحرر نحن نؤمن بعقيدة التحرير من الأرواح الشريرة، وعندما نعترف بالمعمد نحن نؤمن بعقيدة معمودية الروح القدس.

في كل حال الطريق إلى الوحدة ليس طريق المناظرات العقائدية والمناقشات، بل الاعتراف بالرب يسوع المسيح في مجده، في سلطانه، في رئاسته على كل جانب من جوانب خدمته. ما أن نعترف بالمسيح في

كل ما هو للكنيسة، نأتي إلى وحدانية الإيمان.

وهكذا نصل إلى جزئين متعلقين بإرادة الله، الأول: «**إِنْسَانٍ كَامِلٍ**» (الآية ١٣). وكلمة كامل ستكون أكثر وضوحًا لو ترجمت «إلى إنسان ناضج، إنسان كامل النمو».

ثم «**إِلَى قِيَاسِ قَامَةِ مِلْءِ الْمَسِيحِ**» (الآية ١٣). الكلمة الأساسية هنا في اعتقادي هي ملء. أي حتى تُظهر كنيسة يسوع المسيح «كجسدٍ له». كل ملئه من كل جانب، في كل نعمة، في كل موهبة وفي كل خدمة، وإلا فلن تكون الكنيسة جاهزة لتُظهر يسوع.

أنت ترى، بأنَّنا في وقتنا الحاضر نحن نُظهر للعالم وبشكل مثير للشفقة، جزءًا صغيرًا للغاية من مجمل يسوع المسيح. هناك الكثير عن يسوع، الكنيسة غير قادرة على إرشاد العالم إليه، ولكنَّ الله هو من سيأتي بشركة الجسد إلى المكان الذي سيعلن فيه عن مجمل يسوع المسيح في شخصيته وفي خدمته. ذلك هو المقصود من الملء.

لذلك لدينا جميعًا السبع علامات التي تميز الكنيسة التي يُعدُّها الله لنفسه حتى يأخذها لنفسه. وهي يجب أن تكون:

(١) مجيدة؛ مملوءة بحضور الله الواضح،

(٢) مقدسة،

(٣) بلا عيب،

(٤) آتية إلى وحدانية الإيمان،

(٥) تعترف بيسوع المسيح في رياسته وسلطانه، وبالتالي هي

(٦) ستصل إلى النضوج

(٧) ستُعلن ملء المسيح للعالم.

نجد في أفسس صلاة رائعة للرسول بولس للكنيسة:

«بِسَبَبِ هذَا أَحْنِي رُكْبَتَيَّ لَدَى أَبِي رَبِّنَا يَسُوعَ الْمَسِيحِ، الَّذِي مِنْهُ تُسَمَّى كُلُّ عَشِيرَةٍ فِي السَّمَاوَاتِ وَعَلَى الأَرْضِ. لِكَيْ يُعْطِيَكُمْ بِحَسَبِ غِنَى مَجْدِهِ، أَنْ تَتَأَيَّدُوا بِالْقُوَّةِ بِرُوحِهِ فِي الإِنْسَانِ الْبَاطِنِ، لِيَحِلَّ الْمَسِيحُ بِالإِيمَانِ فِي قُلُوبِكُمْ، وَأَنْتُمْ مُتَأَصِّلُونَ وَمُتَأَسِّسُونَ فِي الْمَحَبَّةِ، حَتَّى تَسْتَطِيعُوا أَنْ تُدْرِكُوا مَعَ جَمِيعِ الْقِدِّيسِينَ، مَا هُوَ الْعَرْضُ وَالطُّولُ وَالْعُمْقُ وَالْعُلْوُ، وَتَعْرِفُوا مَحَبَّةَ الْمَسِيحِ الْفَائِقَةَ الْمَعْرِفَةِ، لِكَيْ تَمْتَلِئُوا إِلَى كُلِّ مِلْءِ اللهِ» (أفسس ٣: ١٤ ـ ١٩).

ما أريد أن أشير إليه هنا هو أن لا أحد منا يمكنه فهم ذلك الأمر بشكل فردي. لكن فقط عندما نأتي جنبًا إلى جنب مع إخوتنا المؤمنين

ومع جميع القديسين نكون معًا قادرين على فهم مجمل يسوع المسيح، الارتفاع، العمق، العرض، والعلو.

صلى بولس للكنيسة كي «**وَتَعْرِفُوا مَحَبَّةَ الْمَسِيحِ الْفَائِقَةَ الْمَعْرِفَةِ، لِكَيْ تَمْتَلِئُوا إِلَى كُلِّ مِلْءِ اللهِ**» (الآية ١٩). أليست تلك أعظم جملة؛ أنَّ كنيسة يسوع المسيح ستكون مسكن ملء الله؟ مجمل الله في كل طبيعته، في كل قوته وفي كل جوانبه سيكون معلنًا في الكنيسة.

هناك مكان آخر أعرفه في الكتاب المقدس حيث ذُكرت عبارة ملء الله، وهو في كولوسي ٢ «**فَإِنَّهُ فِيهِ يَحِلُّ كُلُّ مِلْءِ اللاَّهُوتِ جَسَدِيًّا**» (الآية ٩). في المسيح تجلى الله بالكامل، ليس جزئيًا بل بالكامل. لاحظ من ذلك الجزء المذكور أعلاه من أفسس بأنَّ الروح القدس هو الذي سيتمم خدمة المجد ويجعله متاحًا، عندما يتمم الروح القدس عمل تشكيل جسد المسيح، سيستعلن من جديد ملء الله.

لا تظن أبدًا بأنَّ ذلك سيحدث معك لوحدك. ذلك سيحدث فقط عندما نأتي جنبًا إلى جنب مع المؤمنين الآخرين في وحدة الإيمان والاعتراف بالمسيح عندها ستكون قادرًا مع كل القديسين على فهم عرض وطول وعمق وارتفاع الله، وبالتالي ستكون امتلأت بكل ملء الله. ذلك هو هدف الله لجسد المسيح «الكنيسة».

كيف سيحدث ذلك

إشعياء النبي يعطينا الخطوط العريضة بشأن الكيفية التي سيحدث بها ذلك. إشعياء ٥٩: ١٩ ـ ٦٠: ٥ يعطينا الصورة، دعونا نأخذها آية تلو الآية.

«فَيَخَافُونَ مِنَ الْمَغْرِبِ اسْمَ الرَّبِّ، وَمِنْ مَشْرِقِ الشَّمْسِ مَجْدَهُ. عِنْدَمَا يَأْتِي الْعَدُوُّ كَنَهْرٍ فَنَفْخَةُ الرَّبِّ تَدْفَعُهُ» (الآية ١٩). سيظهر الله نفسه بتلك الطريقة التي ستجعل كل الأرض تخافه وترى مجده.

«عِنْدَمَا يَأْتِي الْعَدُوُّ كَنَهْرٍ فَنَفْخَةُ الرَّبِّ تَدْفَعُهُ (روح الرب سيرفع معيارًا تجاهه)» (الآية ١٩). الحقيقية هي أنَّ العدو يأتي كفيضان. يمكننا أن نرى في الولايات المتحدة أنَّ العدو ـ الشيطان ـ قد تغلغل في كل مجال من مجالات الحياة الوطنية في العقود القليلة الماضية في السياسية والاجتماعية، المدارس، الكليات والمعاهد، والجامعات. ليس فقط يأت كفيضان إلى العالم ولكن قبل كل شيء، يأتي على الكنائس، معظمنا لا يحتاج إلى أن يقتنع بذلك.

ذلك هو إتمام نبوة يوئيل النبي حيث شعب الله وميراثه قد خُرِّب بسبب غزو جيش من الحشرات، والكنيسة غُزيت على مر العصور من

جيشُ قضاء الله العظيم. اليرقان، الجراد والقمص، تحركت جميعُها ودمرت ميراث شعب الله، ولكن الله يقول بأنَّ روحه سيتحرك بيننا. عندما يأتي العدو كالفيضان، حينها سيعلو روح الرب بذات المعيار ليقاومه.

والمعيار الذي يرفع إليه روح الله هو فقط شخص واحد، وهو يسوع المسيح. الروح القدس لا يرفع شخصية بشرية؛ ولا يرفع عقيدة، ولا يرفع مؤسسة. هو قد جاء إلى الكنيسة ليفعل أمرًا واحدًا. يسوع قال: «**وَأَمَّا مَتَى جَاءَ ذَاكَ رُوحُ الْحَقِّ فَهُوَ يُرْشِدُكُمْ إِلَى جَمِيعِ الْحَقِّ لأَنَّهُ لاَ يَتَكَلَّمُ مِنْ نَفْسِهِ بَلْ كُلُّ مَا يَسْمَعُ يَتَكَلَّمُ بِهِ وَيُخْبِرُكُمْ بِأُمُورٍ آتِيَةٍ. ذَاكَ يُمَجِّدُنِي لأَنَّهُ يَأْخُذُ مِمَّا لِي وَيُخْبِرُكُمْ.**» (يوحنا ١٦: ١٣ ـ ١٤). فخدمة الروح القدس داخل الكنيسة هي إظهار، تعظيم وتمجيد الرب يسوع المسيح.

في العصور القديمة، عندما كان الجيش يواجه خطر الهزيمة، كانت التوجيهات لحامل اللواء من قبل القائد العام، العثور على قطعة أرض مرتفعة والوقوف عليها ورفع الراية، وما أن يرى الجنود في الجيش وهم ينظرون حولهم تلك الراية مرفوعة، كانوا يدركون بأنَّها علامة لهم كي يجمعوا صفوفهم كمجموعة حول قاعدة الراية.

هــذا ما حدث ويحــدث في العقود الأخــيرة في الكنيسة كمؤمنين يصلون، يبدأ الروح القدس برفع الراية التي هي يسوع المسيح. من كل جــزء في كنيسة الله، الناســ الذين أشقاهم وأضناهــم التعب وأولئك من يواجهون خطر التقهقر والتشرد وأخيرًا المهزومون. كل الذين رفعوا أصواتهم في الصلاة، واتجهوا نحو الراية المرفوعة؛ وهي ليست طائفة ولا الكنيسة، بل هي الرب يسوع المسيح.

الله يجمــع شعبه، ذلك هو موضــوع إشعياء ٥٩: ٢٠ **«وَيَأْتِي الْفَادِي إِلَى صِهْيَوْنَ وَإِلَى التَّائِبِينَ عَنِ الْمَعْصِيَةِ فِي يَعْقُوبَ، يَقُولُ الرَّبُّ»**.

وشعــب الله سيعود للرب، والرب سيرجع إلى شعبه. علينا أن نتوب ونرجع عــن تقهقرنا، عن شهواتنا واكتفائنا الذاتــي وانتماءاتنا الطائفية وتمردنا، عندما نعود عن تجاوزاتنــا ونتجه إلى الفادي، سنجد بأنَّ الفادي قد جاء إلى صهيون، والتعويض أتى إلى شعب الله.

ويستمر الله معلنًا في نفس السياق:

«أَمَّا أَنَا فَهذَا عَهْدِي مَعَهُمْ، قَالَ الرَّبُّ: رُوحِي الَّذِي عَلَيْكَ، وَكَلاَمِي الَّذِي وَضَعْتُهُ فِي فَمِكَ لاَ يَزُولُ مِنْ فَمِكَ، وَلاَ مِنْ فَمِ نَسْلِكَ، وَلاَ مِنْ فَمِ نَسْلِ نَسْلِكَ، قَالَ الرَّبُّ، مِنَ الآنَ وَإِلَى الأَبَدِ.» (إشعياء ٥٩: ٢١).

ذلـك التعويض والاسـترداد ليس جزئيًـا كما أنَّه ليــس وقتيًا. هو نهائي ودائم، إنَّه الاسترداد «التعويض» العظيم النهائي من روح الله إلى شعب الله الذين كانوا يعيشون لقرون عديدة كالأيتام دون معزي، ذلك الاسترداد هو للأبد.

تبديد الظلام

في الإصحاح ٦٠ برغم وجود فصل بين الإصحاحين إلا أني أعتقد بأنَّ النبـوة متتابعة، نلاحظ التناقض الهائل بيـن النور والظلمة، كانت الرسالة لشعب الله، لصهيون:

«قُومِي اسْتَنِيرِي لأَنَّهُ قَدْ جَاءَ نُورُكِ، وَمَجْدُ الرَّبِّ أَشْرَقَ عَلَيْكِ. لأَنَّهُ هَـا هِيَ الظُّلْمَةُ تُغَطِّي الأَرْضَ وَالظَّـلاَمُ الدَّامِسُ الأُمَمَ. أَمَّا عَلَيْكِ فَيُشْرِقُ الرَّبُّ، وَمَجْدُهُ عَلَيْكِ يُرَى» (إشعياء ٦٠: ١ ـ ٢).

ذلك هو تحديدًا ما نحن فيه الآن، الظلمة تغطي الأرض، وبعد ذلك ظلام دامس سيغطي شعوب الأرض، لنكن واقعيين. الكتاب المقدس يكشـف لنا ذلك الأمر بوضـوح ويمكننا رؤية العديد مـن الأدلة على نـوع الظلام الذي لم نتوقعه من قبل وذلك قبل أن يبدأ بابتلاع سكان الأرض. ولكن وسـط الظلام نجد أنَّ رسالة الله لشعبه هي ارتفاع مجد الله علينا.

هـذا التضاد، النور يـزداد بريقًا، والظلام يزداد حلــوكًا، وقد وصلنا حتمًـا وقطعًا إلى مفترق الطرق الحيادية من الآن وصاعدًا لن يكون لها مكان، يسوع قال بأنَّ كل من ليس معه فهو عليه (متى ١٢: ٣٠).

كل واحد منا عليـه أن يتخذ قرارًا ويلتزم به. هل نحن نحب النور؟ سنأتــي إلى النور. إن كنا نرفض المجيء إلى النور فيسوع قال: هذا لأنَّ أفعالنــا شريرة. فالنور جاء إلى العــالم، والإنسان أحب الظلام أكثر من النــور. (يوحنا ٣: ١٩). ذلك الخيار يواجه كل واحد منا. هل سأسلك في النــور؟ هل أنا ذاهـب لأتحد مع النور وأهداف النـور على الأرض؟ أم أني سأختبـئ بعيـدًا في الظلام وهـو يزداد قتامـة وعمقًا على وجه الأرض.

أود أن أقـدم لك ثلاث آيات كتابية أعتقـد بأنَّ كلها توضح حقيقة ذلـك الانقسام المتزايد. الأولى في تكويـن ١٥: ٥. حيث كان إبراهيم يتضـرع إلى الله لأجل الأبناء الذين قد وعده بهـم، لأنَّه لا أبناء لديه. الآية تقـول بأنَّ الرب اقتاده خارجًا في ليلة مظلمـة وأراه نجوم السماء. وقـال له: «عـدَّ النجوم، هكـذا سيكون نسلـك» وآمـن إبراهيم بالله، والآية ٦ تخبرنا بأنَّ الله «حسبه له برًّا».

الله بين لي في رؤية وسط إحدى العظات بأنَّ ذلك ينطبق علينا نحن أيضًا. رسالة غلاطية تخبرنا بأننا بالإيمان بيسوع المسيح نحن أولاد إبراهيم. (غلاطية ٣: ٧).

نقول عادة، بأننا لا نولي النجوم اهتمامًا كبيرًا، ولكن عندما تميل الشمس نحو الغروب، ولا يكون القمر ساطعًا. عندما يكون كل مصدر طبيعي للنور خابئ. تبدو النجوم وتلمع أكثر من أي وقت رأيتها فيه تلمع، ذلك هو بالضبط ما سيكون عليه الحال في نهاية الزمان، كلما غطى الظلام الأرض والظلمة الدامسة الناس، وكلما ازداد الليل الحالك قتامة، أبناء إبراهيم من خلال الإيمان بيسوع المسيح، سيلمعون كالنجوم في بهائها، ذلك هو المكان الذي نتطلع إلى الاقتراب منه.

الآية الثانية هي في سفر نشيد الأنشاد، هنا نرى لمحة خاطفة عن العروس المشرقة بمجدها. **«مَنْ هِيَ الْمُشْرِفَةُ مِثْلَ الصَّباحِ جَمِيلَةٌ كَالْقَمَرِ طَاهِرَةٌ كَالشَّمْسِ مُرْهِبَةٌ كَجَيْشٍ بِأَلْوِيَةٍ؟»** (نشيد الأنشاد ٦: ١٠).

العالم ينتفض في ذهول، العالم لم يشهد كنيسة مثل تلك من قبل. من هي المشرفة علينا كالصباح؟ في ليلة عتماء، صافية كالقمر. وعمل القمر هو عكس بهاء الشمس. وأنت تعلم بالطبع أنَّ القمر يظهر على

مراحل مراحل، يشع ويخبو.

كنيسة يسوع تشع وتخبو، ولكن عندما ستصل إلى مرحلة اكتمال القمر، العالم سيرى كنيسة مجيدة تعكس مجد وإشراق الإبن. سيكون لها سلطان ابن البر، يسوع المسيح، الذي منحها إياه. ستكون مرهبة كجيش بألوية. من رأى كنيسة كهذه- ترهب جنود الخطيئة والشر والظلام والشيطان؟ الكنيسة الآتية ستجعل قوى الشيطان ترتعش وتفر هاربة.

أمر واحد كان الله قد أظهره لي عن الشيطان وهو أنَّ هناك رسالة تخيفه أكثر من أي رسالة أخرى. وهي رسالة ما ستكون عليه الكنيسة وما ستفعله الكنيسة بالشيطان. أنا أعتقد بأنَّ الشيطان يحارب ضد هذه الحقيقة أكثر من أي أمر آخر.

الآية الثالثة التي تبين لنا الفجوة المتنامية بين النور والظلام موجودة في سفر الرؤيا. إنّها نفس الحقيقة تُنقل إلينا بطريقة أخرى. فالسفر الأخير وتقريبًا الآية الأخيرة في الكتاب المقدس تقول لنا ذلك.

وقال (الملاك) لي (يوحنا) لا تختم على أقوال نبوة هذا الكتاب لأنَّ الوقت قريب. من يظلم (من يأثم) فليظلم (ليأثم) بعد. ومن هو نجس

فليتنجس بعد. ومن هو بار فليتبرر بعد. ومن هو مقدس فليتقدس بعد. وها أنا (يسوع) آتي سريعًا وأجرتي معي لأجازي كل واحد كما يكون عمله» (رؤيا ٢٢: ١٠ ـ ١٢).

أترى الوقت، لقد صار في متناول اليد. يسوع آتٍ سريعًا. فما هي الرسالة؟ استمع: إنَّها رسالة مخيفة. فكل من هو أثيم، فليأثم أكثر. ومن هو قذر فيبقى في قذارته أكثر. ومن هو بار فليزداد برًا. ومن هو مقدس، ليزداد قداسة. لا يمكنك أن تقف كما أنت؛ إما أن ترتفع أو تنخفض. أن تكون ثابتًا، ساكنًا أو محايدًا. لم يعد ذلك ممكنًا. إن كنت تريد النجاة، دعني أخبرك بأمر واحد فقط: من الأفضل أن تبذل كل ما في وسعك لأجل النجاة، ولا تتوقع أن يبذل الواعظ كل ما بوسعه لأجل نجاتك.

أتذكر رجلاً اتصل بي طالبًا المشورة بشأن مشكلة تواجهه. كانت مشكلته هي مشاهدة المواد الإباحية «القذرة.» كان قائدًا لاجتماع الشباب في كنيسة كبيرة ومعروفة وفي طائفة معروفة، لكنَّه كان متورطًا في مشاهدة المواد الإباحية، وقال بأنَّ غرفته مليئة بكم كبير منها، وأنَّه غير قادر على الابتعاد عنها.

أخبرته كيف يتوب وكيف يتحرر. في العام التالي كنت في نفس

المنطقة مـرة أخرى، ونفس الرجل اتصل بي طلبًا للمساعدة في نفس المشكلة. قلت: «لديك فرصة، لماذا لم تعمل على ما قلته لك في العام الماضـي؟» وقال بأنَّه مستعد للحضور إليَّ لرؤيتي. فحددنا موعدًا؛ لكنَّه لم يـف به. اتصل بي في اليوم التالي، وقال: «أنا آسف لأني لم أحافظ على موعدي، فقد ذهبت لمشاهدة فيلم إباحي، قذر».

هـل تعلـم ما الذي قلتـه له؟ قلت: «مـن الأفضل لـك أن تكمل حياتك وتعيش في ذلك الأمر، لأنَّه لن يكون لديك الكثير من الوقت» وذلـك الأمر قذر. كل من يحيا في القذارة دعـه يكون أكثر قذارة لأنَّه لم يعد لديه الكثير من الوقت. تلك هي كلمات الآية. أنا لم أفكر أبدًا في تلك الآية، بذلك الوضوح من قبل، لكنَّها ـ أوه! ـ تنطبق فعلاً على ذلـك الرجل. فهو رجل يشارك في القذارة ومـع ذلك يتظاهر بأنَّه يريد التحرر.

لـو كنت آثم، استمـر، يا صديقي، كن آثمًا أكثر، ولو كنت تعيش في القـذارة فاستمر في القذارة لأنَّه لم يعـد أمامك الكثير من الوقت. ولـو كنت بـارًا فلا تثق في بـرك، بل كن أكثر برًا. ولو كنت مقدسًا فلتكـن أكثر قداسة. لا شيء يخدع شعب الله أكثر من اعتقادهم بأنَّ

خلاصهم هو حالة ثابتة، وصلوا إليها عندما تقدموا إلى الأمام حيث مذبح الكنيسة مرددين تلك الصلاة القصيرة وهم يشدُّون على يد القس، تلك هي صورة ساخرة عن الخلاص، فالخلاص ليس مجرد حالة ثابتة، بل أسلوب حياة.

أمثال ٤ : ١٨ تقول هذا: «**أَمَّا سَبِيلُ الصِّدِّيقِينَ فَكَنُورٍ مُشْرِقٍ يَتَزَايَدُ وَيُنِيرُ إِلَى النَّهَارِ الْكَامِلِ**» وأيوب١٧ : ٩ يقول هذا:«**أَمَّا الصِّدِّيقُ فَيَسْتَمْسِكُ بِطَرِيقِهِ وَالطَّاهِرُ الْيَدَيْنِ يَزْدَادُ قُوَّةً**».

الملايين من مرتادي الكنائس هم مخدوعون بشأن طبيعة الخلاص. ويجب أن أعترف بشيء من المسئولية بأنه قد غرر بهم، أنا كنت قد بشرت برسالة الخلاص التي لم تكن تتفق مع كلمة الله. فالخلاص ليس شارة للجدارة تحصل عليها لأنَّك كنت جالسًا في مقعد الكنيسة لـ ١٥ عامًا. لكنَّه أسلوب حياة وهو أسلوب يتقدم نحو الأمام. فإن كنا لا نسير في طريق البر وإن النور لا يزداد لمعانًا أمامنا. إذن نحن في ضلال. فطريق البر كنور ساطع، يضيء أكثر وأكثر حتى النهار الكامل.

نتيجة ذلك المجد

ما هي النتيجة التي ستحصل عليها الكنيسة التي ستُظهر المجد؟

اعتقد بأنَّ الآيات الثلاث التالية من إشعياء ٦٠ تخبرنا بالإجابة: «فَتَسِيرُ الأُمَمُ فِي نُورِكِ، وَالْمُلُوكُ فِي ضِيَاءِ إِشْرَاقِكِ» (إشعياء ٦٠: ٣).

أم وحكَّام سيتحولون إلى الكنيسة، هل تعلم بأنَّ غالبية حكَّام الدول هم في نهاية حكمتهم اليوم؟ وليست لديهم إجابة على مشاكلهم، وهم يعرفون ذلك.

أعتقـد بأنَّه عندما تكون الكنيسة ما ينبغي لها أن تكونه. سيصطف حكَّام الدول على بابنا، يسألوننا عن إجابـة للساعات الحالكة المقبلة، وهـي مقبلة. ولكـي نستعد لذلـك اليوم علينـا أن نكـون حارين في الصـلاة. دانيال ويوسـف، هذان الرجلان كانا مثالاً لرجال من تلك النوعية إذ ظلَّا ثابتين في صلاة مستمرة أثَّرت على الحكم في دولتيهما. ففـي الساعات الحرجة في اثنتين من أكبر الإمبراطوريات الأمية، ذهب الحكَّام إلى ذينك الرجلين اليهوديين اللذين قد امتلكا ما هو أكثر من الحكمة البشرية. فقد كان لديهما جوابًا من الله وضعهما على الفور في أعلى مناصب السلطة في تلك الإمبراطوريتين الأميتين. إله دانيال ويوسـف هـو إله كنيسة يسوع المسيح، مثل دانيـال ويوسف نحن في حاجة لأن نكون قادرين علـى الذهاب إلى الرب طلبًا للإجابة وأخذها إلى الحكَّام.

في إشعياء ٦٠: ٤ نقرأ أنَّ البنين قد أتوا. فيقال للكنيسة: «ارْفَعِي عَيْنَيْكِ حَوَالَيْكِ وَانْظُرِي. قَدِ اجْتَمَعُوا كُلُّهُمْ. جَاءُوا إِلَيْكِ. يَأْتِي بَنُوكِ مِنْ بَعِيدٍ وَتُحْمَلُ بَنَاتُكِ عَلَى الأَيْدِي»

هناك الكثير من نبوات الأيام الأخيرة عن البنين «الشباب» لننظر إلى أعمال ٢: ١٧ «يَقُولُ اللهُ: وَيَكُونُ فِي الأَيَّامِ الأَخِيرَةِ أَنِّي أَسْكُبُ مِنْ رُوحِي عَلَى كُلِّ بَشَرٍ فَيَتَنَبَّأُ بَنُوكُمْ وَبَنَاتُكُمْ وَيَرَى شَبَابُكُمْ رُؤًى وَيَحْلُمُ شُيُوخُكُمْ أَحْلاَمًا». هناك تدفق هائل من الشباب القادم إلى كنيسة يسوع المسيح. لقد بدأ ذلك بالفعل؛ ففي السنوات الأخيرة شهدنا خدمات معمودية على سبيل المثال في الساحل الغربي من الولايات المتحدة حيث عُمِّد أربع أو خمسة آلاف شاب في مياه البحر، وشهدوا عن إيمانهم بيسوع المسيح.

لقد وضعت بعمق في قلبي أن تكون لدينا إجابة لأجل أولئك الشباب عندما يأتون. لا أعتقد بأنَّهم سيدخلون إلى كنيسة مؤسسية كالتي نعرفها. صلاتي هي: يا رب امنع ذلك! لدينا مسئولية منحهم نموذجًا بسيطًا للحياة المسيحية وبعض التدريبات التي يمكن أن تطبق دون أن يصبحوا متحجرين، ويضفي الطابع المؤسسي على حياتهم كما عشنا أنا وأنت لسنوات طويلة.

الآيــة الخامسة من إشعياء ٦٠ تخبرنا بمـا سيحدث للكنيسة، وتلك هي واحدة من الآيـات التي أحبها: «حِينَئِذٍ تَنْظُرِيــنَ وَتُنِيرِينَ وَيَخْفُقُ قَلْبُكِ وَيَتَّسِعُ، لأَنَّهُ تَتَحَوَّلُ إِلَيْكِ ثَرْوَةُ الْبَحْرِ، وَيَأْتِي إِلَيْكِ غِنَى الأُمَمِ» لقد بدأت الكنيسة ترى وتُدرك بعد أن ظلت عمياء لقرون، من هو الله، وما الذي يقوم به. والشيء التالي هو أنَّ الكنيسة سوف تفيض معًا. الآيات من ٥ حتى ٧. الكثير الكثير من الينابيع الصغيرة ستنساب من الكثير الكثير من المناطق المختلفة، حتى تلتقي بالينبوع العظيم الذي سيصبح نهرًا، وذلك النهر سيغدو نهرًا عظيمًا، وسيتدفق إلى محيط كبير سيملأ كل الأرض بمعرفة الرب كما تغطي المياه البحر.

في أول مرة أعطاني فيها الله موهبة ترجمة الألسنة، كنت قد عُمِّدت بالــروح القدس قبلها بــ ٤٨ ساعة فقــط. حينها تكلمــت بلسان غير معروف، ودون أن أدرك بدأت أترجم. ولم أعرف ماذا كان هذا، ولكني كنــت أعرف بأني لم أكن أختار الكلمات التــي أقولها. ودهشت. وأنا لا أزال أذكــر الكلمــات التي ترجمتها بكل وضوح كمــا لو أنّها كانت قد حدثت بالأمـس: سيكون كنبع صغير، والنبع سيصبح نهرًا، والنهر سيضحى نهرًا كبير، والنهر الكبير سيغدو بحرًا، والبحر سيصير محيطًا عظيمًا.

أنـا أؤمن بذلـك. في تلك المرحلـة، لو كنت قد تحدثـت معي عن النهضة لم أكن لأعرف ما الذي تتحدث عنه. لم تكن لدي أي عقيدة أو معرفة بالكتاب المقدس، ولا حتى خلفية عن الأوساط التبشيرية، لا شـيء. تلك كانت أول مرة يتحدث فيها الله لي بشكل فردي، وقد قال لي ما كان سيفعل. ذلك كان منذ عدة عقود مضت، وأنا في مكان أرى فيه النهر الكبير وقد بدأ يتدفق.

ولكن ذلك لم يكن نهاية المطاف. النهر الكبير سيغدو بحرًا، والبحر سيصـير محيطًا عظيمًـا. وهو هنا تجده في كلمـة الله: «حينذاك تنظري (وتدفقـي معًا)» أشعيا ٦٠: ٥ في ترجمة الملك جيمس. كل من سيرى راية يسوع المسيح المرفوعة سيأتي من زاويته الصغيرة ومن تله الصغير، ومن واديه الصغير، وسينسابوا معًا إلى نهر كبير واحد.

عندمـا رأى حزقيال المياه الحية التـي تدفقت من الهيكل في ختام كتابـه النبوي، كان عمقها الأولى يصـل فقط حتى الكعبين. ثم مضى إلى الأمـام ألف ذراع، فارتفعت المياه ووصلت إلى ركبتيه. ثم بعد ألف ذراع أخـرى وصلت المياه إلى حقويه. وبعد الألـف التالية كانت مياه سباحة ونهرًا لا يُعبر. عندما تصبح الكنيسة في عمقها كمياه سباحة لا تُعبر. لن تكون بعيدة عما يحدث حولها أو متأخرة عنه في الزمن، عندما يتدفق النهر بعمق كاف لنسبح فيه، سيعرف العالم أننا هنا.

أتعلــم بأنَّ هنــاك أمرًا واحدًا أشعر به من نحــو الاختطاف؟ وينبغي أن يحدث عنــد ذهابنا من هذا العالم وهو افتقاد العالم لنـا. وأنا في وقتنا الحاضر أشك فيما إن كان العالم يعرف بأنَّ الاختطاف سيحدث. ولكن عندما نذهب، سيشعرون بفقدانهم لنا، تلك هي قناعتي.

الآيــة ٥ أيضًا تقول: «تَتَحَوَّلُ إِلَيْكِ ثَرْوَةُ الْبَحْرِ، وَيَأْتِي إِلَيْكِ غِنَى الأُمَمِ». غنــى أم العالــم سيأتـي إلى الكنيسة. الله رتـب ثلاث هياكل عظيمــة لتبنى لأجل مجده من قبل شعبــه، الأول كان خيمة موسى. والثانــي هو هيــكل سليمان. والثالث كنيسة يسـوع المسيح. أنا أعرف بــأنَّ هناك مبانٍ أخـرى ولكن أي منها لا يقع في نفس التصنيف كتلك المباني الثلاث. فكل من تلك المباني كان له نموذج إلهي. كل منها كان له شروط إلهيه ولكل منها كان له غرض إلهي.

دعونا نقضــي برهة، ننظر إلى هيكل سليمان وسأوضح لك قصدي، بعد ذلك سنرى أوجه الشبه معًا كي نصلي بها لأجل الكنيسة.

بنـاء الهيكـل

أخبــار الأيام الأولى ٢٨ تقدم لنا كلمــات داود أثناء التحضير لبناء الهيــكل العظيم. أود أن أقدم لك جزءًا خاصًا من ذلك الإصحاح كي

أوضح لك إلى أي مدى كان الله يدير عمل ذلك النموذج.

«وَأَعْطَى دَاوُدُ سُلَيْمَانَ ابْنَهُ مِثَالَ الرِّوَاقِ وَبُيُوتِهِ وَخَزَائِنِهِ وَعَلاَلِيِّهِ وَمَخَادِعِهِ الدَّاخِلِيَّةِ وَبَيْتِ الْغِطَاءِ، وَمِثَالَ كُلِّ مَا كَانَ عِنْدَهُ بِالرُّوحِ» (الآيات ١١ ـ ١٢).

حصل داود على نموذج لبناء الهيكل عن طريق روح الله، عبر رؤية إلهية، لنقرأ المزيد:

«لِدِيَارِ بَيْتِ الرَّبِّ وَلِجَمِيعِ الْمَخَادِعِ حَوَالَيْهِ، وَلِخَزَائِنِ بَيْتِ اللهِ وَخَزَائِنِ الأَقْدَاسِ، وَلِفِرَقِ الْكَهَنَةِ وَاللاَّوِيِّينَ، وَلِكُلِّ عَمَلِ خِدْمَةِ بَيْتِ الرَّبِّ، وَلِكُلِّ آنِيَةِ خِدْمَةِ بَيْتِ الرَّبِّ. فَمِنَ الذَّهَبِ بِالْوَزْنِ لِمَا هُوَ مِنْ ذَهَبٍ، لِكُلِّ آنِيَةِ خِدْمَةٍ فَخِدْمَةٍ، وَلِجَمِيعِ آنِيَةِ الْفِضَّةِ فِضَّةً بِالْوَزْنِ، لِكُلِّ آنِيَةِ خِدْمَةٍ فَخِدْمَةٍ. وَبِالْوَزْنِ لِمَنَائِرِ الذَّهَبِ وَسُرُجِهَا مِنْ ذَهَبٍ بِالْوَزْنِ لِكُلِّ مَنَارَةٍ فَمَنَارَةٍ وَسُرُجِهَا، وَلِمَنَائِرِ الْفِضَّةِ بِالْوَزْنِ لِكُلِّ مَنَارَةٍ وَسُرُجِهَا حَسَبَ خِدْمَةِ مَنَارَةٍ فَمَنَارَةٍ.» (الآيات ١٢ ـ ١٥).

كل مادة من ذهب أو فضة، حجم الذهب والفضة المطلوبة لصنع تلك الأدوات المحددة بالتدقيق، تم تأمينها بشكل شخصي من داود حتى آخر درهم.

«وَذَهَبًا بِالْوَزْنِ لِمَوَائِدِ خُبْزِ الْوُجُوهِ لِكُلِّ مَائِدَةٍ فَمَائِدَةٍ، وَفِضَّةً لِمَوَائِدِ الْفِضَّةِ. وَذَهَبًا خَالِصًا لِلْمَنَاشِلِ وَالْمَنَاضِحِ وَالْكُؤُوسِ. وَلأَقْدَاحِ الذَّهَبِ بِالْوَزْنِ لِقَدَحٍ فَقَدَحٍ، وَلأَقْدَاحِ الْفِضَّةِ بِالْوَزْنِ لِقَدَحٍ فَقَدَحٍ. وَلِمَذْبَحِ الْبَخُورِ ذَهَبًا مُصَفًّى بِالْوَزْنِ، وَذَهَبًا لِمِثَالِ مَرْكَبَةِ الْكَرُوبِيمِ الْبَاسِطَةِ أَجْنِحَتَهَا الْمُظَلِّلَةِ تَابُوتَ عَهْدِ الرَّبِّ. قَدْ أَفْهَمَنِي الرَّبُّ كُلَّ ذلِكَ بِالْكِتَابَةِ بِيَدِهِ عَلَيَّ، أَيْ كُلَّ أَشْغَالِ الْمِثَالِ» (الآيات ١٦ ـ ١٩).

يا له من مبنى عندما تكون الشوك فيه مصنوعة من الذهب الخالص! النموذج بالكامل أعطي بطريقة خارقة للطبيعة من خلال روح الله. كل وعاء بتركيبته المتقنة، بقوالبه، بوزنه وبالكمية اللازمة بالتحديد من الذهب أو الفضة لإنتاج كل وعاء كان كله قد أعطي بواسطة الروح القدس.

ما أن حصل على ذلك التصميم، حتى شرع داود بشراء كل الأدوات اللازمة.

وعلاوة على ذلك، قال داود الملك لكل المجمع: **«وَقَالَ دَاوُدُ الْمَلِكُ لِكُلِّ الْمَجْمَعِ: «إِنَّ سُلَيْمَانَ ابْنِي الَّذِي وَحْدَهُ اخْتَارَهُ اللهُ، إِنَّمَا هُوَ صَغِيرٌ وَغَضٌّ، وَالْعَمَلُ عَظِيمٌ لأَنَّ الْهَيْكَلَ لَيْسَ لإِنْسَانٍ بَلْ لِلرَّبِّ الإِلهِ»** (١أخبار الأيام ٢٩: ١).

مـن بين الأسباب التي أحبَّ الله داود كثيرًا لأجلها، أنَّه كان يعمل الأمـر بكل قوته. عندما عمـل داود كل تلك الأمور لم يعملها بنصف قلب، بل بكل قلبه. كان مخلصًا في العبادة، مخلصًا في العطاء ومخلصًا في التكريس. قال:

«وَأَنَا بِكُلِّ قُوَّتِي هَيَّأْتُ لِبَيْتِ إِلهِيَ: الذَّهَبَ لِمَا هُوَ مِنْ ذَهَبٍ، وَالْفِضَّةَ لِمَـا هُوَ مِنْ فِضَّـةٍ، وَالنُّحَاسَ لِمَا هُوَ مِنْ نُحَاسٍ، وَالْحَدِيدَ لِمَا هُوَ مِنْ حَدِيدٍ، وَالْخَشَـبَ لِمَا هُـوَ مِنْ خَشَـبٍ، وَحِجَـارَةَ الْجَـزْعِ، وَحِجَـارَةً لِلتَّرْصِيعِ، وَحِجَارَةً كَحْلاَءَ وَرَقْمَـاءَ، وَكُلَّ حِجَارَةٍ كَرِيمَةٍ، وَحِجَارَةَ الرُّخَامِ بِكَثْرَةٍ» (الآية ٢).

هـل ذلك يشعرك بأنـك غني؟ عندما قرأت تلـك الآيات أخذت أفكر يا للإله العظيم الذي لدينا. لا يوجد شح، لا توجد دناوة، لا ضيق أفق مع الله. كل شيء يتعلق به هو وفير ومجيد.

ثم قدَّم داود من موارده الخاصة: **«وَأَيْضًا لأَنِّي قَدْ سُرِرْتُ بِبَيْتِ إِلهِي، لِي خَاصَّـةٌ مِـنْ ذَهَبٍ وَفِضَّةٍ قَـدْ دَفَعْتُهَا لِبَيْتِ إِلهِي فَوْقَ جَمِيـعِ مَا هَيَّأْتُهُ لِبَيْتِ الْقُدْسِ: ثَلاَثَةَ آلاَفِ وَزْنَةِ ذَهَبٍ مِنْ ذَهَبِ أُوفِيرَ»** (الآيتان ٣ ـ ٤).

يمكننـا تقدير وزنة الذهب النقي في زمـن داود بما قيمته على الأقل

اليوم ٨٠٠٠٠٠ دولار أمريكي. وقد قدَّم داود من ثروته الخاصة ما يقرب من ٣٠٠٠ وزنة ذهب. ويقدر ذلك بـ ٢,٤ مليار دولار أمريكي، هل استوقفك أمر كهذا من قبل؟ لقد بدأ حياته وهو صبي راعٍ صغير. لكن بسبب بركة الله له، استطاع المساهمة بمليارات الدولارات من الذهب، ولن نحسب مقدار الفضة، فهي مجرد قطع نقدية صغيرة!

ثم تحدى الشعب الذي أعطى أيضًا عن طيب خاطر. جمعوا ٥٠٠٠ وزنة من الذهب الآية ٧. المزيد من المليارات. ولو أنَّك حسبت قيمة المواد الأخرى - الفضة والأحجار الكريمة - بالإضافة إلى كل ما كان عليهم استيراده، كشجر الأرز من لبنان مثلاً. أضف إليها الأحجار التي ستقطع لأجل البناء، والنقوش والأقمشة... ذلك التمويل بالكاد يمكن أن يُحسب.

لم يُعمل أي شيء ببخس أو بتعجل. لم يوضع أي أمر في المرتبة الثانية. كل شيء كان عليه أن يكون على أعلى مستوى وفقًا للنموذج الموضوع له بالضبط. وكل شيء كانوا في حاجة إليه تم توفيره حتى آخر درهم. بند وراء بند. لكل أعمدة الشموع الذهبية، لكل شوكة من ذهب ولكل طبق ذهبي، وكل وعاء ذهبي. توفرت القيمة المحسوبة له

من الذهب المقدم والمُشكل وفقًا للنموذج. لماذا؟ لأنَّ الغرض منه: كان لمجد الله.

بناء الجسد

الآن هـذه هي صورة كنيسة يسوع المسيح. فبينما نقترب من نهاية هـذا الزمـان، الله سيكمل أعظـم بنـاء رآه العالم من قبـل. حتى أنَّه سيجعـل هيكل سليمان يبدو ضئيـلاً أمامه، فما هو ذلـك البناء؟ إنَّه جسد المسيح.

اعتقد بأنَّه في هذا الجيل يهدف الله إلى استكمال ذلك البناء، وهذا معنـاه أنَّه مثلما كان هنـاك احتياج إلى ثروة شعب الله لإتمام بناء هيكل سليمـان، كذلك ستكون الحاجة إلى ثروة شعب الله لإتمام عمل كنيسة يسوع المسيح على الأرض.

والآن انتقلنا من الأمور الروحية إلى المادية. ألم نفعل ذلك؟ ما رأيك أنـت؟ هـل تؤمن بأنَّه أمر غـير روحي التحدث عـن الذهب والفضة؟ لـو كان الأمـر كذلك، فالكتـاب المقدس إذن كتاب غـير روحي تمامًا، وأورشليـم الجديدة «أورشليم السماوية» هي مكان غير روحي تمامًا، لأنَّ شوارعها مرصوفة بالذهب.

اسمع، كما تطلَّب هيـكل سليمان ثروة من شعب الله كي يكتمل، هكذا أيضًا كنيسة يسوع المسيح ستتطلب ثـروة شعب الله لإكمالها، والله هـو الذي سيمكِّن شعبه من العطاء بوفرة للكنيسة، تمامًا كما فعلوا مع الهيكل.

هل تعلـم بأنَّ ذلك كان واحدًا من الأسبـاب التي جعلتني أصبح مواطنًا أمريكيًا؟ قد تضحك، لكن تلـك هي الحقيقة. فمع أنه قد صار لي وقـت قصير كبريطاني في الولايات المتحدة الأمريكية إلا أني كنت توصلـت إلى استنتاج وأنا جاد بما أقول، وهـو أنَّ الله لديه خطة وغرض خاص للولايـات المتحدة الأمريكية. وليس من السهل على البريطاني رؤيـة ذلـك، كلنا يعلم بأنَّ الله قد بارك تلك الأمة ماديًا، تكنولوجيًا، وفي كل شيء كما لم تبارك أمة مثلها في تاريخ الأرض.

أعتقد بأنَّ الله فعل ذلك لأنَّه يريد الثروة، التكنولوجيا، المهارات في الولايات المتحدة أن تستخدم لإكمال بيت الله. أؤمن حقًا بأنَّ تلك هي الخطة التي من الله للولايات المتحدة الأمريكية.

أنـا أصلي لأجل تحقيق ذلـك الغرض، وقد بدأت أنـادي بأنَّ ثروة الولايات المتحدة هي لملكوت الله. ولا يوجد ما هو أكثر مأساوية من أن

تُبارك بممتلكات مادية ولا تكون لديك رؤيا بشأن استخدامها. تلك هي مأســاة الكثير في جيل الشباب، كل شيء أُلقــي في أحضانهم، أُعطي لهم بوفرة، ولا رؤيا لهم.

الآن، صديقي، الثراء بركة والفقر لعنة. الثروة بدون رؤية هي مجرد إحباط. ما أريد تقديمه لك هو رؤية. هل أنت راغب في تكريس خدماتك للــرب؟ هل ترغب في تكريس صلواتك جنبًــا إلى جنب مع مكاسبك ومواهبــك وقدراتــك لملكــوت الله ولكنيسة يسوع المسيــح؟ ذلك هو الشيء الوحيد الذي سيثبت حين ينهار كل شيء آخر.

ملكوت لا يتزعزع

انتقل معي إلى النبي حجي. في ختام سفره، يتنبأ الله بوضوح بهذه الآية: «**لأَنَّهُ هكَذَا قَالَ رَبُّ الْجُنُودِ: هِيَ مَرَّةٌ، بَعْدَ قَلِيل، فَأُزَلْزِلُ السَّمَاوَاتِ وَالأَرْضَ وَالْبَحْرَ وَالْيَابِسَةَ، وَأُزَلْـزِلُ كُلَّ الأُمَمِ. وَيَأْتِي مُشْتَهَى كُلِّ الأُمَمِ، فَأَمْلأُ هذَا الْبَيْتَ مَجْدًا، قَالَ رَبُّ الْجُنُودِ.**» (حجي ٢: ٦ ـ ٧).

تم اقتباســ تلك الآية في الرسالــة إلى العبرانيين الإصحاح ١٢ على أنَّهــا التدخــل العظيــم والأخير مــن الله في دينونته لــلأمم. وتلك هي الزلزلــة الأخيرة، الله سيزعزع كل شيء يمكــن أن يتزعزع، بما في ذلك

السياسات المضمونة، والسيارات والمنازل والاستثمارات في البنوك، كلها ستتزعزع، ولكن ستبقى أهداف الله: **«وَيَأْتِي مُشْتَهَى كُلِّ الأُمَمِ»** (حجي ٢: ٧). تلك هي ترجمة الملك جيمس الجديدة ولكن الترجمة الصحيحة هي: «ستأتي كنوز كل الأمم.» إلى أين؟ إلى بيت الله.

«فَأَمْلأُ هذَا الْبَيْتَ مَجْدًا، قَالَ رَبُّ الْجُنُودِ. لِي الْفِضَّةُ وَلِي الذَّهَبُ، يَقُولُ رَبُّ الْجُنُودِ. مَجْدُ هذَا الْبَيْتِ الأَخِيرِ يَكُونُ أَعْظَمَ مِنْ مَجْدِ الأَوَّلِ، قَالَ رَبُّ الْجُنُودِ. وَفِي هذَا الْمَكَانِ أُعْطِي السَّلاَمَ، يَقُولُ رَبُّ الْجُنُودِ» (حجي ٢: ٧ ـ ٩).

هل يمكن أن ترى الهدف العظيم؟ في أثناء انهيار كل شيء وزعزعة كل ما هو حولنا، بينما يزداد عمق الظلام وتخبط الأمم، سيلتجئ الملوك والحكام إلى النور المتزايد لكنيسة يسوع المسيح، سيأتون بكنوزهم إلى الكنيسة كي يتحقق غرض الله في نهاية الزمان: **«وَيُكْرَزُ بِبِشَارَةِ الْمَلَكُوتِ هذِهِ فِي كُلِّ الْمَسْكُونَةِ شَهَادَةً لِجَمِيعِ الأُمَمِ. ثُمَّ يَأْتِي الْمُنْتَهَى»** (متى ٢٤: ١٤).

الكرازة ببشارة الملكوت. ملء إنجيل يسوع -كمخلص وشافٍ ومحرر ومعمد- سيُكرز بها في كل العالم ولكل الأمم، ثم يأتي المنتهى.

والآن انتبه: دعنا نكون حساسين. الله يقول، «لي الفضة ولي الذهب»، فإن كانت لدى الشيطان الأموال فذلك لأنَّه قد سرقها. لمن تلك الأموال؟ لله. والله لم يعط الشيطان أي حق مشروع فيها. شعب الله يعتذرون لأنَّهم يملكون المال. إنَّه العالم الذي يجب أن يعتذر، وليس شعب الله، نحن من له الحق بها.

«لي الفضة ولي الذهب»، «مجد هذا البيت الأخير يكون أعظم من مجد الأول» بعبارة أخرى يقول الله: «هاتوا الفضة والذهب إلى بيتي وسترون ماذا سأفعل» علينا أن نكرز بإنجيل الملكوت كي نكمِّل كنيسة يسوع المسيح، لأنَّه يجب أن يأتي إلى الله من كل الممالك والأمم والشعوب والقبائل واللغات. (رؤيا ٧: ٩). يجب أن يُكرز بالإنجيل في كل العالم لإظهار قوة الروح القدس تمامًا كما كرز بولس. ثم يأتي المنتهى.

ما هو دوري وما هو دورك؟ هو أن نحكم في ملكوته ككهنة، مكرسين أنفسنا للصلاة ومتفانين في ملء بيته بمجده. الله أعطاني رؤيا لما خططه لأجلي بعد أسبوعين فقط من حصولي على الخلاص. ولم أعرف أن تلك هي رؤيا، ولم أعرف ما هي الرؤى، لكنَّها كانت حقيقية للغاية. في ذلك الوقت كانت كقمة جبل بعيد، تفصلني عن قمته مساحات هائلة

من الأراضي. لكني بدأت الرحلة نحوه.

لمـرات عديدة كانت هناك عواصف، والسحب نزلت، وحجبت قمة الجبـل. وليس لمرة واحدة بل لمرات، أخذت أنحرف عن المسار. ودائمًا رحمـة الله كانـت تبدد الغيـوم، والشمس تشرق ومـرة أخرى تضيء القمـة. وبينما كنت أذهب في الاتجاه الخاطئ، أصحح اتجاهي وأبدأ أتجه نحـو القمة ثانية. ذلك هو أكثر من أي شيء آخر أبقاني في مساري مع الله. وجود رؤيا لدي، أمر أعرف بأنَّ الله يريدني أن أتممه في حياتي.

أعتقـد بأنه يمكنني القول في هـذه المرحلة من حياتي، بعد أن كنت مسيحيًا مؤمنًا لعدة عقود، ذلـك هو الدافع الرئيسي «الرؤيا» هي الأمر الـذي يهيمن على تفكـيري. أعتقد بأني أفهم قول بولس: «وَلٰكِنَّنِي لَسْـتُ أَحْتَسِبُ لِشَيْءٍ، وَلَا نَفْسِي ثَمِينَةٌ عِنْدِي، حَتَّى أُتَمِّمَ بِفَرَحٍ سَعْيِي وَالْخِدْمَةَ الَّتِي أَخَذْتُهَا مِنَ الرَّبِّ يَسُوعَ» (أعمال ٢٠: ٢٤).

في عينـي ذهني أنـا أرى تلك القمة وأقول مصليًـا: «بنعمة الله لن أتوقف حتى أصل إليها» فهل ستنضم إليَّ؟

هـذه صلاتي لـك، أن تأتي بمجـد الـرب، وأن يأـت ملكوته من خـلال صلواتك، وأن تجـد مكانك في جسد المسيـح، وأن تكون عارفًا

ﭐﺟﺘﻤﺎﻋﯿۃ.

ﭐﺗﻤﺎﻋﯿۃ ٬ﭐﻟﺮ ﺳﻤﯿۃ ٬ﭐﻟﺰﯾﺪ ٬ﭐﻟﺒ ٬ﭐﻟﻰ ٬ﭐﻟﻤﺨ ٬ﭐﻟﺠ ﭐﻟﻌﺴﻜﺮﯾۃ

ﭐﻟﺮ ﭐﻟﻤﺤﻜﻤۃ ٬ﭐﻟﺰﯾﺪ ٬ﭐﻟﻰ ٬ﭐﻟﻤﺨ ٬ﭐﻟﺒ